纵横塞北

——元末乱世和明帝国的崛起

（1328—1398）

赵　恺　顾晓绿｜著

团结出版社
UNITY PRESS

图书在版编目（ＣＩＰ）数据

　　纵横塞北：元末乱世和明帝国的崛起 ：1328-1398 /
赵恺，顾晓绿著. -- 北京 ：团结出版社，2016.9（2021.9 重印）
　　ISBN 978-7-5126-4426-7

　　Ⅰ．①纵… Ⅱ．①赵… ②顾… Ⅲ．①战争史－中国
－1328-1398 Ⅳ．①E294.7

　　中国版本图书馆 CIP 数据核字 (2016) 第 204240 号

出　版：团结出版社
　　　　（北京市东城区东皇城根南街 84 号　邮编：100006）
电　话：（010）65228880　65244790　（出版社）
　　　　（010）65238766　85113874　65133603（发行部）
　　　　（010）65133603（邮购）
网　址：http://www.tjpress.com
E-mail：zb65244790@vip.163.com
　　　　fx65133603@163.com（发行部邮购）
经　销：全国新华书店
印　装：三河腾飞印务有限公司

开　本：170mm×240mm　　　16 开
印　张：16.75
字　数：260 千字
版　次：2016 年 10 月　第 1 版
印　次：2021 年 9 月　第 5 次印刷

书　号：978-7-5126-4426-7
定　价：32.00 元

目 录

楔子　皇子复仇记

西道诸王

海都之叛

大宝之争

武宗海山

西道诸王

1328年，蔚蓝色地球依旧维持着其固有的速率在浩瀚的银河中孤独地转动着，而生活于其上的亿万生灵，也在生存和发展的本能驱动之下，继续各自的生活，而他们之间的利益纠葛和各种或明或暗的冲突，最终构成了我们所谓"历史"的宏伟篇章。当然对于此时生活于广袤非洲草原之上的黑色人种，活跃于南、北美洲的印第安部族以及大洋洲及其周边岛屿之上的毛利人的境遇，我们知之甚少。所谓"文明"聚光灯照耀之下的舞台，依旧仅局限于亚欧大陆。

在这片地球上面积最大的陆地的最西端，这一年的2月1日，自诩"美男子"的法兰西国王查理四世结束了他34岁的短暂人生。这位有过三任妻子却没有子嗣的国王之死，不仅宣告了篡夺西法兰克王国的法兰西卡佩王朝的终结，点燃了英法百年战争的导火索，9年之后查理四世的外甥——英国国王爱德华三世，以夺回本属于自己的"法兰西王冠"为名率军南下。

越过雄伟的阿尔卑斯山脉，此时的亚平宁半岛和中欧平原依旧处于日耳曼诸邦无休止的混战之中。天主教廷在历次十字军远征中所积累的微薄声望，也随着其迫于法国的压力而从意大利罗马

浪漫主义画作《最后的十字军》，反映 14 世纪中期欧洲的全面衰败

迁到法国阿维尼翁而荡然无存，这一年 1 月 17 日登基的神圣罗马帝国皇帝——路德维希四世便选择了罗马贵族来主持自己的加冕典礼，而这场皇权和神权的拉锯战，此时才刚刚开启序幕。

横跨亚得里亚海，此时巴尔干半岛虽然依旧处在自诩罗马帝国后裔的拜占庭人统治之下，但在奥斯曼帝国逐步蚕食和巴尔干半岛军阀割据的影响下，这个"千年帝国"正日益走向没落和衰亡。这一年号称"新永恒之城"的君士坦丁堡迎来了他的新主人。经过长达 4 年的"两安德洛尼卡之战"，身为孙子的安德洛尼卡三世终于成功将自己的爷爷——安德洛尼卡二世赶下了王位。成功登基之后的安德洛尼卡三世虽然组织了一系列对奥斯曼帝国的反击，但他的微薄战绩并不能抵消其起兵篡权

依附于钦察汗国之下的莫斯科公国

的恶劣影响，在其身后拜占庭帝国又爆发翁婿争权的"两约翰之战"和父子阋墙的"约翰—安德洛尼卡之战"。如此频繁的内耗最终瓦解了这个强盛一时的帝国，只在西方谚语中留下一句"拜占庭式的阴谋"以警戒后人。

在拜占庭与奥斯曼犬牙交错的战线以东，辽阔的欧亚大陆此时名义上仍在成吉思汗的子孙统治下，昔日蒙古铁骑西征的狂潮早已退去，无论是掌控着俄罗斯诸国的钦察汗国还是统治波斯的伊尔汗国，此时随着中央集权的削弱，均无可避免地驶向了分崩离析的末路悬崖。1327年，位于莫斯科西北的特维尔地区爆发了大规模的暴动，甚至连时任钦察汗国统治者月即别汗的堂兄也为暴民所杀。盛怒之下，月即别汗随即命伊凡一世出兵弹压，伊凡一世是亚历山大·涅夫斯基之孙，曾先后击败过瑞典和条顿骑士团。正是凭借着屡屡战功，伊凡一世于1328年获得了弗拉基米尔大公头衔的封赏，并掌握了从俄罗斯各地向金帐汗国缴收贡赋的征集权。而随着作为俄罗斯统一象征的弗拉基米尔主教府迁至伊凡一世的封地莫斯科，近代沙俄帝国在钦察汗国的卵翼之下缓慢地生长出他的第一缕枝芽。

与伊凡一世对钦察汗国的"忠心耿耿"相比，伊尔汗国内部此时却正经历着一场君臣交兵的阵痛。长期把持国政的"贝勒贝"（突厥语，相当于中原政权的"太尉"）出班受到了来自新任国君不赛因的猜忌，作为昔日成吉思汗"四骏"之一赤老温的后裔，不甘坐以待毙的出班于1327年举兵反叛，但此时成吉思汗家族的余威尚存，出班的叛军刚刚抵达首都孙丹尼牙（今伊朗苏丹尼耶），便在不赛因的政治攻势下溃散，出班只能带出少数亲信逃亡在伊利汗国和察合台汗国之间左右逢源的呼罗珊地区，但最终为当地的统治者所杀。成功翦除了出班家族的势力，固然巩固了国君不赛因的统治，却也令伊尔汗国的统治基础——蒙古贵族遭遇重创，在不赛因死后整个帝国迅速陷入诸侯并起的分裂之中。

相对于纷争不断、内乱连连的钦察汗国和伊尔汗国，1328年的察合台汗国此时正处于短暂的安定和繁荣之中。坐拥富饶的"河中之地"（中亚锡尔河和阿姆河流域以及泽拉夫尚河流域）和伊犁河谷的察合台汗国，长期以来最大的问题是在邻邦窝阔台汗国与拖雷之子忽必烈所建元帝国的战争中如何站队，而这一尴尬的局面直到1310年窝阔台汗国的灭亡，其疆域和领民系数为察合台汗国所吞并才有所改善。此后察合台汗国虽然因领土问题与元帝国有过短暂的边境冲突，但这一局面很快以君主也先不花的遇刺告终，也先不花的弟弟怯别继承汗位之后，积极改善与元帝国的关系，并从东亚连通西域的商道中渔利。令怯别没有想到的是，通过这条商道西来的除了滚滚金元之外，还有在元帝国内部争斗中落败的王子——忽必烈的曾孙孛儿只斤·和世㻋。

和世㻋的西逃有着复杂的历史背景，要理清其来龙

命运坎坷的皇子和世㻋

去脉还要从蒙元帝国第四代统治者拖雷之子蒙古即位之后的中亚局势说起。成吉思汗在建立蒙古帝国之初曾将所征服的疆域视作"黄金家族"的共同财产，按照《元朝秘史》中的说法，成吉思汗曾和自己的兄弟们商定："取天下了呵，各分地土，共享富贵。"而在此后的分封过程中，铁木真也基本按照蒙古游牧贵族的古老传统——"忽必"（也就是汉语中所谓的"分子"，也可理解为现代营业模式中的"股份"）将所征服的领地和人口分给了自己的母亲、弟弟和儿子。其中在1214年南征金帝国的过程中，成吉思汗将蒙古高原以东的地区分给了自己的四个弟弟，形成了日后所谓的"东道诸王"。而在第一次蒙古西征之后，成吉思汗又把蒙古高原以西的疆土分封给自己的儿子，其日后所形成的"四大汗国"在汉族的史料中又被称为"西道诸王"。

在蒙古族的风俗之中，以东为尊，因此成吉思汗将自己的兄弟及其后裔分封在东部地区，而将自己的儿子分封在西，理论上说也合情合理。但在当时蒙古草原之东的大兴安岭及松花江流域依旧是未开发的不毛之地，而在元帝国建立之后，忽必烈又竭力限制"东道诸王"向东北亚滨海地区、朝鲜半岛等地发展，因此，在蒙元帝国的历史中，"东道诸王"的政治影响力始终在"西道诸王"之下。

"东道诸王"长期以成吉思汗的幼弟铁木格斡赤斤马首是瞻，而"西道诸王"之中，成吉思汗的长子术赤由于出生之前，母亲孛儿帖曾被蔑儿乞人掠走，因此长期以来血统存疑，被排除继承人的行列。而成吉思汗的幼子拖雷则根据蒙古部"幼子守产"的习俗，继承了成吉思汗治下的蒙古草原核心区域，因此"西道诸王"长期以来事实上是成吉思汗次子察合台和三子窝阔台的势力范围。察合台自知并不为成吉思汗所喜，因此长期以来都紧跟窝阔台的脚步，并最终在成吉思汗死后的继承人之争中，成功帮助窝阔台上位。在窝阔台的即位典礼上，蒙古帝国的内部形势显得格外明朗，"东道诸王"的领袖——皇叔斡赤斤扶着窝阔台的左手，"西道诸王"的领袖察合台扶着窝阔台的右手，而拖雷则负责进上一杯装在金樽中的美酒，这杯酒的个中滋味或许拖雷和窝阔台都有着各自的理解。

在窝阔台所发动的灭金战争之中，率部长途奔袭、歼灭金帝国主力的拖雷再度成了蒙古帝国的英雄人物，但在班师的途中，身为大汗的窝阔台却突然病倒。随军的萨满表示："这是金帝国的山川之神认为蒙古大军杀戮过多所导致，不用人命为供品是无法解除其诅咒的，而甘愿牺牲的还必须是蒙古大汗的兄弟或者子侄。"这个时候最令人觉得惊奇的事情出现了，拖雷竟然主动提出愿意为自己的哥哥献出生命。在喝下了窝阔台的洗澡水之后没几天，拖雷便死在了行军途中，而窝阔台则神奇地康复。

据说拖雷在"甘愿代死"的同时也希望自己的哥哥能照顾他的孤儿寡妇，这一点窝阔台的确有去做，不过他的安排是让自己的长子贵由按照蒙古的旧俗迎娶拖雷的遗孀——唆鲁禾帖尼，从而"继承"拖雷系的全部领土和麾下的百姓、牛羊。不过窝阔台显然太小看自己的弟妹了，作为拖雷的妻子，唆鲁禾帖尼是克烈部首领王罕之弟——扎合敢不之女，可以说是从小在显赫的草原贵族中长大的，因此对于政治格外敏感，

与窝阔台并座的唆鲁禾帖尼

她不仅对窝阔台的这一安排，以要"教养拖雷诸子成人"为由婉拒了，更对窝阔台不经宗室会议商讨便私自将拖雷名下的财产分给自己的三子阔端的行为采取了忍让。

唆鲁禾帖尼顺从的态度最终赢得了窝阔台的信任，根据《史集》中的说法："（唆鲁禾帖尼）她考虑到他们（诸子）和丈夫的军队的食品和装备之时，建立了严格的核算制度，使任何欺骗都不可能得逞。合罕（窝阔台）一切事情都同她商量，不违背她所做出的决定，而且不允许对她的命令做任何更改。"似乎有将唆鲁禾帖尼视为自己"贤内助"的意思，而获得拖雷大量领民的阔端也把这份恩情算到了自己婶婶的头上，在未来新一轮的权力角逐之中抛弃了自己的侄子失烈门等人，站在了堂弟蒙哥这一边。

除了将唆鲁禾帖尼吸纳进自己的智囊团之中，窝阔台还对拖雷的长子蒙哥十分宠爱，甚至一度有将汗位传给对方的意思，据说他曾爱抚地摸着蒙哥的头说："你是将来可以君临天下的人啊！"不过这可能只是一句玩笑话，因为随后窝阔台又因为自己用母牛来喂自己养的豹子时，小孙子失烈门一句："那小牛怎么办？"感到自己的小孙子宅心仁厚，也认为失烈门有君临天下的潜质。何况早在自己继承汗位之初，窝阔台已经让蒙古帝国的诸王立下了"只要是从窝阔台合罕子孙中出来的，哪怕是一块臭肉，我们仍要接受他为汗"的誓言，拖雷系的蒙哥兄弟想要翻盘似乎是难于登天。

在成吉思汗在世时，察合台便与术赤势同水火。窝阔台虽然表面上严守中立，但是私下却与察合台组成了攻守同盟。而窝阔台所发动的"第二次蒙古西征"之中，窝阔台的长子贵由更因为指挥权的问题与术赤的长子——拔都龃龉不断，两人甚至因为庆功宴上谁先喝酒的问题引发了冲突。不过当时的术赤系已经在中亚及乌拉尔山地区建立了稳固的根据地，拔都在长子西征中又战功赫赫，因此在得到拔都对自己儿子贵由的控诉之后，窝阔台一度有把贵由贬为普通军官流放边远之地以息事宁人的想法，好在他的幕僚及时提出："成吉思汗有训，内事只家中断，外事只野外断。此外事，请付拔都治之。"把皮球踢回给了拔都。拔都虽然在西征大军之中占据了优势，但在整个帝国中毕竟还是小字辈，于是也只好与贵由继续保持貌合神离的态度。

随着窝阔台去世，贵由回师之后取代了摄政五年之久的母亲——乃马真氏脱烈哥那之后，立即将矛头对准了自己的堂兄拔都。1247年，贵由任命自己父亲窝阔台的心腹——大断事官野里知吉带为新的西征军统帅，并展开了前所未有的大规模动员——除了从诸王的部众之中十抽其二之外，还号召所有蒙古牧民百选一人，组成"巴图鲁"（勇士）精锐部队。与此同时，贵由授予野里知吉带统辖阿姆河以西各地区和所驻蒙古镇戍军的军权和收取地方财政收入以充实军需的财政大权。这一异常举动，明显含有对付拔都的意图，因为此时拔都的势力已扩展到高加索地区，而贵由则特别指明这个地区归入野里知吉带所管辖的战区。最终贵由的一道手谕更表达了自己下一步的计划："朕将自往，以汝为前锋耳！"

西方画作中的"短命可汗"贵由

1248年初，贵由自称身体不适要到自己父亲窝阔台的封地叶迷立（今新疆额敏地区）养病，随后便率领精锐的近卫军踏上了西行的不归路。当年农历三月，贵由在抵达横相乙儿之地（今新疆乌伦古河上游河曲处）突然死去。关于他离奇死亡的真实原因史学界颇多争议，不过无论是被毒死还是和昔班（拔都的四弟）酒后斗殴中被打死，似乎一切的线索都指向拔都。但事实上拖雷系在这次宫廷政变中也出力不小，因为正是拖雷的遗孀唆鲁禾帖尼秘密派出使者通知拔都，让他提前防备贵由的西进，可以说，在贵由时代术赤系与拖雷系便可能已经结成了秘密同盟。

贵由虽然死了，但是窝阔台家族表面上依旧实力雄厚。如果贵由的妻子海迷失可以审时度势地从容应对的话，那么无论是拔都还是蒙哥可能都仍没有十足的胜算。但是由于海迷失无法摆平窝阔台的三个孙子——失烈门、忽察和脑忽，不得不将推举大汗的权力移交给身为长子嫡孙的拔都。或许海迷失心里还在打着如意算盘——术赤血统不纯，拔都没有机会窥测汗位自然只能按照之前的誓约将汗位传给窝阔台的子孙。但可惜的是，海迷失忘记了拔都虽然没有理由自己即位却有推举别人的权力。

拔都此时也展现出了高超的政治手腕，一方面按照蒙古帝国的习惯请海迷失暂时摄政以稳住窝阔台、察合台系的势力；另一方面以长支宗王身份遣使召集各路诸侯前来共商大事，而地点则选在他大军驻守的阿剌脱忽剌兀（在海押立附近）。由于这个尴尬的地理位置，察合台和窝阔台派系的人马自然不敢自投罗网，连海迷失本人也只是派来了全权代表。不过窝阔台系统还是有一位强力人士抵达了会场，他就是在西线战场上统帅大军的野里知吉带。

有空前强大的野战军为后盾，野里知吉带在会议上要求大家遵从海迷失的全权代表那颜八剌的建议："按照窝阔台的遗命推举失烈门继位。"这一点似乎站得住脚，却不想其实是自打耳光。蒙哥的弟弟忽必烈立刻抓住了其中的逻辑错误，指出："既然窝阔台生前留下过遗嘱，那么贵由是不是谋朝篡位啊？"然后继续推导得出竟然窝阔台自己的儿子都敢这么乱来，那么之前的誓约也就毫无意义了。

在推翻了失烈门继承权的合法性之后，大汗继承人的热门人选就只剩下拔都和拖雷系的长子蒙哥了。于是在以退为进的指挥棒之下，拖雷系首先大肆推举已在钦察草原立国、已无东归之意的拔都。而拔都也知道自己的身份特殊，在主动予以拒绝之后，一场有些做作的对话便出现了。与会者一起提问："王既不自立，请审择一人，以践大位。"然后拔都则做思考状，回答说："我国家幅员甚广，非聪明知能效法太祖者，不胜任，我意在蒙哥。"然后台下一致表示："我们也这么看！"在所谓"民主"的推动之下，拖雷的长子蒙哥登上权力的巅峰。而蒙哥还要再退让一番，在自己的弟弟末哥的鼓噪"我们兄弟不是一向听拔都大哥的吗？你今天怎么不尊重他了啊"下才表示"勉强接受"。

蒙古亲贵推举首领的"忽里勒台"大会

　　但此番推举毕竟只是在术赤和拖雷派系中产生的，被排除在外的窝阔台、察合台两系诸王立即提出选汗大会应在成吉思汗大帐举行，要求移师到他们的"主场"重新举行。这一次轮到拔都纠结了，不过虽然自己不敢贸然前往，但他还是派自己的弟弟伯勒克、托克帖木儿统率大军武装护送蒙哥返回蒙古本土，同时自己驻守在边境之上作为声援。拔都麾下都是"长子西征"中的百战精锐，蒙哥兄弟在母亲唆鲁禾帖尼多年苦心经营之下，也是实力雄厚，因此面对这两股势力的合流，即便是在蒙古本土窝阔台、察合台两系诸王也迅速发现自己毫无优势，只能继续抵制会议的召开。但是这种缓兵之计无法改变双方的力量对比，1251年农历六月，在克鲁伦河上游曲雕阿兰大斡耳朵举行的大会中，与会的东、西道诸王、百官再度提名蒙哥登基，大蒙古国汗位正式由窝阔台系转移到拖雷系。

　　尽管可以想见钢刀很快便会架到脖子之上，但是窝阔台、察合台两系诸王之中真正敢于铤而走险的却只有失烈门、贵由之子脑忽等少数

"愣头青"，而他们所采取的方式也显得格外幼稚——带上自己的亲信人马以参加蒙哥即位后开展的庆祝酒会为名抵达会场，然后将新任大汗及拥戴蒙哥的各方诸侯杀个干净。应该说中国历史并不乏少数死士突击得手，从而颠覆一个政权的先例，但是显然以失烈门等人的组织能力并不能成功地实施这一宫廷政变。

失烈门等人还没有赶到会场便被蒙哥的大军包围，成了新任蒙古大汗的阶下囚。随后，窝阔台派系的七十多位"那颜"首先被处死。参与密谋的大臣合答随即被捕杀，察合台的孙子也孙脱虽然与失烈门等人同谋，但是他只是率军作为后应，一见形势不对便弃军投降，因此只是被逮捕而已。在肃清了窝阔台系的骨干之后，蒙哥命令自己部下不怜吉歹和不花分别率军向察合台系的领地逼近，以武力支持察合台长孙合剌旭烈取代也速蒙哥。事实上合剌旭烈本来就是察合台所选定的继承者，只是由于贵由的干涉才被自己的弟弟也速蒙哥赶下了台，可惜的是这位复辟的汗王走到半路便因病去世，只能让自己的遗孀——兀鲁忽乃出马以监国的身份管理察合台汗国。

而对于窝阔台系，蒙哥则采取直接肢解的模式，根据《史集》中的说法："他们的军队除阔端诸子的以外，全被夺走并分配掉了。"不过这一说法事实上并不确切，窝阔台的子孙之中没有卷入政治斗争的合丹、灭里、海都等各分得一部分属民和领地，虽然他们的力量暂时没有能力威胁到蒙哥的统治地位，但是随着时间的推移，他们最终将会成为蒙古帝国分裂和内战的源头。

海都之叛

　　身为蒙古帝国的统治者，蒙哥长期以来被视为一个颇有才干的君主，但是，也许与早年寄人篱下的遭遇有关，蒙哥很早便清醒地认识到，在权力面前亲情只不过是一层暧昧的薄纱。因此，尽管对忽必烈在自己继承汗位过程中的表现颇为认可，自己登基之后也让其统领中原的军政事务，但是，很快忽必烈在日程政治事务和军事上对南宋、大理的一系列成就和胜利招来了蒙哥的猜忌。对于蒙哥和忽必烈关系的急转直下，很多历史学家从施政纲领、宗教信仰、个人情感方面给出了各种解释，或许正如意大利政治学家马基雅维利在《君主论》中所描述的那样，"权力是无法分享"的。

　　蒙哥对忽必烈的钳制从行政和军事两个层面分别展开：行政方面，他于1257年派遣大必阇赤（左丞相）阿兰答儿和刘太平等到陕西、河南等地"钩考"钱谷，以财务审核为名审查忽必烈在当地所任用的官吏。打击忽必烈藩府势力，迫使忽必烈交出了邢州、河南、陕西这三个地区的地方权力，撤销三司。军事方面，则以忽必烈的脚有问题，对其采取彻底封杀的态度，不让他参与对南宋的全面进攻。从忽必烈晚年的身体状况来看，他似乎的确有关节炎之类的毛病。但是他也知道自己和蒙哥之间的问

刻薄寡恩的蒙哥

题不是"没瘸！走两步……"可以解决的。

在自己麾下的汉族士大夫幕僚团的建议之下，忽必烈首先将自己的爱妻察必和儿子真金送往和林充当人质，随后又亲自觐见蒙哥。据说两兄弟见面之后竟然同一时间落下了眼泪，忽必烈的口才还没有来得及施展，蒙哥便已经原谅了他，并任命他为南下攻宋的东线最高指挥官。

蒙哥和忽必烈的这次见面，虽然表面上异常煽情和感人，但其背后有着各自的算计。忽必烈被排除在权力中枢之外，一度意志消沉，但近侍燕真的一番话令他不得不有所行动："蒙哥已经怀疑你有异志了，现在他率军远征，怎么可能让你以皇弟的身份悠闲地留在后方？"显然忽必烈不主动做出一些表示，更大的打击可能就在眼前。而对于蒙哥而言，东线的蒙古军队统帅"东道诸王"领袖——铁木格斡赤斤之孙塔察儿长期出工不出力也令他十分困扰，而在自己所指挥西线不断传来捷报的情况下，他似乎也不反对忽必烈此刻出马在东线牵制一下南宋。不过他对忽必烈所指挥的军事行动不是没有限制的，在两人的口头约定之中，忽必烈所承担的任务是夺取南宋长江中游的鄂州，然后等待蒙哥西线大军突破南宋在四川所构筑的合州——重庆防线，然后会师西进，直捣临安。

由于只担任配合的角色，忽必烈在南下的过程中并不十分用心。他首先召集了自己的幕僚——宋子贞、商挺、李昶、杜瑛等人会商这次战争中自己所要面对的政治得失及攻宋之计，而其中刚刚被任命为江淮荆湖等路宣抚副使的郝经所提交的一份名为《东师议》的可行性报告给忽必烈留下了深刻印象。郝经虽然肯定了蒙古帝国的军事优势，但是这次规模空前的军事行动存在着准备不足的问题。当然最重要的郝经预见了蒙哥亲自出马在战场所可能遭遇的不测。在这样的分析之下，忽必烈显然已经开始接受了郝经"而图后举"的建议，将蒙哥此前拟订的一举灭亡南宋的大规模军事行动的目的修整为"以打促和"。而忽必烈的大军刚刚进入战区，西线便传来了蒙哥死于合州城下的消息。

按照正常的逻辑，忽必烈理应在得到自己兄长死讯之后第一时间回师，以便夺取政权，但身为一个政治家，忽必烈的眼光却必须放得更为长远。蒙哥死前虽然没有指定继承人，但事实上也进行了相应的部署——留守和林的阿里不哥事实上便是看守内阁，自己贸然回师自然会被第一时间收回好不容易才重新获得的兵权，而手握重兵留在战区后发制人似乎才是更好的选择，而一系列的政治运作也同时暗中进行之中。忽必烈首先派出自己的亲信谋事廉希宪以"送饭"的名义前往和自己同在战区的蒙古帝国东道诸王首领塔察儿，赢得了东道诸王的拥戴。随后忽必烈又在战场局势占优的情况下，接收了南宋方面的和谈请求。

此时身在和林的阿里不哥显然已经着手削弱忽必烈的力量，其麾下的部队以增援为名开始向忽必烈的根据地燕京移动。忽必烈留守后方的妻子——察必虽然第一时间派出使者表示："出兵增援前线这么大的事情，为什么不通知我们家真金啊！"暂时遏止了阿里不哥突袭的行动，察必和真金虽然身份特殊，但毕竟没有行政任命，无法阻止阿里不哥逐步开始蚕食华北等地军政权力的行为，无奈之下察必只能写信通知前方的忽必烈，要他回来主持大局。

1260年初，从蒙、宋前线匆匆北返的忽必烈在路上便听从自己的谋

反映忽必烈即位的壁画

士商挺关于"军中当严符信，以防奸诈"的建议，更换了口令和通信方式，彻底断绝了和林方面对自己部队的指挥和通信权力，所有阿里不哥派来的使者一律被当作间谍直接处死。随后又派自己的亲信廉希宪前往"宣抚京兆、四川"，廉希宪成功地争取到蒙古帝国西线军队之中秦巩世侯汪良臣以及刘黑马等人的效忠。据说汪良臣起初还以没有得到正式的任命为由推脱，但在廉希宪解下自己所佩的虎符和银印交给他，并忽悠他说："这些都是忽必烈密旨给你的，只要你跟着忽必烈混，委任状马上就到。"

抵达燕京之后，忽必烈识破了留镇漠北的阿里不哥竭力诱使他回到草原，以逼他就范的企图。就在双方使臣往返、交涉不断的暧昧气氛之中，忽必烈首先发难，在拘禁阿里不哥派往燕京的心腹脱里赤之后，于1260年农历三月在开平城宣布即大汗位。应该说按照蒙古帝国的习俗，忽必烈的这次即位并没有法律效力，毕竟与会的宗室亲王数量有限，连参与南征的蒙哥之子阿速台也因为倒向阿里不哥没有与会。但是就如忽必烈的幕僚廉希宪、商挺等人所说的"先发制人，后发人制"，在局势还不明朗的情况之下，忽必烈抢先宣布即位夺得了政治先机，阿里不哥虽然紧随其后于1260年夏季在阿勒泰山中举行宗亲大会，并在会上被拥立为大汗，但也已是"另立中央"。

不过阿里不哥还是有他的优势，毕竟蒙哥生前指定由他留守和林从一定意义上已经确立了他继承人的身份。其次，由于蒙哥之子阿速台的加入，驻守于六盘山一线的蒙哥生前亲率的主力大军也支持阿里不哥，从一定程度上隔绝了忽必烈与新疆、中亚等地的"西道诸王"的联系，使后者几乎清一色地站了阿里不哥这一边，此时正在远征巴格达的拖雷之子旭烈兀、立国伏尔加河流域的拔都之子别儿哥态度都偏向于阿里不哥。

忽必烈显然也很清楚自己的短板，因此连忙派出长期在自己身边的察合台曾孙阿必失哈赶往察合台汗国首都虎牙思，希望可以联合那个长期"寡妇监国"的堂嫂兀鲁忽乃。可惜的是阿必失哈没有能够穿越阿里不哥所设置的封锁线，走到半路便被截留了。而针对忽必烈试图撬动察合台汗国政局的情况，阿里不哥迅速提名察合台之孙阿鲁忽迎娶自己的堂嫂，至此察合台汗国正式落入了阿里不哥的手中。加上居心叵测的窝阔台诸子，此刻的忽必烈可以说是以中原之地独自抗衡"西道诸王"的四大汗国，形势不容乐观。

自成吉思汗南下灭金以来，蒙古帝国已经形成了中原地区向漠北"输血"的经济模式，随着忽必烈迅速在中原地区建立起颇有效率的行政机构，一方面是被扼住了生命线的大漠皇庭，一方面却是可以不断动员庞大物资用于战争的中原帝国，持久的消耗战显然对阿里不哥不利。

无奈之下阿里不哥一方不得不主动进攻，东路军由旭烈兀之子药木忽儿等人统率，自和林逾漠南进。西路军则由蒙哥时代的老将阿兰答儿指挥，兵指六盘山，以期与从四川前线退屯该地的蒙哥攻宋主力会合。对于阿里不哥的东路军，忽必烈并不太担心，因为忽必烈早在返回燕京、开平之后在自己潜邸宿卫的基础上重建自己的怯薛部队交由心腹董文炳等人指挥，初步完成了扼守大漠南缘、伺机渡漠远征的战前部署。真正令他担忧的反而是西线的战局，因为一旦阿兰答儿与六盘山的蒙哥主力兵团成功会师，那么川陕一线便将门户大开，支持阿里不哥的"西道诸王"的军队可能会源源不断地开赴中原战场。

对于这一点为忽必烈坐镇川陕地区的廉希宪、商挺也感觉颇为棘手，廉希宪虽然当机立断，捕杀了当年蒙哥派来"钓考"的刘太平、霍鲁怀等人，但是，对于六盘山集结的蒙古帝国精锐野战兵团，他也是束手无策，不得不与商挺磋商对策。商挺对六盘山地区的敌重兵集团的动向做出了如下分析："如果他们集中兵力，攻击西安，那么对于我们将极其不利，而继续在六盘山一线待命，我们也很难办。不过如果他们带着重装备北上策应和林，那么形势就对我们很有利了！"针对这一情况，廉希宪让自己麾下的汪良臣等人在西安一线虚张声势，指挥阿里不哥主力兵团的浑都海果然采取了最愚蠢的办法，率领大军向北移动。此后虽然会合了阿兰答儿的南下兵团，却错失了最佳的进攻时机。最终在忽必烈所调遣的增援部队配合之下，汪良臣利用陕西地区特有的沙尘暴天气，用步兵短兵相接的方式击溃了阿里不哥麾下的蒙古铁骑，忽必烈即位之后最为担忧的"关陇危机"得以顺利度过。

与此同时，东线战场之上，忽必烈的大军不仅成功击溃了药木忽儿，还将战线推进到了和林。此时的阿里不哥显然对决战城下信心不足，于

西方画作中阿里不哥军队对"河中"地区的侵扰

是，在处死了阿必失哈后，匆匆放弃了首都，逃往自己母亲唆鲁禾帖尼的封地谦谦州（今俄罗斯叶尼塞河上游唐努山北麓）。为了防止忽必烈的继续追击，阿里不哥向自己的哥哥发出了请求停火的信使，表示等到来年秋高马肥，和别儿哥、旭烈兀、阿鲁忽一起来觐见。忽必烈也自认自己不是冬季战专家，于是留下部队镇守和林之后，便返回中原去了。

应该说忽必烈在与阿里不哥的首轮交锋虽然并未给予对方致命的打击，但双方经济实力的悬殊对比还是令局势继续朝着对忽必烈有利的方向发展，阿里不哥所控制的谦谦州之地虽有少量农业，但土地高寒，所获有限，并不足以维持大量军队的消耗。而忽必烈又对其实施了贸易禁运政策，使得阿里不哥不得不向支持他的四大汗国频繁伸手。本来就持观望态度的四大汗国，此刻已经认清了形势，而此时在西亚建立伊尔汗国的旭烈兀正和钦察汗国的别儿哥龌龊不断，都没心情搭理落难的阿里不哥，沉重的经济压力顿时落到了察合台汗国以及窝阔台汗国身上。

应该说阿里不哥还是有信用的，第二年秋天真的回到了和林，展开了大规模的反扑。忽必烈在当地的驻军被打了个措手不及，和林再度易手。1261年农历十月，两兄弟在战场上再度遭遇。不过这个时候大家的后院都不太平，忽必烈要面对的是山东李璮的叛乱，而阿里不哥方面则是因为察合台、窝阔台汗国断绝了对他的后勤支持，于是在正面战场难分胜负的情况下，大家选择了各自回家。

应该说阿里不哥的军事才能在蒙古帝国的

诸多王公贵族中还是属于排名比较靠前的，尽管在忽必烈面前吃了点亏，但揍起察合台、窝阔台的后裔却是得心应手。在战争的摧残之下，原本还算富饶的伊犁河流域为之残破不堪，察合台汗国的首都虎牙思（今新疆霍城县）更是出现了"僵死相枕"的残局。阿里不哥虽然取得了军事上的胜利，却永远失去了后勤补给。而当阿里不哥的军队以小麦代大麦饲马，当地的老百姓竟以牛马的饲料为食，一时间饿殍遍野。在无奈之下，绝望的民众只能向上天祷告。不知道是否是这信仰的力量真的发生了作用，一天阿里不哥正在召开宴会，突然袭来了一阵狂风，将由数千颗钉子固定的朝会大帐也掀翻了，与会者无不带伤。原本就绝望的情绪加上这样的不祥之兆，使得阿里不哥的大军顿时溃散。

　　阿里不哥的衰弱首先招来的不是忽必烈的打击，而是长期被他追杀的察合台汗王阿鲁忽的反击。在无奈之下阿里不哥只能踏上了向自己的哥哥忽必烈投降的东归之路，忽必烈得到消息预先在边境地区准备好粮食，先让自己长期挨饿的弟弟好好吃上一顿。尽管表面上忽必烈和阿里不哥两兄弟似乎只是"相逢一哭"便"泯结恩仇"，但事实上，作为一个帝国统治者，忽必烈还是对其主要部下进行了血腥的清洗。客观地说，阿里不哥的选择的确没有错，唯一错的是他没有能够有效地利用忽必烈滞留在蒙宋战场之上的有限时间抢占先机，而蒙哥在六盘山所遗留的重兵集团又进退失距，最终导致了阿里不哥在这场皇位角逐中只能以一个失败者的方式落幕，他本人虽然保住了首级，但是其部将孛鲁合、秃满、脱忽思等人却被悉数处死。

　　对于阿里不哥的处置，正在高加索地区全面开战的旭烈兀和别儿哥百忙之中表示拥护。而一度被阿里不哥折腾得够呛的阿鲁忽则以自己没有得到忽必烈的正式册封，而不发表评论，转身也加入到对钦察汗国别儿哥的战争中去了。而为了对付阿鲁忽的这"背后一刀"，别儿哥不得不以远交近攻的战略开始扶植窝阔台系的势力，日后即将成为元帝国西北心腹之患的海都正是在此时悄然崛起。

　　1266年前后，察合台汗国领导人阿鲁忽因病去世，不过他的妻子兀鲁忽乃却不甘心退出，她在没有得到忽必烈册封的情况下便将自己与前夫哈剌旭烈所生的儿子木八剌沙扶上王位。忽必烈对此当然颇为不满，随即以木八剌沙过于年幼为名，派遣另一位察合台宗王八剌前往"辅佐"。八剌当然清楚应该如何帮助一个少年成长，他一抵达察合台汗国的政治中心便策动军队叛乱，夺取了汗位。不过八剌还算厚道并没有对自己的侄子赶尽杀绝，而是将他贬为管理王室猎场的普通官员。

忽必烈之所以扶植八剌继承察合台汗国，很大程度上是为了制约正逐步崛起的窝阔台之孙海都。长期活跃于反忽必烈联盟之中的海都，虽然很早便在自己的封地扣押了蒙哥的使节——汉族大臣石天麟，但是由于蒙哥对窝阔台子孙封地的削弱，海都初期的叛乱始终不过是小打小闹。海都的封地虽然狭小，却有着得天独厚的优势——位于钦察汗国的东南边界线上，西临术赤第五子昔班在七河的封地，北近术赤长子斡儿答在额尔齐斯河西岸的兀鲁思。利用这一地利上的便利，海都竭力与钦察汗国的几位叔叔、伯伯结交，特别是与钦察汗国的领导人别儿哥"咸与亲厚"。

领导钦察汗国的别儿哥之所以特别看重海都这个侄子，主要是因为在拔都死后，钦察汗国在别儿哥的领导之下处于两线作战的不利局面。在别儿哥眼中南面的旭烈兀是屠杀穆斯林的刽子手，与皈依伊斯兰教的自己不共戴天，东面的阿鲁忽和兀鲁忽乃夫妻背后偷袭。在这样的情况下，可以为自己牵制察合台汗国的海都自然就特别的可爱了。不过海都初期的表现实在令别儿哥无法满意，在海都被阿鲁忽击败之后，别儿哥一度也对他失去了信心，幸好来自蒙古的萨满为别儿哥卜测凶吉时告诉他支持海都还是比较有利的，别儿哥才坚定了信心，继续以钦察汗国的人力和财力全力援助海都。

忽必烈扶植察合台汗国打压窝阔台系的目的在八剌即位之初似乎是实现了，1268年，八剌在忽阐河中游以伏兵击败了海都，从而一度遏止了这位贼心不死的亲戚对自己所控制的伊犁河谷的窥视。羽翼丰满的八剌也同样不满忽必烈对他的种种干涉，他随即也把元帝国派驻斡端的大将忙古带赶走，正全力攻宋的忽必烈一度派出六千骑兵支援忙古带。但是，在八剌压倒性的兵力优势面前，元帝国的政府军只能选择不战而退，八剌趁势派兵掠夺忽必烈统治下的于阗城（今新疆喀什）。而此时钦察汗国终于忍不住从幕后走到台前，继承别儿哥汗王的拔都之孙忙哥帖木儿派出5万人的大军增援海都，挽回了窝阔台系长期的颓势。在钦察汗国强大的武力干涉下，1269年春天，海都、八剌和钦察汗国代表正式会盟，至此，木赤、察合台、窝阔台三系结成了共同对抗拖雷系的军事同盟。

三大汗国的联盟基本上是建立在忙哥帖木儿和海都对察合台汗国的压榨之上的。察合台汗国不仅要拿出阿姆河以北地区三分之一的赋税收入供养海都和忙哥帖木儿的军队，还要为钦察汗国的利益进攻旭烈兀家族的伊尔汗国。当然在察合台汗国对伊尔汗国发动的进攻之中，海都也要承担提供兵员支持的义务。不过等到八剌的大军真的南下之后，海都的所谓增援部队始终"不动如山"，最终导致了八剌被旭烈兀之子阿八哈击败，在撤退的途中从马上跌下致残。

跛腿的八剌好不容易撑到了自己的势力范围，海都的两万大军此时才出现，不过并不是来支援他的，而是趁火打劫。据说，在海都到达时八剌惊吓而死。八剌死后的察合台汗国群龙无首，他的四个儿子与阿鲁忽的两个儿子试图联手赶走海都，但是最终却被对手逐个击破。随后海都基本上操纵了察合台汗国的主要政治事务，先后扶植了两位傀儡——察合台宗主捏古伯和不里之孙秃花帖木儿。直到察合台汗国的汗位击鼓传花般地交给实力强大但却颇为恭顺的八剌之子都哇，海都才似乎觉得称心满意。毕竟此时海都的野心已经由控制察合台汗国转向了直接向忽必烈发出挑战，而此时的忽必烈也派出自己的第四子那木罕领军西征迎战海都。

深得忽必烈宠爱的那木罕果然出手不凡，1267年，海都第一次率军东进便被那木罕打得大败而归。就在忽必烈自认西线局势转危为安之际，那木罕竟于1275年主动出兵突袭了占据叶密的贵由之子禾忽。尽管禾忽长期以来在海都和元帝国之间一直奉行暧昧的态度，但毕竟还没有到直接参与叛乱的程度。那木罕的这次草率军事行动直接导致禾忽随即表明态度，站在了海都一方，并出兵占据了河西走廊，隔绝了元帝国北方边防军与中原本土的联系，更间接导致了以昔里吉为首的"西道诸王"陷入了极度的不安之中。

昔里吉是蒙哥的第四个儿子，曾经在忽必烈和阿里不哥的内战中支持后者。不过在阿里不哥向忽必烈投降之前，昔里吉便已经意识到了局势不妙，率先向自己的叔叔表示了悔改之意。忽必烈不仅赦免了他，还册封其为河间王，应该说在政治待遇上还是颇为优厚的。不过随着海都的崛起，那木罕西征的昔里吉心理再度活泛起来了，因为此时重返漠北的昔里吉身边已经云集以他为首的蒙哥和阿里不哥子侄辈诸王及其部民。

忽必烈显然也意识到了这一问题。在抽调刚刚灭亡了南宋的中原驻军击退了禾忽，打通了河西走廊之后，他立即派出名臣廉希贤奉使前往北边"安抚"昔里吉，而昔里吉等人也随即表示"悔谢"，似乎双方的关系再度回到了一团和气的阶段。但没过多久，元帝国北方边防军中便发生了北安王那木罕和奉命辅佐他的中书右丞相安童分配补给不公的事件。不过首先用行动表示不满的不是昔里吉等诸王，而是北安王那木罕的直属部下脱脱木儿。

那木罕年轻气盛，辅助他的安童当时也不过28岁。这对年轻的君臣显然缺乏政治经验，竟然想当然地派昔里吉出兵追击叛逃的脱脱木儿。结果自然可想而知，昔里吉很快便和脱脱木儿沆瀣一气。在那木罕军中不断出现将领叛逃的情况下，轻松地倒戈一击，俘虏了那木罕和安童，并将他们当作投名状送往西北。不过有趣的是，那木罕并没有被投入海都的牢房，而是到了术赤之后——蒙哥帖木儿的手里。而对于安童，海都不仅没有虐待或者直接处决而是授予了他官职，同时也并不急于出兵配合昔里吉的叛乱，坐看拖雷家族的内斗。

昔里吉虽然不断宣传海都、蒙哥帖木儿已经和自己达成了联盟，但在没有实质性外援的情况下，他的部队很快就被元帝国从征宋前线调回的主力所击败。而此时海都似乎也认识到自己与元帝国之间的实力差距，因此，他不仅在以昔里吉的叛乱中始终按兵不动，随后还主动放回了那木罕和安童，以表示和平的诚意。而元帝国方面也采纳了乃蛮部大臣铁连在出使海都势力范围之后所提出的"海都兵繁而锐，不宜速战，来则坚垒待之，去则勿追，自守既固，则无虞矣"的建议，在全力南下灭宋的过程中在西北地区取守势，再承认海都的既得利益和对察合台汗国的控制。

1276年之后，元帝国对南宋政府的军事行动告一段落之后，重新开始经营西北。但此时的海都已经羽翼丰满，元帝国虽然不断增兵但双方在天山以南的绿洲地带始终也处于反复争夺的局面，而1287年所爆发的东道诸王之乱，更令海都的势力范围一度延伸到了漠北。这一局面一直维持到了铁穆耳（谥号元成宗）登基，改组元帝国政府军指挥系统才得以改观。

在蒙元帝国的历史中，海都只是一个昙花一现般的人物，他个性鲜明且严于律己，据说是铁木真家族之中唯一一个不喝酒甚至包括马奶酒的人。但是在他的对手面前，他的军事和政治才能似乎始终略逊一筹。帖坚古山之战后不久，海都便因病去世。这位枭雄显然忘记了自己夺取察合台汗国宗主权的过程，死前竟然将自己的事业交给了自己的副手——察合台汗王都哇。都哇随即便违背了海都遗愿，在海都诸子中选择了较为懦弱和易于控制的察八儿为窝阔台汗，将窝阔台汗国置于自己的控制之下。

都哇可以说是窝阔台汗国真正的掘墓人，利用察八儿的懦弱和无能，他首先决定改变与元帝国为敌的政策，以承认铁穆耳为成吉思汗大位的继承人为条件，换取元帝国对他们在西北地区独立合法性的承认。在与元帝国达成和约之后，都哇又不断出兵进攻窝阔台汗国的势力范围，甚至与元帝国联手瓦解了察八儿驻守在按台山、也儿的石河境的大军，最终逼迫察八儿向元帝国投降，窝阔台汗国随即灭亡。

窝阔台汗国灭亡后，察合台汗国虽然吞并了其大半的领土，但是都哇死后，察合台汗国随即也陷入了严重的政治动荡之中。最终在诸王们自相残杀争夺汗位的斗争中，非成吉思汗系统的异密和地方诸侯的势力发展起来。在元末明初之际，察合台汗国已经成了一个地理概念。其东部地区是割据的地方贵族，而其西部则逐渐成为跛子帖木儿建立强大帝国的根基。

大宝之争

忽必烈有十一个儿子，老大朵儿只夭折得比较早，因此长期以来忽必烈都将继承自己事业的厚望寄托在自己的次子真金身上。据说真金出生之时，被铁木真册封为"寂照英悟大师"的高僧海云恰好在漠北。海云和蒙古帝国的王公贵族们的私交不错，据说忽必烈所信任的重臣刘秉忠就是他的亲传弟子，在得知忽必烈的王子出生之后，海云特地为他取了一个颇有汉族风范的名字——真金。而这个和其他大多数蒙古王子那些拗口的名字迥然不同的称呼，似乎便已经注定了真金日后将与宗教、儒学有着千丝万缕的联系。

忽必烈是一个汉化程度很高的蒙古君皇，因此他根据自己当年在"潜邸"时期的特殊经历，很早便开始对真金灌输儒学思想，甚至指定自己的重要幕僚姚枢作为自己儿子的启蒙老师。客观地说忽必烈的这一安排颇有问题，以为作为著名学者姚枢对儒家思想的理解本身就存在着一定的偏颇，他所推崇的"程朱理学"在南宋时代已经被证明过于刻板和迂腐。因此真金的童年时代面对姚枢每天以"三纲五常先哲格言熏陶德性"，性格上不免也失之耿直。在姚枢随忽必烈远征大理期间，他又找来了另一位儒学大师窦默作为代课

晚年的忽必烈

老师。忽必烈对于姚枢和窦默一向敬重，他曾对自己的近侍说过："如窦汉卿（即窦默）之心，姚公茂（即姚枢）之才，合而为一，斯可谓全人矣！"因此在真金读完《孝经》之后，忽必烈还特意请他们吃了一顿"谢师宴"。

不过这个时候忽必烈似乎也意识到了自己儿子的一些"偏科"现象，因此特意找来了刘秉忠的弟子——著名的神童王恂以亦师亦友的方式帮助真金成长。王恂只比真金大8岁，因此在真金的眼中显然要比姚枢、窦默那些老学究要亲近得多。不过王恂对真金要求也很严格，除了对其起居饮食慎为调护，还限制真金的社交圈子——"非所宜接之人，勿使侍其左右"。在这样的情况下，有一些其他宗室子弟及鹰房人等携鹰犬至真金窗前，邀他打猎，被真金全部赶走也就没什么可奇怪的了。

1262年，年仅19岁的真金被自己的父亲忽必烈册封为燕王，以中书令的身份正式到中书省上班。据说真金第一天上班，他的奶妈特意给他做了一件新衣服，真金却笑着拒绝了："我没事穿那么漂亮干什么。"的确，身为政府高层工作人员，没必要那么高调，何况忽必烈给真金的任务不过是以"见习元首"的身份"守中书"而已，需要的是多听、多看、多学。偏偏这个时候丞相史天泽不知道是真的不清楚状况，还是受了忽必烈的唆使，跑来向真金汇报工作。真金得体地表示："我年纪还小，社会阅历不足，许多大事还要你们这些老前辈多多协助。"

不过谦虚的同时，真金也不忘培养自己的执政班底，他特意请了自己伴读王恂以秘书的身份和自己一起上班，让他一起听取来自各地的工作报告。种种得体的表现，使得真金只上班六天，刘秉忠、王鹗、张文谦、商挺等人便联名向忽必烈建言："真金既然已经作为中书省的领导者，应该每个月给他几天的时间处理一些日常政治事务。"真金的身份从"见习"进一步提升到了"实习"。1273年，31岁的真金被忽必烈册立为太子，从此开始了他长达12年的接班人生涯。

除了忽必烈本人的宠信之外，汉族士大夫也对真金抱以厚望。在他们看来真金如果顺利即位，将会大大提升儒学在元帝国中的地位，不过忽必烈身体强壮，真金一时半会儿还没有机会。于是他们便退而求其次，开始鼓动真金去对抗忽必烈所宠信的穆斯林——阿合马。阿合马所奉行的一些严苛的财政制度与儒臣极力主张的"轻徭薄赋，藏富于民"的观

真金的母亲——察必皇后

念相左，于是在一片"革弊、去邪"的议论声中，真金被无可避免地推到了阿合马的对立面上。

事实上，阿合马和真金本身没什么矛盾，同时由于是真金的母亲察必皇后的侍从出身，阿合马对真金处处表现出谦卑和忍让。据说有一次真金不知道出于什么心理，拿着自己的长弓就莫名其妙地把阿合马打了一顿，忽必烈看到阿合马脸上有伤就关心了一句："你怎么搞的？"阿合马不敢说："是你的宝贝儿子打的！"只能回答说："我这是让马给踢的！"不过他似乎忘记了真金就坐在旁边，这位太子爷立刻跳了出来，"你当面撒谎，这明明是我打的！"从此以后，真金就开始直接当着自己老爸的面对阿合马开揍。

我们无法知道忽必烈对自己儿子和宠臣之间的矛盾究竟抱以什么态度，但是真金痛打阿合马的消息对于那些整天渴望阿合马倒霉的汉族士大夫来说无疑是一个鼓励。于是在1279年应以董文盅为首的汉族儒臣们要求，忽必烈开始给予了真金更多的参政机会。但是对于阿合马，忽必烈依旧保持着扶植和信任的态度，甚至在真金和阿合马的多次政治斗争中站在后者那一边。虽然阿合马最终在1282年忽必烈北上大都之时，被人假借太子真金之名刺杀，但是阿合马所奉行的政治理念却在他的党羽和继任者卢世荣等人的手中继续推行着。

忽必烈和真金的父子感情向来不错，在真金初为太子之时，他生病了之后，忽必烈往往都会前往探视，甚至亲自喂药。但是在政治事务中，父子二人的分歧却无法用亲情来弥补。一方面忽必烈很清楚真金虽然得到了汉族士大夫的支持，但在蒙古亲贵中却长期被视为异类，在南宋遗民郑思肖的《心史》中曾记载了这样一个说法："忽必烈老而病废已久，屡欲传国与真金，族人俱不从，谓我家无此法。"

真正得到蒙古亲贵们支持的是真金的弟弟那木罕，可惜的是这位奉命指挥元帝国边防军的亲王在与海都的战争中失手被擒，从此一度淡出了热门人选的行列，但是被释放回国之后，那木罕依旧对自己的哥哥真金的太子之位虎视眈眈，甚至赤膊上阵，直接问忽必烈："我哥哥如果继位成了大汗，不知道那帮儒生们会怎么评价您呢？"忽必烈虽然表面表现得"大怒"，将那木罕臭骂了一顿，赶了出去，但是他对于真金一味崇尚儒学在内心深处却是同样倍感失望的，而这种失望的情绪，真金本人也是可以觉察到的。正是这种身为继承人的惶恐使得他采取了错误的应对措施，直接引发了几乎将他置于死地的"禅位风波"。

1285年江南行台御史上书提出："忽必烈年事已高，理应禅位于皇太子，皇后不宜参与朝政。"这一做法应该是出于汉族士大夫的自发拥戴，以真金的性格和政治地位应该不用发动这样有损无益的舆论攻势的。而这份报告如果递交到忽必烈的手中，相信自然会引起这位独裁君皇的愤怒，不过他所打击的也不过递交报告者本身，事件未必会波及到真金。但也许是出于保护自己支持者的动机，也可能是不想自己的确已经老迈而多病的老爹不开心，于是真金通过御史台都事尚文扣留了这份报告。

但是这件事情被真金的政敌——阿合马的余党卢世荣和答即古阿散通过自己的情报网络获知了。当时为了第三次远征日本，忽必烈正在大肆搜刮钱粮，担任审计工作的答即古阿散立即利用自己的职权，要求封存并查看御史台所有案卷。御史台是元帝国的监察机构，答即古阿散此举的目的表面上是查找各地官员隐瞒财政收入的证据，但真实的意图却是希望可以找到那份要求忽必烈"禅位"的报告。

随着御史台的文库被查封，所有工作人员被一一叫去问话。机关负责人尚文才意识到事态的严重性，他第一时间将事情原委向中书右丞相安童和御史大夫玉昔帖木儿进行了通报，同时继续保留这一份报告的原件。由于政府行文都有详细的往来记录，很快答即古阿散还是根据相关记录向忽必烈报告了这一情况。忽必烈显然将这份报告看作了真金图谋不轨的重要证据，派出了宗室事务负责人——大宗正薛彻干亲自追查这份报告的去向。

面对日益恶化的事态，尚文连夜串联安童和玉昔帖木儿两位大员，让他们阻止这场"欲上危太子，下陷大臣，流毒天下之民"的阴谋，而办法就是"先发制人"地将事情的真实情况向忽必烈进行汇报，同时检举揭发答即古阿散贪赃枉法的罪状。应该说忽必烈对于汉族士大夫这种对自己指手画脚的行为十分不爽，但是他的愤怒远没有达到要将真金废黜的地位，面对安童和玉昔帖木儿，他也只是问了一句："你们在这件事情上难道没有责任吗？"丞相安童立刻带头认罪说："我们当然没有理由开脱，但是答即古阿散的罪行已经触犯了元帝国的法律，现在更是用这种方式动摇人心，应该立即任命重臣进行全面调查，以'庶靖纷扰'。"

应该说比起历史上那些不由分说便把试图取代自己的太子或杀或抓的君皇来，忽必烈在"禅位风波"上的处理还是冷静的。1285年农历十二月三日，答即古阿散通及其同党被以"受贿贪赃"的罪名处死。但是真金太子却在这一事件中由于心理所承受的压力过大，忧惧成疾，七天之后也撒手人寰。应该说真金作为一个儿子和学生都是优秀的，但是他的心理素质以及行事风格却未必是一个合格的政治家，他的死从某种意义上来说是忽必烈此前的精英教育模式造成的。

1294年，已经80岁的忽必烈终于在执掌了政权34年后因病去世，而此时元帝国继承人的问题便再次成为了朝野上下关注的焦点。真金死后，忽必烈虽然没有再册立太子，但是他对真金一系的扶持却是显而易见的。真金的长子甘麻剌在经过云南等地的一番政治历练之后，被册封为晋王，镇守着漠北的"祖宗根本之地"。真金的次子答剌麻八剌据说也一度被忽必烈作为接班人培养，但是在出镇四川怀州之后却由于水土不服，第二年便在大都病死。在伤心之余，忽必烈不得不把注意力放在了真金的第三个儿子铁穆耳身上。

1293年，铁穆耳领命北上加入征讨海都的大军之前，忽必烈特意授予他当年真金用过的皇太子印章，使他的权威可以凌驾于自己的哥哥"晋王"甘麻剌之上。但铁穆耳的政治地位毕竟没有经过立诏建储这一系列法定手续的认可，因为按照蒙古帝国的惯例，大汗去世后，理应由皇后临朝摄政，然后再择期举行"忽里勒台大会"，由宗室勋旧一同"协

28

谋推戴"新汗登位。在这个过程中，皇后的个人意志往往能在新君人选问题上产生重大的影响。

亲身经历过乃马真摄政以及其后一系列由汗位纷争而引起的腥风血雨的忽必烈自然不希望悲剧重演，因此他第一时间将正在大同前线待命的宿将伯颜召回首都，在以国家武装力量为后盾的情况下，担任自己"扬命群王"的代言人。在忽必烈生命的最后10天里，伯颜和中书平章政事不忽木迅速控制了元帝国政府。而在忽必烈死后，这两位顾命大臣又进行进一步的分工，由伯颜主持政府日常工作，而不忽木则负责忽必烈的治丧事宜。

元穆宗铁穆耳

不过此时无论是忽必烈寄予厚望的铁穆耳还是镇守漠北的晋王甘麻剌都远在讨伐海都的西线战场之上，而在等待他们返回大都的过程之中，一件颇为蹊跷的事情发生了。1294年春天，就在忽必烈死后的第八天，当年为成吉思汗家族立下过汗马功劳的木华黎之后，突然拿出一块刻着"受命于天，既寿永昌"的玉石进献给了真金的遗孀伯蓝也怯赤。

经过元帝国权威部门鉴定，这块玉石竟然就是自秦以来历代相传的传国玉玺。这件事情如果放在忽必烈生前，那么不仅私藏国宝的木华黎之后少不了人头落地，敢于接受这一馈赠的真金系也不免受到牵连。但在这个风云变幻、人心浮动的节骨眼上，这一事件却被看成了"传国神宝不求而出"的祥瑞，"大功臣子孙之家"自然功不可没，而真金的两个儿子的地位更是"皇权天授"不可动摇。

元初名臣伯颜

不过无论真金系得到这一传国玉玺多么无稽，但在伯颜的坐镇之下，从忽必烈去世到铁穆耳等人返回大都，元帝国政府依旧保持着日常运转，没有出现南必等宗室企图通过扣留世祖御印来干预选君的情况。但是新的问题随即出现了，在均为嫡子的情况下，铁穆耳和晋王甘麻剌之间似乎后者更有优势。在这样的情况下，和铁穆耳私交甚密的御史大夫玉昔帖木儿不得不挺身而出。

玉昔帖木儿的职务虽然是个言官，但是这位当年铁木真麾下四杰之一的博尔术嫡孙却是元帝国近卫军的行伍出身，长期以来更是征战沙场，功勋卓著，东道诸王中的乃颜、哈丹都是他的手下败将。在忽必烈死前，他更是元帝国与海都叛军交锋的杭爱山一线的敌前总指挥。有元帝国强大武装力量为后盾，玉昔帖木儿在上都的宗室诸王会议上说话自然很有分量，他首先站起来问晋王甘麻剌："你爷爷都死了三个月了，大汗的位置一直空缺着，你作为嫡长孙，也不表个态吗？"面对这一显然把自己排除在继承人行列中的提问，甘麻剌只能回答："我尊重大家的决定。"随后，在玉昔帖木儿的主持之下，宗室诸王一致推选铁穆耳为新君。这个时候玉昔帖木儿才坐下，表示："大事已定，吾死且无憾。"

不过考虑到这种武力压制往往会带来许多无法预料的后遗症，而甘麻剌又统领着铁木真当年四大斡耳朵所属领地以及当年塔塔儿部牧区的行政机关和野战部队，为了让他心服口服，在真金的遗孀伯蓝也怯赤的建议之下，甘麻剌和铁穆耳加赛一轮，但是，这并不代表着甘麻剌还有机会，因为"知子莫若母"的伯蓝也怯赤选择的是甘麻剌最不擅长的演讲。

果然一旦着急便会口吃的甘麻剌被铁穆耳轻松击败，不过这种明显带有倾向性的比赛，还是招来了元帝国宗室的非议。此时伯颜不得不再度站出来，握着剑柄站在大殿之上，以严厉的口气陈述了拥立铁穆耳的种种理由，一时间竟令与会

铁穆耳的皇后卜鲁罕

的听众都为之战栗，因为他们很清楚这并不仅仅代表他本人，他所握着的是元帝国主力野战部队的指挥权。最终在伯颜"与诸王饮于宫前"的一片团结和睦的气氛中，铁穆耳被公选为新任元帝国皇帝，由真金妃亲手授予新发现的传国玉玺，于1294年农历四月十六日正式登基。

铁穆耳虽然是一直被称为"垂拱而治"的守成之君，但是由于晚年体弱多病，而自己一向宠爱的德寿太子早夭之后，又没有再明确自己的继承人，自然引来各方势力的蠢蠢欲动，引发了空前激烈的政治角逐。铁穆耳的两个哥哥都颇能生育，大哥甘麻剌有三个儿子，二哥答剌麻八剌尽管死得早，但也留下了三个继承人。对于曾经和自己争夺过帝位的大哥甘麻剌，铁穆耳自然没有什么好感。对于答剌麻八剌留下的孤儿寡母，铁穆耳却是颇为照顾，甚至一度有按蒙古旧俗纳寡嫂为妻的念头，但是这一做法无论是在个人感情上还是政治上都令皇后卜鲁罕无法接受。于是卜鲁罕不仅竭力地阻挠铁穆耳的这一想法，更在自己的丈夫病危之时，将答剌麻八剌的遗孀答己和幼子爱育黎拔力八达贬放怀州（今河南沁阳）。

卜鲁罕是元帝国第一位非弘吉剌氏的皇后，她来自被蒙古帝国征服的钦察部。作为一个既有野心又有政治手腕的女人，她在铁穆耳健康日益状况恶化的情况下，成功地从幕后走到了台前。而对于她的干政举措，即便是对她颇有非议的《元史》等汉族史料也不得不表示卜鲁罕摄政期间"大德之政，人称平允"。而随着铁穆耳的生命进入倒数计时，卜鲁罕也在为自己最终登上政治巅峰做准备，她的最终计划是邀请忽必烈嫡孙安西王阿难答来大都"辅国"，自己临朝称制。

卜鲁罕和自己的小叔阿难答之间的关系一直颇为暧昧，元帝国朝野更有其私通的传闻。但刨去儿女私情不谈，卜鲁罕和阿难答之间在政治上确实有其互补性。手中没有兵权的卜鲁罕需要掌握元帝国西北地区军政大权、长期以来一直积蓄实力的阿难答来充当自己的武力后盾，而长期远离中枢的阿难答也需要长期干政的卜鲁罕皇后在帝国的政治影响力，因此两人很快结成了对抗元成宗铁穆耳两个侄子——海山和爱育黎拔力八达的政治联盟。

与凭借血统出身便坐拥陇西一省的阿难答相比，元铁穆耳的侄子海山在漠北的"江湖地位"却是自己打出来的。1299年，鉴于自己的叔叔——忽必烈的第八子宁远王阔阔出在与海都的战争中无所作为，铁穆耳派年仅18岁的海山前往漠北前线。客观地说此时海都的实力在经过与元帝国漫长的拉锯战之后早已消耗殆尽，遇上了锐意进取的海山很快便招架不住。海山在漠北战场的出色表现不仅多次挽回了战局，更为自己获得了怀宁王及瑞州（今江西高安）65000户的封赏，成了元帝国冉冉升起的政治新星。

但是在皇后卜鲁罕的刻意安排之下，在铁穆耳死后率先以奔丧之名抵达大都的是与卜鲁罕皇后关系暧昧的安西王阿难答。如果按照蒙元帝国长期以来的政治传统，大汗死后由皇后摄政，主持召开选立新汗的"忽里勒台"大会，那么沆瀣一气的卜鲁罕、阿难答这对叔嫂自然大有机会。在这样的情况下连重兵在握的海山也不敢贸然回京，但是自忽必烈以来元帝国所建立的中央官僚体制事实上已经冲淡了元帝国宗室对政治事务的影响力。

长期以来和卜鲁罕保持着良好合作关系的右丞相哈剌哈孙此时开始转向皇后的对立面，铁穆耳病死之后，他立即秘密派人通知在漠北的海山和在怀州的爱育黎拔力八达两兄弟。此时虽然卜鲁罕皇后已经下达了切断通往漠北驿路的命令，但对于哈剌哈孙这样老官僚来说，打"擦边球"正是他的强项，他疏通通政院将自己要送往漠北的文件签署日期改到卜鲁罕的命令下达之前，一路上自然畅通无阻。

随后哈剌哈孙又将首都各行政机关的印章全部收入府库，自己则开始"请病假"。但是他这个"病假"请得实在有些意思，尽管所有的文件不签署但是哈剌哈孙却不离开自己的岗位，就在中书省"就地休养"，一连三个月都在自己的办公室里，连澡都不回家洗。这种顽强的"赖班"精神，令卜鲁罕动员行政中枢的权力资源发号施令、推行临朝称制的计划完全无法施行。

不过手握重兵的海山虽然接到了哈剌哈孙的密件，但从金山前线回到和林之后却接受自己的老师党项人乞台普济的建议，以漠南事宜"难以遥度"为由停下了脚步。而与之相比，他的弟弟爱育黎拔力八达虽然手中无兵无勇，却在自己的母亲答己和老师李孟的建议之下，毅然同样以奔丧为由从怀州赶往北京。同样是皇子的老师，乞台普济和李孟在政治嗅觉上可以说是高下立见。

李孟劝说爱育黎拔力八达的方法也颇有艺术，他搬出忽必烈来推翻了作为旁系的安西王阿难答继承帝位的法律依据——"支子不嗣，世祖之典训也！"然后告诉自己的弟子："你哥哥现在远在万里之外，可以挫败对方阴谋、安人心、保社稷的只有你！"在这些"大道理"还没有成功鼓动爱育黎拔力八达的情况下，李孟不得不拿出"撒手锏"来，告诉对方："等到对方的阴谋得逞，只要一纸文书可就能置你们母子于死地啊！"这个时候爱育黎拔力八达终于大彻大悟了，带着母亲答己返回了大都。

不过回到由皇后卜鲁罕、安西王阿难答所控制的首都之前，局势依旧不明朗。除了积极的李孟之外，其他爱育黎拔力八达的幕僚都持悲观的论调，毕竟卜鲁罕作为皇后深居后宫，八玺在手，四大禁卫军少说也有几万人。加之安西王阿难答手下的侍卫、随从，爱育黎拔力八达手上这十几个人七八条枪怎么够看，大家都觉得还是等海山的主力野战部队从漠北赶回来再说。这种看法不无道理，毕竟从实力来看，爱育黎拔力八达的确是角逐帝位三方势力中最弱的一个，但是李孟此刻却保持着比较清醒的认识，他们所要进行的是宫廷政变又不是内战，兵力对比并不重要。关键是掌握先机，何况比起安西王阿难答和怀宁王海山的野战部队来，中央官僚集团的支持更为重要。

武宗海山

在爱育黎拔力八达回到大都之前，李孟已经私下秘密地拜会了哈剌哈孙。李孟和哈剌哈孙的会面颇具戏剧性，由于当时卜鲁罕皇后派来探病的使者和各方官员鱼龙混杂，李孟走进去抓着哈剌哈孙的手假装搭脉便立刻被当成了皇后派来的医生，从而轻松地建立了联系。

哈剌哈孙告知李孟皇后卜鲁罕已经定下了安西王阿难答即位的日子，此时"先发者制人，后发者制于人，不可不早图之"。在这个前提之下，李孟再一次为爱育黎拔力八达分析了目前的形势："你现在跳出来，还能得到反对安西王阿难答的官僚集团和道义上的支持，你哥哥回来了，你再让位就是了。一旦阿难答当了大汗，就算你哥哥来了，人家也不肯两手进玺，退就藩国，双方就只有内战了！所以仗义而动，事必万全。"

应该说驻军和林的海山从一定程度上也震慑住了在大都的卜鲁罕和阿难答，在没有得到哈剌哈孙所领导的中央官僚集团的支持之下，即便占据优势的他们也不敢轻易动作。虽然卜鲁罕和阿难答最终决定于1307年农历三月初三御殿听政，并谋以伪贺爱育黎拔力八达生日为名拘禁答己母子。但是，在农历三月初二，在得到哈剌哈孙有关海山的使者已经抵达首都，需要立即召开内阁会议的消息后，卜鲁罕和阿难答以及其主要党羽竟毫不怀疑地钻进了对方精心设计的圈套，一进入会场便被悉数逮捕。有趣的是这场宫廷政变中顽强到底的竟然不是常年领军在外的阿难答，而是常年在政府机关工作的左丞相阿忽台，最终不得不由著名的大力士——察合台四世孙秃剌出手才将其制服。

随着卜鲁罕和阿难答及其党羽的先后落网、被处死之后，原先相互牵制的三方势力逐渐演化为海山和爱育黎拔力八达的兄弟之争。客观地说九五之尊的位子谁都有兴趣，但是爱育黎拔力八达似乎显得很谦卑。当聚集在大都的诸王阔阔出、牙忽都等人以"今罪人斯得，太子实世祖之孙，宜早即大位"为由劝进之时，爱育黎拔力八达表示自己只是诛杀了"潜结宫壶，乱我家法"的阴谋分子，不会"欲作威福以觊望神器"。在仿效拖雷担任监国的同时，将派人去邀请哥哥海山。

事实上爱育黎拔力八达此举完全出于无奈，自己在大都的宫廷政变虽然得到了哈剌哈孙等官僚集团的支持，但是却没有自己的核心施政团队，连任命自己的老师李孟"参知政事"也遭到了朝臣们的非议，逼迫李孟在辞职申请没得到批准的情况下逃亡在外。而海山也在母亲答己的以所谓"星命"要他放弃王位的刺激下，兵分三路大举南下，在完全孤立的情况下，爱育黎拔力八达只能放弃近在手边的皇位，主动欢迎海山南下大都，继任为皇。

其实海山的生母答己也不是一个安分的女人，与卜鲁罕相比她的大局观更差一些。在自己的小儿子成功地在大都发动宫廷政变之后，一心想要由"天性孝友"的爱育黎拔力八达继承帝位的答己竟想出一招空前绝后的臭棋，她派自己的亲信北上告诉自己的大儿子海山，告诉他"自己最近刚找人为他们两兄弟算过命，你如果当皇帝必然短命，只有爱育黎拔力八达才能在位时间长久。你们两兄弟都是我生的，本身并没有什么亲疏，这些阴阳家的推送，你不能不考虑"。

可以想象正在和林一心等待自己的弟弟奉玺北迎的海山当时的心情，他当即表示："我在北方守卫边疆几十年劳苦功高，又是嫡长子的身份，你现在就拿所谓的星命来忽悠我吗？我登基之后如果能够顺应民心，就是只当一天的天子也能流芳万世！"随后果断挥军南下。好在答己还算聪明立刻自圆其说，向海山表示："这些什么在位时间长短云云都是那些术师们告诉我的，我也是出于一片好心才告诉你的，其实现在大臣们已经商议决定让你继承皇位了，还是快点回来登基吧！"海山此时也表示自己对母亲的热心"很感动"，不过并没有急于抵达大都，而是在自己控制的上都与母亲和弟弟会面，完成权力交接。

从一个军人的角度来看，元武宗海山是一个优秀的战场指挥官。在海都和其他西北叛军的作战之中他多次身先士卒，一举挽回了己方的不利局面。但从一个君皇的角度来看，他任人唯亲，自己的宿卫马谋沙只是因为孔武有力"角斗屡胜"便被授予了平章政事的重任，一时间，元帝国内部又出现了武夫当国的局面。而在经济上则以货币改革之名大搞通货膨胀。这两点在海山短暂的执政期间并没有引发政治动荡和民生凋敝，但是却为元帝国的未来埋下了可怕的隐患。

而在继承人的问题上，他按照此前和爱育黎拔力八达订立的"兄终弟及、叔侄相继"的约定，册封对方为皇太弟。不过他显然没有想到自己在战场上出生入死所锻炼出来的强悍体魄，最终在酒色的摧残之下竟然只支撑了短短的5年。1311年元旦，海山终于病倒了，7天之后病死于大都宫中的玉德殿，年仅31岁。

海山不是没有考虑过册立自己的儿子，为此，他的宠臣三宝奴还特意去试探过右丞相康里脱脱的意见。当时康里脱脱正在外面打猎便被突然召入了宫中，而理由便是："建储议急，故相召耳。"康里脱脱是当年恭迎元武宗海山的往来使节，可以说是"兄终弟及、叔侄相继"约定的主要见证人，因此对于三宝奴关于"今日兄已授弟，后日叔当授侄"怎么保证的问题，他当即以自己的个人信用予以了背书——"在我不可渝，彼失其信，天实鉴之"。

同样对皇太弟爱育黎拔力八达持怀疑态度的还有从南宋政权直接"转会"到元帝国宫廷的太监李邦宁。据说在海山死前，李邦宁曾提出"父子家天下，古之至道，为臣未闻皇帝有儿子而立弟弟为继承人这样的事情"。但是，海山却只用了一句"朕志已定，你有话自己去同皇太弟去说"，把这个还不算太坏的宦官打发了。

对于自己的哥哥打算推翻之前约定的想法，爱育黎拔力八达不可能不知道，因此，他即位之后的第一件事情便是拿三宝奴开刀。因为三宝奴此前一些飞扬跋扈的行径，他的死非但没有人同情，相反引来了一片"富贵转头成鬼扑，奸谀到死带奴颜"的嘲笑之声。不过继位的爱育黎拔力八达虽然处死了试图颠覆他和哥哥海山"君子协定"的三宝奴，但却并不意味着他自己就没有"父传子，家天下"的想法。1315年农历十一月爱育黎拔力八达突然册封元武宗海山的嫡长子和世瓎为周王，四个月之后又要求和世瓎经陕西、四川到偏远的云南去。应该说这一安排不仅仓促而且不得人心，为此爱育黎拔力八达特地预防性地逮捕了当年为自己背书的康里脱脱。

此时的康里脱脱已经被排除在了权力中枢之外，外放到江浙行省做左丞相去了，可怜的老头子可能自己也不知道到底什么地方出了问题。过了几天才有有关部门的领导找他谈话："之前怀疑你参与了某些阴谋活动，所以把你叫回来。现在事情已经查清了，你可以回到原来的岗位上去了！"康里脱脱自然清楚所谓的"某些阴谋活动"指的是什么，于是当即表示："我虽然曾受先帝的知遇之恩，但是太后和皇上对我更是恩重如山，我又怎么敢擅自行事呢？"不过元仁宗爱育黎拔力八达只是教育了康里脱脱一个，却很难在短时间之内将所有持有"天下者，我武皇之天下也"的元武宗海山的势力全部清除。

元仁宗孛儿只斤·爱育黎拔力八达

和世㻋抵达陕西便立刻被当地的驻军将领所拥戴，一场内战似乎即将爆发。但客观地说，和世㻋和他的部下有些操之过急了。毕竟爱育黎拔力八达只是派自己的侄子出镇一方，又没有正式剥夺他的继承权。连和世㻋的随从武㤉都说："太子（和世㻋）此行，于国有君命，于家有叔父之命，今若向京师发一箭，史官必书太子（和世㻋）反。"在师出无名的情况之下，预定进攻潼关和河中府的两路大军还没出发便内部瓦解了，和世㻋只能逃亡西域，依附于察合台汗国，可以说和世㻋在陕西的兵变几乎是自断前途，爱育黎拔力八达随后顺理成章地册封自己的儿子硕德八剌为皇太子。

1328年，和世㻋在察合台汗国已经寄居了12年。在"岁冬居扎颜，夏居斡罗斡察山，春则命从者耕于野泥"的生活中，昔日的皇霸雄图或许早已灰飞烟灭。但就在和世㻋已经逐渐习惯了其"政治难民"的生活之时，突然从大都传来了其弟图帖睦尔恭请他回国继位的消息。

对于本应是帝位继承人，却被逼迫流落北徼的

今天的明祖陵安葬着朱元璋父母的衣冠冢

和世瓎，察合台汗国朝野还是普遍持同情态度的，而爱育黎拔力八达及其继承人硕德八剌因加强汉法而引起的草原贵族的不满心理，可能是刺激起他们要把和世瓎推上大汗宝座的政治动机，因此当大都使者抵临时"朔漠诸王皆劝帝（和世瓎）南还京师"。在一片拥戴声中，和世瓎飘然启程，却不知道自己踏上的竟是一条不归之路。

就在和世瓎逆着其远祖成吉思汗西征的道路，快步奔向权力巅峰之际。1328年农历八月初八，在安徽濠州钟离县孤庄村中，一个名叫朱五四的汉族佃农正忧心忡忡地迎接着自己家中第六个孩子的降生。朱五四祖籍江苏句容，但从他的父亲朱初一开始，这个家族便因为躲债而在淮河流域到处流浪，靠着佃种当地大户的田地而勉强苟活。在这种赤贫的家境之下，连多子多福都成为了一种负担，两个女儿不得不早早地出嫁，对于这个新出生的第四子，朱五四的心中或许也有过将其送人甚至直接溺毙的冲动，但最终这位已经不再年轻的父亲还是怀着明天会更好的良好憧憬，将其按照出生日期取名为：朱重八。

第一章 两都故事（1328—1332）

南坡之变

两都之战

旺忽察都

南坡之变

逃亡察合台汗国之时，和世㻋不过是一个16岁的懵懂少年，而踏上归国之路时他却已是4个孩子的父亲。岁月的变迁往往在孩子的身上能够得到最为明显的体现，看着年仅2岁正依偎在母亲怀里的次子懿璘质班，和世㻋不免感觉已经8岁的长子妥懽帖睦尔有些孤单和寂寥，但是身为父亲的他并没有太好的办法，毕竟妥懽帖睦尔的母亲早在他出生后不久便去世了，而懿璘质班的生母八不沙却是显赫一时的泰定帝也孙铁木儿的外甥女。

作为曾经的元帝国统治者，泰定帝也孙铁木儿和元武宗海山、元仁宗爱育黎拔力八达一样，同为忽必烈次子真金的后裔，不过也孙铁木儿的父亲是曾与弟弟铁穆耳争夺汗位却因口吃而落败的"晋王"甘麻剌。应该说甘麻剌虽然角逐失败，但其在忽必烈身前所获"统领太祖（成吉思汗）四大斡耳朵及军马、塔塔尔部国土"的漠北地盘，并未受到太大削弱，相反还能不断以诸部饥荒的名义向元帝国中央要钱要粮，可以说在忽必烈死后相当长的一段时间里，甘麻剌都是蒙古草原之上的"无冕之王"。甚至在其死后，铁穆耳仍不得不将其爵位和漠北的军政大权交给甘麻剌之子也孙铁木儿继承。

应该说在海山、爱育黎拔力八达统治期间，年轻

泰定帝也孙铁木儿

的也孙铁木儿并没有挑战自己两位堂兄的举动。而元帝国中枢对其在漠北的工作似乎也颇为满意，多次给予优厚的封赏。但是这种相安无事的局面并没有维系太久。随着1320年爱育黎拔力八达的去世，元帝国中枢再度陷入了一场波诡云谲的权力角逐之中。

爱育黎拔力八达即位之初虽然有一股新政治上的锐气，但是由于自己母亲皇太后答己的压制却迅速陷入了颓废。他本人也是个好酒之徒，还在他身为皇太子时，他身边的儒士们便以"近习多侍上燕饮"而写了一篇《酒诰》去规劝他。不过在戒酒的问题上爱育黎拔力八达和他的大哥海山态度一致——"虚心接受，坚决不改"。

海山在位时中书平章政事——康里人阿沙不花也曾提醒这位年轻的君皇戒酒："八珍之味不知御，万金之身不知爱，酒色实乃穿肠毒药，此古人所戒也。惟曲蘗是沉，姬嫔是好。是犹两斧伐孤树，未有不颠仆者也。"元武宗海山随便表面上表示认可："非卿孰为朕言。继自今毋爱于言，朕不忘也！"但随即就命人向阿沙不花进酒。阿沙不花只能苦笑地无可奈何地说："臣方欲陛下节饮而反劝之，是臣之言不信于陛下也，臣不敢奉诏。"

应该说在强悍的海山在位的4年时间里，身为皇太后的答己还算是收敛的，除了和宣徽院掌管宫廷饮膳的铁木迭儿勾勾搭搭之外也没什么恶行。可能是听到了自己母亲的相关绯闻，海山虽然在职位上给予铁木迭儿提升，但是随后就把他派往了江西，接着又调到了更为遥远的云南。不过遥远的距离似乎无法阻隔铁木迭儿和答己太后的感情，1310年，有官员意外地发现云南行省左丞相的铁木迭儿出现在首都。这一明显违反元帝国人事制度的行为自然遭到了尚书省的弹劾，铁木迭儿也随即被捕，但是很快在皇太后答己的干预之下，铁木迭儿只是被罚了一些钱便官复原职去了。

在海山英年早逝之后，皇太后答己不等自己的小儿子爱育黎拔力八达即位，便迫不及待地把自己的老情人铁木迭儿从云南召回了大都，还帮他谋了个中书省右丞相的职位。当然，与其说这样的安排完全是出于私人感情，不如说是皇太后答己的政治野心在作祟，因为她利用这一元帝国的政治真空期进行了大规模的人事调动，清洗了元武宗海山所任用的官员千人之多。事实上在爱育黎拔力八达主政期间，皇太后答己已

元英宗硕德八剌

经通过铁木迭儿在元帝国政府内拥有空前强大的权力。

爱育黎拔力八达对自己母亲的肆行妄为，心中固然有所不满，但是他对答己的曲意退让却也并非只是"孝养顺承，惟恐不至"，为了追求一个"视虞舜而不愧"的孝子虚名，更多的是因为爱育黎拔力八达缺少自己的政治班底，在自己的继承人问题上又渴望获得答己的支持以破除他与海山"兄终弟及、叔侄相继"的约定。因此在自己儿子的纵容之下，皇太后答己变得更肆无忌惮起来，甚至趁着爱育黎拔力八达北巡上都的机会，把中书省平章政事张珪叫进自己的宫中暴打一顿，更可怜的是等爱育黎拔力八达从上都回来，张珪的儿子张景元还不敢告状，这一事件最终以张珪病休回家而告终。

爱育黎拔力八达的身体也不好，又处处受到自己母亲皇太后答己的掣肘。因此很早便倦于政事，将所有的希望都寄托在自己的儿子——硕德八剌身上。他甚至不惜向近臣放出消息说："我听说前朝都有太上皇制度，现在皇太子年纪也大了，可以继承我的皇位。我嘛就做做太上皇，和你们一起作作驴友，以终天年，不是也很开心吗？"可惜的是右司郎中月鲁帖木不解风情地表示："我听说前朝的所谓太上皇，都是唐玄宗、宋徽宗那样在战乱年代，不得已而为之的情况之下才产生的。您还是老老实实地干下去吧！"事实上爱育黎拔力八达的真实想法可能是迫切地希望硕德八剌能平稳地继承帝位，甚至想在自己生前就看到这一天，最后还能扶上马背再送上一程。

爱育黎拔力八达最终在36岁便撒手人寰了。

早在他生前，他的母亲皇太后答己便竭力推荐自己的孙子——硕德八剌继承帝位。而据说硕德八剌还是有过一番谦让的："臣幼，宜立臣兄和世瓎。"但在这种表面躬让的态度背后却是这位已经在政坛历练过一段时间的皇太子全面"抢班夺权"的部署，他和奶奶答己的暗斗也就由此展开。

就在硕德八剌还披麻戴孝每天睡在地板上、只能喝一顿粥的居丧期间，太皇太后答己便故伎重演，抢先任命铁木迭儿为右丞相，随后开始对长期以来和自己作对的大臣展开大清洗。面对这样的局面，幸免于祸的汉人儒士，也在淫威慑逼之下箝口摇手，不敢再多出议论。但是身为太皇太后的答己显然太小看了自己这个17岁的孙子，当答己通过徽政院使向硕德八剌发出"请更朝官"的要求之时，对方直接回答道："现在是大范围撤换官员的时候吗？况且这些都是我爹和我伯父的老班底，怎么能轻易更换呢？等我亲政了之后，和宗亲、元老们商量了之后再决定吧！"直接把自己奶奶给顶了回去。

在硕德八剌即位初期，这位年少气盛的君皇便表现出咄咄逼人的气势。当有人告发岭北行省平章政事阿散、中书平章政事黑驴、御史大夫脱忒哈等人正在阴谋要废掉自己，另立新帝之时，硕德八剌在没有进行审判的情况下便将这些人悉数处死。他的理由很简单，因为"徽政使"失列门也牵扯其中，所以"若是审到最后，他们把太皇太后扯进案子里来，那该怎么办"？这一粉碎"失列门等人的阴谋集团"的动作极快，令太皇太后答己几乎来不及干预，这位老妇人终于在又气又急之中只能在："我怎么会养出这样一个小儿！"的感慨声中和她的老情人铁木迭儿相继去世了。两个月之后硕德八剌以精简政府机构的名义，直接将"徽政院"也裁撤掉了。

硕德八剌由于长期受太皇太后答己的压制，因此热衷于表现天子的威严。史称"英宗临朝，威严若神；廷臣懔懔畏惧"，更刻意营造出一种"禁卫周密，非元勋贵戚，不得入见"的氛围。但是在"威严若神"的虚名下处处受制于自己的奶奶答己，反过来更增加了硕德八剌的心理挫折，结果只好迁怒于臣下，因此"大臣动遭谴责"。只是因为御史台谏修寿安山佛寺，就一口气杀掉了重臣观音保、锁咬儿哈的迷失，杖责了成珪和李谦亨，引起轰动朝野的"四御史之狱"。

除了脾气不好之外，硕德八剌还喜欢酗酒，而其酒后又往往乘醉杀人。时人记载一个被冤杀的艺人史骡儿，云：史骡儿被召进宫中就发现硕德八剌喜欢"使酒纵威福"，偏偏还无敢谏者。一天硕德八剌在紫檀殿上饮酒，让史骡儿弹弦唱歌。史骡儿编了一首《殿前欢》。但其中一句"酒神仙"却引来了杀身之祸。而史骡儿被杀之后，硕德八剌才酒醒，似乎忘记了自己已经处决了史骡儿，直到问起这个人的时候，才后悔地说："史骡儿是在劝我戒酒啊！"硕德八剌的这种个性，使他难以在自己身边聚集起真正积极维护新政的政治势力，同时却把越来越多的人推向自己的政敌一边。

就个人能力而言，硕德八剌在同龄人中应该算是出类拔萃的了，但是作为一个君皇而言，他却是一个失败者，这一点很大程度上与本人早年没有机会建立一个既有声望又足可信赖的潜邸侍臣班子不无关系。不仅在与自己祖母答己的暗战之中，他处于孤立无援、"孑然宫中"的境地，就是在清除了太皇太后的党羽之后，他所能重用的也只有木华黎的后裔，忽必烈时代的名相安童的孙子——拜住以及自己的大舅子铁失而已。当然中国历史也不乏依靠少数精英班底便开创一个盛世的情况，但就是硕德八剌的这两位左膀右臂，彼此关系还不够融洽。

在职位分工之上，硕德八剌在左丞相位置空悬的情况下，任命拜住为中书右丞相，负责政府内部事务。而铁失则在独署御史大夫事的基础之上，还兼任忠翊侍卫亲军的都指挥使，主要掌管监察和内卫机构。这种军政权力高度集中的模式，一方面说明了硕德八剌的确没有什么干部储备，但也从一个侧面说明了他对拜住和铁失的绝对信任，但是拜住在处理铁木迭儿当年所留下的"诳取官币"案中却意外地发现铁失也牵扯其中。虽然起初硕德八剌以铁失与自己的私人关系而赦免了对方，但是在拜住却不依不饶地反复陈奏，最终令疑惧日甚的铁失不得不铤而走险。

作为硕德八剌身边近卫军的指挥官，铁失要发动宫廷政变并不困难。但是干掉元英宗硕德八剌之后该怎么办？铁失还需要得到蒙古宗室的支持和一个强而有力的外援。在这样的情况下，他向镇守漠北的也孙铁木儿派出了密使。应该说无论是从宗室地位还是个人实力而言，也孙铁木儿都的确有角逐皇位的资本。我们不知道铁失之前是否已经和也孙

元朝皇帝巡幸上都

铁木儿达成了什么协议，但是当铁失的密使斡罗思抵达了漠北表达"事成，推大王为皇帝"的意愿时，也孙铁木儿的反应却是见诸史料的，他立刻囚禁了斡罗思，派自己的亲信别列迷失立刻赶往上都向硕德八剌发出警告。

也孙铁木儿的使节抵达上都之前，硕德八剌和拜住已经在"南坡事变"之中被铁失所指挥的近卫军乱刀砍死了。所谓的"南坡"指的是元帝国上都（今内蒙古锡林郭勒盟正蓝旗）以南三十里的南坡店，每年春分时间，元帝国的统治者都要以避暑为名离开大都前往上都居住，除了驰猎，休闲之余，还要接见漠北草原之上的亲王贵胄，直到秋分时节才返回大都。铁失在南坡发动武装政变，成功杀死了政敌拜住和被后世称为"元英宗"的硕德八剌之余，还开创了元帝国乃至中国历史的一项纪录：参与暗杀行动的铁失集团中仅王侯就占了三分之一，每人头上都有知枢密院事、大司农、中书平章政事之类的头衔，堪称"史上最高职位暗杀团"。

对于元帝宗硕德八剌的评价，史学界向来褒贬不一。如果抛开政治不谈，作为一个丈夫，用今天的眼光来看硕德八剌或许可以算是恶劣的了。除了他用情不专，仅皇后便同时册立了三个之外，这位21岁便领导一个帝国的青年性格暴虐，酗酒闹事，据说还有毒瘾和演习藏传密宗中双修术的不良记录。但是这一切并不影响他有一个贤明的妻子——速哥八剌。速哥八剌精通汉学，据说不仅能写史甚至可以参与修订史册。而对于政治事务，速哥八剌也甘于幕后，她时常穿戴整齐地去迎接自己的丈夫下班，劝说他收敛自己年少气盛的脾气，多培养一些亲信再推行所谓的新政和变革。可惜的是，硕德八剌并没能真正听从自己妻子的劝告。尽管继承帝位的泰定帝也孙铁木儿对硕德八剌这位堂弟的遗孀保持着礼节上的尊敬，但是，在"南坡事变"4年之后，27岁的速哥八剌最终带着无限的抑郁离开了人世。

表面上看也孙铁木儿在这次宫廷政变中完全是一个正面人物，只是因为"晚到一步"才没有能够及时阻止这场阴谋。但是随后所发生的一切就让他有些匪夷所思了，留守大都的元帝国政府官僚和亲王们并不急于平叛，而是第一时间和铁失一样向也孙铁木儿发出了"劝进"的呼声，关于这一点身为中书平章政事的张珪甚至还"义愤填膺"地表示："我世为国忠臣，不敢爱死。事已如此，大统当在晋邸。"似乎一切都是临时决定的，随后由诸王按梯不花、前太师月赤察儿之子淇阳王也先帖木儿组成的代表团带着皇帝玺绶前往漠北。此时长期以来"不谋异心，不图位次，依本分与国家出气力行来"的也孙铁木儿，在"其余争立的哥哥兄弟也无有"的情况之下，才颇为勉强地在克鲁伦河畔宣布即位。

如果说元帝国官僚们的这一举措还算是为了遏止"铁失阴谋集团"窥探皇位而采取的预防性措施的话，那么也孙铁木儿在即位之后所发布的大赦令可谓是空前绝后。也孙铁木儿宣布此次向来被中国封建统治阶级中列为罪无可赦的谋反、大逆、奴婢杀主等罪一律既往不咎，倒是谋杀自己丈夫的妻子依旧必须执行死刑。显然这样的反常做法，直接的受益者就是谋杀硕德八刺的铁失等人。

当然这不过只是也孙铁木儿的缓兵之计，根据他自己的表述："铁失阴谋集团雄踞两都，掌握着兵权、省印、宪台，军政宪一把抓。自己只能以宽恩而释其疑，使恶逆之徒，有以自安，不至狂肆。"随着时间的推移，1323年农历十月，登基才一个月的也孙铁木儿便在自己的地盘上首先秘密处死了前来劝进的也先帖木儿代表团成员，随后又派亲信旭迈杰为右丞相，让他先行南下主持政务。

此时的铁失还在大都以执国重臣自居，不仅和旭迈杰关系颇为融洽，甚至还一起举行了告祭太庙的仪式，据说在仪式进行到一半的时候发生了一件颇为离奇的事件——"阴风北来，殿上灯烛皆灭，良久方息"。事后人们都将这阵怪风理解为元英宗硕德八刺的鬼魂作祟，但从某种意义上来说似乎也像是对铁失的一种警报，因为仪式结束之后，旭迈杰便以也孙铁木儿的名义下令将铁失等人满门抄斩。不过这次事件牵涉到的人很多，因此也孙铁木儿随后也定下了一个基调——"逆党协从者众，何可尽诛"。而同样是"劝进"的张珪更不仅没有任何处置，相反还得到元老级别的特殊优待。

被后人称为泰定帝的也孙铁木儿其显然很清楚自己的即位多少有些名不正、言不顺，因此在任内便全力优待此前一直受到政治迫害的宗室贵族。之前被元仁宗爱育黎拔力八达流放海南的元武宗海山之子图帖睦尔因此得以返回大都，被封为怀王之后，虽然随后又被派往南方居住，但毕竟物质生活比较富足。而逃亡西域的和世㻋因为有过"谋反"的"不良记录"，虽然不在召回名单

也孙铁木儿的外侄女乃马真氏八不沙

里，但也孙铁木儿还是将自己的外侄女乃马真氏八不沙许配给他，也算是给予了一定的优待了。应该说也孙铁木儿的本意可能是为了巩固自己的地位，但事实上返回大都的图帖睦尔和重新得到认可的和世瓎很快便成为了野心家手中的旗帜。

两都之战

　　应该说在元仁宗爱育黎拔力八达和他的儿子元英宗硕德八剌时代的历次政治斗争之中，元武宗海山的派系虽然一直被排除在政治中枢之外，但却依旧有着强大的影响力。而随着同样是北方边防军出身的也孙铁木儿执政，这些"老子英雄儿好汉"的元武宗海山麾下后裔们不仅重新得到了重用，而且开始跃跃欲试起来。当年一心想要海山册立自己儿子为皇的三宝奴虽然死了，但他的儿子哈剌拔都儿却整天"慨先世之遭逢，伤事变之不易"，据说这个愤怒的青年是为"愤忠鲠以报国家"，不过他所谓的"国家"应该还是那"天下者我武皇之天下也"的狭义理念。

　　而在所有的海山旧部之中混得最好的莫过于"将门虎子"的钦察人燕铁木儿。燕铁木儿的家族是在与海都的战争之中和元帝国中的钦察军队一起逐渐崛起的，他的曾祖父班都察在蒙哥时代不过是一个带着百来个人钦察士兵远征大理的连级军官。不过到了燕铁木儿的祖父土土哈时代，在忽必烈与海都的战争中，由于双方的蒙古族士兵往往彼此认识，因此土土哈所率领的精锐钦察骑兵团便逐渐成为了主力。到了忽必烈统治的末期，土土哈的钦察族军队已经达到了数万人的集团军规模，土土哈颇为牛气地向忽必烈表示自己的部队"足以备用"。

　　土土哈的儿子床兀儿同样在与海都的战争中捞取了大量的政治资本。当床兀儿从北部战线凯旋之时，铁穆耳不仅授予了床兀儿镇国上将军、钦察亲军都指挥使等高官厚禄，甚至还将自己的衣服脱下赏赐给他。而在随后的对海都展开最后一轮打击中，床兀儿更是充当了海山的高参和急先锋的角色，他在战场上的表现连一向好勇斗狠的海山都感叹："何其壮耶！力战未有如此者。"这一次扑灭海都最后抵抗的战争，不仅令军功第一的床兀儿再次获得了铁穆耳赏赐的御衣的荣誉，更因为铁穆耳"卿镇北边，累建大功，即便全身包裹黄金也不足以我犒赏你的"的评价，而得以迎娶公主察吉儿，成为了皇室成员。

不过对于床兀儿这样一员悍将，即位的海山还是颇为忌惮的。在赐封床兀儿为句容郡王的同时，一向喜欢胡乱封赏的海山颇有心计地将当年忽必烈远征大理时的野战帐篷、穿过衣服以及晚年所乘坐的安舆赏赐给他。床兀儿似乎也清楚"鸟尽弓藏"的道理，因此当即叩头泣涕表示："贪宠过当，臣实不敢。"对于床兀儿的谦虚，海山似乎感到很满意，当即对左右表示："其他人怎么就不知道推辞一下呢！"当即让有关部门提供其他的宝马、轿车，亲自送床兀儿到门口。

而随着海山的去世，元帝国在西北地区再度与察合台汗国暴发边境冲突。和自己的哥哥不同，爱育黎拔力八达的军事能力有限，因此不得不再度倚重床兀儿。尽管三年之后爱育黎拔力八达也因年龄的问题将床兀儿从前线召回，但是对他的恩赏依旧有加，按照宗室亲王的待遇每见必赐坐，每食必赐食。床兀儿也表示："老臣受朝廷之赐厚矣，吾子孙当以死报国。"从某种程度上来说，床兀儿的儿子们的确实现了老爸的承诺，

床兀儿及其钦察军队的奋战

为元武宗海山的子孙们夺回了帝位。

作为床兀儿的第三个儿子，燕铁木儿少年时代便是海山的近卫军成员。自己的老爸退休之后，他继承了左卫亲军都指挥使的岗位。从史料之中，我们无从得知燕铁木儿身为近卫军指挥官是否参与了铁失的"南坡事变"，但从他在泰定帝也孙铁木儿执政时期兼任相当于国防部副部长的同金枢密院事来看，也孙铁木儿对他还是颇为信任的。

但是在泰也孙铁木儿时代，真正主持政府日常工作的是兼任御史大夫和中书左丞相的色目人官僚倒剌沙，把持枢密院的则是倒剌沙的哥哥马某沙和阿散火者。在这样的情况下，燕铁木儿虽然身居要职但是却基本没有了上升空间。而随着泰定帝也孙铁木儿健康状况的日益恶化，燕铁木儿现有的岗位也可能因为皇太子阿剌吉八的登基而化为乌有。

根据自己堂弟元帝宗硕德八剌的前车之鉴，泰定帝也孙贴木儿在巩固自己权力的问题上也做了诸多努力，他早早地就册立了自己的长子阿剌吉八为皇太子，同时还让自己的另一个儿子麻亦儿间卜继承自己的晋王，以镇守蒙元帝国在漠北的龙兴之地。但是阿剌吉八和麻亦儿间卜年纪都还小，于是皇太子的生母八不罕便自然地从幕后走到了台前。

也孙铁木儿之子阿剌吉八

泰定帝也孙铁木儿虽然有八位皇后、二位贵妃，但是他的第一夫人八不罕却是一个有名的醋坛子。据说在自己的权力稳固之后，八不罕皇后便拒绝庞大的后宫继续膨胀，于是她时常毫无顾忌地把自己的丈夫宠幸过的宫女赏赐给自己的亲信大臣，在八不罕皇后看来，这似乎是一件铲除情敌又收买人心的两全好事，但我们实在想象不出那些大臣们接手"皇帝的女人"是什么心情。

除了两位王位继承人和一个强盛的"第一夫人"之外，泰定帝也孙铁木儿在世期间分封的诸王多达24个，权力的大蛋糕随时面临着重新分配。在这样的情况下，当1328年泰定帝也孙铁木儿染疾罢猎，不久即北赴上都度夏，燕铁木儿毅然决定串联留守大都内廷的西安王阿剌忒纳失里及其他居心叵测的宗室，一旦泰定帝也孙铁木儿在上都去世，立即发动全面的军事政变。

燕铁木儿最初的计划可能是在上都和大都同时发难，一举将泰定帝也孙铁木儿的势力连根拔起，但事实证明长期充当也孙铁木儿的高级幕僚，并把持朝政5年之久的倒剌沙还是有一定的政治敏感度的。就在泰定帝也孙铁木儿死后不久，倒剌沙在上都果断处死了诸王秃满、宗正札鲁忽赤阔阔赤等18人，制止了一场未遂政变，但是对于大都方面倒剌沙却是鞭长莫及了，毕竟留守大都的燕铁木儿不仅直接掌握着左卫亲军以及颇有家族影响力的钦察侍卫亲军，同时还身兼着相当于首都卫戍区司令的"总环卫事"要职，有权调度拱卫京畿的其他宿卫部队。

1328年八月四日黎明，燕铁木儿与西安王阿剌忒纳失里果断带着精锐的内卫部队杀气腾腾地召集在大都的各政府部门负责在兴圣宫开会。表示："武皇（元武宗海山）有圣子二人，孝友仁文，天下归心，大统所在，当迎立之，不从者死。"当场逮捕了倒剌沙在大都地区的看守内阁——平章政事乌伯都剌以下的14人，随即又没收首都各机关单位的图章，宣布全城戒严，算是正式接管了首都的军政大权。

西安王阿剌忒纳失里是忽必烈第七个儿子奥鲁赤的孙子，阿剌忒纳失里和伯颜、脱脱一样似乎是一个蒙古语中常见的名字，以至于在元史中这位西安王常常被和著名的越王秃剌之子混为一谈。身为王室贵胄又深得泰定帝也孙铁木儿的信任，我们很难想象西安王阿剌忒纳失里参与燕铁木儿阴谋的真实动机。不过至少有一点是可以肯定的，作为旁系宗王阿剌忒纳失里是没有足够的政治号召力的，因此在发动政变之初，无论是大都方面的燕铁木儿与西安王阿剌忒纳失还是他们麾下的将帅们可以说都心中没底。为了保证自己的安全，即便是住在戒备森严的皇宫之中，燕铁木儿每天晚上也要更换自己的卧室。

据说燕铁木儿曾紧急提拔了一批宿卫军官以待调遣，但是这些人得到了封赏却不知道应该感谢谁，只会傻傻地站在那里，燕铁木儿之好让他们向南拜谢，因为在发动政变前后，燕铁木儿随即派出前河南行省参政明里董阿等人前往江南恭迎被贬居江陵的武宗次子图帖睦尔，而同时南下的还有前往串联出任河南行省平章政事的"拔都儿"伯颜的密使。

和世瓎之弟——图帖睦尔

"拔都儿"伯颜是当年和成吉思汗发生过抢亲战争的蔑儿乞部后裔，他的祖父是蒙哥麾下的一个营、连级军官——领军百户，战死于合州钓鱼城下。作为烈士家属，"拔都儿"伯颜的父亲谨只儿得到了一定的政治优待，在元成宗铁穆耳时代已经身居总领太后兴圣宫宿卫的要职了，而15岁的伯颜更跟随着海山北上，参与了对海都叛军的最后一战，据说也是因屡立战功，被赐号"拔都儿"。为了与那位指挥灭宋的忽必烈时代名臣伯颜相区别，我们就姑且叫他"拔都儿"伯颜。

"拔都儿"伯颜毫无疑问是海山麾下的"既得利益集团"成员，他人生的第一次事业巅峰出现在1309年农历十一月。作为尚书省平章政事的"拔都儿"伯颜，还被特赐蛟龙虎符，兼任右卫阿速亲军都指挥使司总监（达鲁花赤）。可惜随着爱育黎拔力八达的即位，他的行情一路走低，虽然没有因为出任和世瓎的政治顾问而受到牵连，但此后也一直在行省平章政事、行台御史大夫的岗位上轮调着。到了泰定帝也孙铁木儿时代才略有起色，在出任河南行省平章政事的同时，被佩以虎符有权节制江淮诸军。

在得到了燕铁木儿发动政变并准备拥立元武宗海山之子的情况下，"拔都儿"伯颜显示出了高涨的热情，当即表示："无论是和世瓎或者图帖睦尔，都是'吾君之子也'。我过去是都是受了元武宗海山的恩赐，才有今时今日的社会地位。"随后立即派出自己的亲信罗里前往大都，告诉燕铁木儿"公尽力京师，河南事我当自效"以准备全力响应。

在得到"拔都儿"伯颜所领导河南行省的率

先支持之下，燕铁木儿虽然占据了元帝国政治、经济中心——大都，但是却依旧存在着政治号召力不足、缺乏后勤支撑、多线作战等不利的因素，随时可能被手握漠北、辽东、陕西庞大战略资源的上都集团扑灭。就如"拔都儿"伯颜麾下的行省参政脱烈台所说："现在元帝国的主要战马牧场和近卫军都在上都集团的手中，燕铁木儿手中有限的兵力却要分散防御长城一线的各个隘口，我看他是不可能成功的。我们要想活下去，还是应该早做其他打算。"为此这位参政甚至还怀揣利刃准备刺杀自己的领导，可惜"拔都儿"伯颜毕竟在战场历练过的，不仅拔剑砍死了对方，还顺手收缴了脱烈台麾下所属部队的马匹和兵器。

"拔都儿"伯颜对燕铁木儿的支持首先是政治上的，随着河南行省倒向大都集团，居住在江陵的图帖睦尔才有可能顺利北上。而在途经河南行省的行政中心汴梁之时，"拔都儿"伯颜立即率军五千护送其北上，令燕铁木儿让自己的手下假装成和世㻋和图帖睦尔的赴京使臣，宣布两位王子已经先后启程"旦夕即至"的空头支票及时得到了兑现。而随着图帖睦尔抵达大都，燕铁木儿立刻要求他登基为帝。

对此，图帖睦尔还有所顾虑，他说："我哥哥虽然远在西域，但毕竟长幼有序！"燕铁木儿当然知道和世㻋虽然长期寄居在察合台汗国，但在四川、云南等地也不乏准备以之为旗号的野心家，此时的情况正如他自己所说的"人心向背之机，间不容发，一或失之，噬脐无及"。5天之后，图帖睦尔在大都称帝，但同时仍不忘谦虚地宣布："我只是临时代理，等到我哥哥回来我还是会让位给他。"在当时的局势之下，图帖睦尔的这一表态从某种意义上稳住了支持和世㻋的各方势力。

其次是经济上，"拔都儿"伯颜显然很清楚搞政变是一项最花钱的事业，因此在宣布站在大都集团一边之后，他立即对河南行省的钱粮储备进行了详细的会计核算。应该说在蒙元帝国的统治之下，河南行省尽管没有恢复到北宋和金帝国中期的繁荣，但也是一个相对富足的大省。但是"拔都儿"伯颜却仍向下属各乡镇下达了提前征收第二年的田租、向各地商人借贷，甚至节流东南其他省份经过河南上缴的财政收入。

"拔都儿"伯颜的理由很充分，因为除了图帖睦尔北上所产生的"乘舆供御、牢饩膳羞"差旅费支出之外，随着大都和上都两大集团全面火拼的开始，河南行省必然需要负担巨额的军费。当然最主要的是为了获得更多的支持，一些正常开支之外的"赏赉犒劳之用"也是绝对不能省的，毕竟像自己这样"非觊万一为己富贵计，大义所临，曷敢顾望"的忠臣"伤不起"啊！当然在军事上"拔都儿"伯颜虽然跟随着图帖睦尔北上了，但他临行之前以"权署官摄其事"的方式，将大量的亲信安排到下属各郡县，最终使得河南成为了阻击上都集团陕西方面军向东突击的重要缓冲地带。

根据著名的清末民初历史学家屠寄在他的《蒙兀儿史记》中的说法，燕铁木儿完全是站在自己是将门虎子的基础上，轻视上都集团诸王、大臣的军事能力，才敢于铤而走险的。上都集团在兵力占据绝对优势的情况下虽然采用了分进合击的战略，兵分四路从居庸关、古北口、辽东迁民镇紫荆口对拱卫大都的长城诸关隘实施同时突破，事实上也都成功了，在1328年延续两个月的"两都之战"中，燕铁木儿始终处于内线机动防御的态势。战火一度烧到大都城下，连新科皇帝图帖睦尔都一度不得不走出大内，在齐化门外准备亲自督战。

面对颇为不利的战局，燕铁木儿单骑请见，向图帖睦尔表示："陛下亲自出马，只会让大都的百姓惊慌失措。战场的事情还是交给我，请您还是回宫吧！"在"元帝国虽大，背后就是大都"的情况下，燕铁木儿的身影几乎出现了每一次战役的先锋位置，被燕铁木儿劝回的图帖睦尔不得不派人提醒对方："丞相每临阵，躬冒矢石，脱有不虞，奈何？以后还是站在高处摇旗督战吧！"每天都不得不玩命的燕铁木儿此时估计也只有苦笑了，他在唱"凡战，臣必以身先之"的高调之后表示："若委之诸将，万一失利，悔将何及！"

即便是燕铁木儿在大都战场不断扮演着"救火队"的角色，连续不断地击溃上都集团的各路大军，事实上全国各地其他地区的形势依旧不明朗。由大都南下的湘宁王八剌失里在山西战场上夺取了重镇冀宁（今山西太原），而支持上都陕西行省驻军更击败了燕铁木儿临时装备了折叠弩的潼关、虎牢关等地的要塞守军，逼近大都方面设立战区指挥部（行枢密院）的河南行省首府汴梁，此时接替"拔都儿"伯颜担任河南行省平章政事的是翰林学士阿不海牙。

面对上都集团咄咄逼人的兵锋，阿不海牙不得不多次召开敌前军事会议，有趣的是，根据史料的记载，这些所谓的会议发言人始终只有阿不海牙一个，其他人的反应不是"遵命"就是"好"，可见在这场元帝

八不罕皇后

国的内战之中，大多数人都是骑墙派。

大都集团内部是这样，上都集团同样如此。在四路围攻大都的军队之中，最为卖力的是居庸关方向的梁王王禅所部，可以说是屡败屡战，这份直执或许只能用兰陵王高长恭的那句"家事亲切，不觉遂然"来理解，毕竟他是泰定帝也孙铁木儿的侄子，同样颇为努力的湘宁王八剌失里也是泰定帝也孙铁木儿的侄子。不过既然是内战，那么自然不免敌中有我，我中有敌。当燕铁木儿和梁王王禅等人在居庸关、古北口一线反复拉锯的时候，上都集团辽东方面军在当时还没有山海关的情况下一举进据通州。

此时即便是燕铁木儿这样的猛将也是分身乏术，但令人意外的是这支主力部队却在原地逗留不前长达两天之久，眼睁睁地看着燕铁木儿从古北口率师南救。虽然兵法上有以逸待劳的说法，但在通州城下战败的却是从容休整的辽东军队。当然我们可以理解，先期抵达通州的只是辽东方面军的前哨部队，但是随后发生的事情就更搞笑了。当辽东军后撤到通州东南的枣林之后，随即又得到后续大部队的增援，结果与燕铁木儿再度交手，又以失败而告终。不过他们跑得很快，史料记载，在辽东军主力从古北口退至长城以北的时候，以机动性见长的燕铁木儿竟然"追之不及"。

当然我们可以认为元帝国辽东地区的军队由于承平日久，战斗力已经急剧退化，不过很快同样来自辽东的军队却在向上都进军的过程中轻松地将梁王王禅的残余主力打得大败，逼迫权相倒剌沙献玺出降，这个时候历史的聚光灯下才缓缓走出元帝国辽东军界的大佬——东路蒙古军元帅府元帅不花帖木儿，而这个联络了元帝国"东道诸王"关键时刻发动反戈一击的人物也是钦察人，而且还是燕铁木儿的叔叔。

而一年多之后，他所领导的东路蒙古军元帅府便将改名为东路钦察军万户府，可见辽东的蒙古驻军之中在"两都之战"中可能已经充满着燕铁木儿的同族兄弟，此时我们或许才能够理解"两都之战"。在燕铁木儿所指挥的大都保卫战那最关键的两天时间里，如果他兵败古北口，那么辽东军也可能在第一时间从通州发起"大义灭亲"的进攻。

兵败的泰定帝继承人阿剌吉八不知所踪，他的母亲却成为了燕铁木儿的俘虏。按照元帝国的惯例，这些失势的后妃们被全部流放到安东州。不过这一次不知道是新任皇帝图帖睦尔突发奇想，还是有人故意为之，总之泰定帝也孙铁木儿的遗孀竟然由"拥立有功"的太平王燕铁木儿亲自押送。在一路之上燕铁木儿是否日夜辛劳不得而知，但是此后他决心不"让寡妇再守活寡"，将一些泰定帝也孙贴木儿的遗孀收为自己的王妃却是时有传闻，其中是否就有八不罕皇后，史学家众说纷纭。

上都集团在关键时刻的崩溃，无疑挽救了已经被对手兵临城下的河南行省平章政事阿不海牙。这位元武宗海山当年的近卫军，表面上"朝夕出入，声色不动，怡然如平时"，但在关键时刻还是忍不住大发牢骚，表示："我长期身受国恩，关键时刻也只能一死以报圣上，可恨的是我的那些部下，一个个都不肯卖命——太平日久，将校不知兵，吏士不练习，才让我沦落到今天这样的地步。"好在此时上都集团陕西方面军意外地截获了从大都前往汴梁的信使，得到了上都已经开城投降的消息，随即从汴梁城下撤军，最终才解除了阿不海牙不得不"以死报国"的危机，随后被图帖睦尔提升为中书省平章政事。

上都集团的溃灭并不代表着元帝国内战的结束，事实上，就在"两都之战"的同时，身为元帝国四川行省平章政事的囊加台始终拥兵自重，在自称"镇西王"的同时不断地扩张着自己的势力范围。而随着上都的收复，已经即位为帝的图帖睦尔再也没有了道路不通的阻碍，向察合台汗国派出使节迎接自己的哥哥和世琜。不过，和世琜并没有他弟弟的谦让精神，1239年正月，在途经和林的时候，经过扈行的察合台宗王以及在场的其他漠北诸王、大臣合议，便草草地宣布自己是元帝国的合法皇帝。

旺忽察都

作为元武宗海山的儿子，和世琜似乎觉得自己此时的境遇和当年的元武宗海山成功即位颇为相似，在弟弟图帖睦尔"肃清宫闱"之后，自己可以轻松地从漠北下山去采摘"胜利的果实"。而当和世琜的使者抵达大都之后，民间"吾天子实自北来矣"的欢呼更令他相信自己经历流亡和寄居的流离生活之后，终于时来运转了。在面对图帖睦尔所派来的使节撒迪时，和世琜说出了一番颇有意思的话："我弟弟曾经百览经史，不知道最近荒废了没有？让他在代理政务的闲暇时间，多和士大夫们亲近亲近，讲论古今，以知治乱得失。"大体上已经准备好了让图帖睦尔去坐而论道了。

不过和世琜似乎忘记了他父亲海山是带着三万精兵南下才让自己的弟弟——爱育黎拔力八达俯首帖耳的，而和世琜身边所有的随从人员总计也就不到两千人，当然图帖睦尔本身也是靠着燕铁木儿等人的拥戴才上位的。随着燕铁木儿等元帝国新贵携带玉玺北上恭迎，和世琜还是有机会拉拢对方的。不过和所有的政坛暴发户一样，和世琜首先想到的是自己的排场，他对中书左丞跃里帖木儿说："朕到上都来，宗室诸王一定会都来入觐，这不是一般的会议活动。诸王察阿台也是跟着朕一起过来的，你们要好好准备，知道不？"

当然颐指气使本来就是君皇做派，燕铁木儿等人更关心的是自己的前途问题。而和世琜似乎也意识到了这一问题，很快便在"凡京师百官，朕弟所用者，并仍其旧"的基础之上，宣布对燕铁木儿的任命："中书右丞相、开府仪同三司、上柱国、录军国重事、监修国史、答剌罕、太平王并如故。"这些头衔不仅没有超出燕铁木儿之前的待遇，甚至还故

58

意漏掉了此前燕铁木儿此前一直担任的国防部部长（知枢密院事）一职，倒是给了监修国史的工作，这意味着什么，军人出身的燕铁木儿当然心知肚明。不过此时他还抱有最后的一线希望，特意提醒了一句："陛下君临万方，国家大事所系者，中书省、枢密院、御史台而已，宜择人居之"。不过和世瓎领会错了，随后就开始大肆提升自己的亲信，除了和他一同流亡的孛罗和哈儿秃儿，被分别任命为御史大夫和中书平章政事之外，更有一百多名潜邸旧臣和和世瓎身边的卫士获得各种委任状。

如果说这样的人事任命已经令燕铁木儿难以接受的话，和世瓎的两次重要讲话就可以基本理解为是在赤裸裸的威胁和挑衅了。和世瓎的第一次谈话表面上是针对监察机构长官的，他说："天下就好像一个人的身体，中书省是右手，枢密院是左手，左、右手有病，不吃药行吗？以后无论是宗室诸王还是政府官员，一旦出现违法乱纪的行为，都要从重从严处理。这叫'风纪重则贪墨惧，犹斧斤重则入木深'。当然我有过错，也欢迎大家多提意见，我一定不会怪你们的。"这一讲话应该说已经是在敲山镇虎了，但是接下来和世瓎更直接把燕铁木儿找来，说了一套关于政府行政机构的分工之后，最后加了最关键的一句："倘违朕意，必罚无赦。"而在自己直属领导的支持之下，和世瓎的随从们也跟着不把燕铁木儿当回事了。对于这种"不为之礼"的行为，燕铁木儿除了"且怒且惧"之外，自然也在为自己寻找出路。

和世瓎的这种做派不仅使在上都的燕铁木儿不满意，身在大都的图帖睦尔也是左右为难。一方面身为九五之尊自然很爽，他即位之后便迫不及待地顶着舆论的压力，册封自己的妻子卜答失里为皇后；一方面因为自己此前的表态，不得不北上迎接自己的皇兄。不过在起程之后，他还是设置一个名为"江淮财赋都总管府"的机构安排在自己未来的皇太子办公室——詹事院，以便为自己退位之后留下一条敛财的路子。

"两都之战"期间双方骑兵部队只要10天左右便可以完成的旅程，图帖睦尔整整走了一个多月。而在路上似乎还与自己的哥哥意外地错过了，在上都又逗留了大半个月，才又折回赶到大都至上都驿路的大拐角处自己父亲海山所设立的行宫旺忽察都（今河北张北县境），面见自己的兄长和世瓎。

他们兄弟之间重逢的时间前后不满5天，1329年农历八月六日，和

旺忽察都旧址

世璘莫名其妙地突然"暴崩"了。这一史称"旺忽察都事变"的政治事件成为了元帝国历史最为清晰的"悬案",说它清晰是因为无论是燕铁木儿还是图帖睦尔都有足够的理由去杀掉这个多少有些看不清形势的君皇;而之所以更成为"悬案"是因为史学界一直都不明白究竟燕铁木儿和图帖睦尔谁在这次政治谋杀中扮演主导角色。兄弟相残自然是人间悲剧,但在残酷的政治舞台上本身就容不下和世璘这样习惯"抢戏"的明星。

客观地说,图帖睦尔不是一个毫无亲情可言的人,也许在他在自己兄长死后"入临哭尽哀"或许还有些做作,但在此后漫长的岁月里,他一再提起"旺忽察都"并试图将帝位传给和世璘的儿子的种种举动却着实要比中国历史上其他杀死自己兄长还泰然自若的君皇要有人情味得多。不过这并不妨碍他在燕铁木儿"昼则率宿卫士以扈从,夜则躬摱甲胄绕幄殿巡护"的保护之下以3天的时间赶到上都,又有6天的时间完成了登基大典的筹备。

在野心家手中活人固然可以成为号召,不过死人有时也不妨拿来作为旗帜。盘踞于四川的"镇西王"囊加台此前在元帝国强大的武力压制之下已经接受了图帖睦尔的赦免和招降,但是随着"旺忽察都事变"的发生,似乎又有蠢蠢欲动的迹象,图帖睦尔登基之后的第一件事情便是以"指斥行舆,大逆不道"的罪名将其处死。不过"按下葫芦浮起瓢",

原先便曾在上都集团中敌视图帖睦尔的云南诸王秃坚等人再度公开叛乱，战火一度弥漫整个滇东北。此时的燕铁木儿位高权重，又收了包括泰定帝也孙铁木儿的老婆在内的众多宗室女子为妾，自然不愿意走出温柔乡再赴修罗场，于是平叛的重任不得不落在了当年一起发动大都政变的阿剌忒纳失里身上。

阿剌忒纳失里在"两都之战"中虽然站对了队伍，但是因为在战场上没有更多出彩的表现，所以虽然屡获赐予，且列名皆在同时受赐诸王之首，但是除了从"两字王"（西安王）进为"一字王"（豫王），以及以江西行省南康路为食邑之外，并没有获得什么实权。此时图帖睦尔让他出镇云南，固然有借重豫王阿剌忒纳失里的宗室威望，控制当地局势的考虑，但是不断地给予阿剌忒纳失里赏赐的行为，大体也可以理解为是一种投桃报李。

可惜阿剌忒纳失里的军事才能实在令人不敢恭维。云南之乱历时将近一年，元帝国先后从四川、江浙、河南、江西、陕西等地抽调野战部队，在国家经济形势每况愈下的情况下投入了大量的军费，阿剌忒纳失里却始终搞不定，令图帖睦尔大动其火，甚至下诏派遣使者前去督战，结果阿剌忒纳失里直接又中了秃坚之弟必剌都迷失的伪降之计，所率的汉族野战部队全军覆没，最后还是由曾经阻击过囊加台的镇西武靖王搠思班出马才勉强平定了云南地区的叛乱。

应该说，图帖睦尔对"旺忽察都事变"的亏咎是一把双刃剑，一方面为保住自己得来不易的帝位，他必须对自己的政敌施以空前严厉的打击，而另一方面对拥护自己的燕铁木儿、阿剌忒纳失里、"拔都儿"伯颜等人，他又不得不厚加恩赏，甚至授以专权。由于云南平叛战役的失败，豫王阿剌忒纳失里随后便被授命出镇陕西，从此淡出了元帝国的政治中心。而"拔都儿"伯颜虽然没有燕铁木儿那样转战八方的赫赫战功，但是作为恭迎、护送自己从江陵北上大都的"首义之臣"，图帖睦尔对他的封赏仅在燕铁木儿之下。

尽管在"旺忽察都事变"之后，燕铁木儿被任命为中书右丞相，同时图帖睦尔又不设左丞相，同时还诏告天下，表示燕铁木儿功勋卓著，应该独断专行，以体现他的权威，所有号令、刑名、选法、钱粮、造作，一切中书政务"悉听总裁"，诸王、公主、驸马、近侍和所有官员都不得越级报告，基本上是将元帝国的政治事务全部交给了燕铁木儿处理。

但是比较微妙的是曾令燕铁木儿耿耿于怀的国防部部长（知枢密院事）的职位，图帖睦尔同样没有授予燕铁木儿，而是交给了"拔都儿"伯颜。而"拔都儿"伯颜同时也享受了许多和燕铁木儿相同的政治优待，比如被册封"二字王"、进开府仪同三司、录军国重事、诏建生祠、立碑记其拥立之功、追封其先三世为王等。应该说在表面上纵容燕铁木儿大权独揽的同时，身为君皇的图帖睦尔还是留下制衡的手段。

和世㻋在前往大都即位的过程中不明就里的死去之后，他的妻子乃马真氏八不沙一度锲而不舍地探究真相。不过不知道是出于愧疚的心理还是其他一些原因，图帖睦尔对乃马真氏八不沙异常的宽容，不仅帮助她在大都为亡夫大作法事，更几次三番地保护这个苦命的女人，图帖睦尔的妻子卜答失里皇后向自己的丈夫提出不杀乃马真氏八不沙后患无穷，图帖睦尔一笑置之，此后卜答失里皇后又捏造证据，说乃马真氏八不沙勾结外臣，谋立懿璘质班为帝，图帖睦尔更表示自己也有这个想法。在几近崩溃的情况下，卜答失里皇后只能自己动手，当然一些史料上说乃马真氏八不沙是被卜答失里皇后从背后推下楼摔死的提法恐怕还是靠不住的。

自己亲哥哥和世㻋意外死亡，"旺忽察都事件"可以说是图帖睦尔后半生挥之不去的梦魇。对于这一点，他的妻子卜答失里可以说是感同身受，为此她曾不惜重金资助建造了大承天护圣寺为自己的丈夫追求心理上的慰藉。不过她接下来做的事情却多少有些不厚道，卜答失里借自己丈夫的手将抄没的名臣张珪家的田产四百顷划到了大承天护圣寺的名下，可谓是慷他人之慨。

尽管图帖睦尔和卜答失里皇后有两个儿子，但是长期以来图帖睦尔却始终固守着"兄终弟及、叔侄相继"的原则，希望将帝位传给自己的两个侄子——妥懽帖睦尔和懿璘质班，为了保护自己的长子阿剌忒纳答剌可以顺利登基，身为皇后的卜答失里可以说是无所不用其极，她害死了自己的嫂子乃马真氏八不沙之后，又诬陷妥懽帖睦尔的血统不纯，最终令图帖睦尔将其流放外地，但是她的这一番努力最终换来了的却是被册立为皇太子的阿剌忒纳答剌离奇病死。这种"人算不如天算"的情况最终令卜答失里放弃了抗争，她接收了权臣——太平王燕铁木耳的建

今天坐落于颐和园内的大承天护圣寺

议，将自己的次子古纳答剌交由对方收养，改名为燕帖古思。

收养未来的太子，在燕铁木儿看来无疑是对自己家族的显赫权势最好的巩固，于是更加投入到他自己所热衷的纵情声色之中。从燕铁木儿在"两都之战"中的表现来看，他应该是一个精力旺盛的人，但事实证明任何事情一旦过度都将对身体造成无法弥补的损伤。身为太平王的燕铁木儿到底有多少妻妾史料上没有明确记载，只是记录了他收纳了元帝国宗室的女子便有四十多人，而其他民间女子估计更不计其数，有些他更是娶回家三天就送回娘家了，最后连燕铁木儿自己都不记得哪些是自己的女人了。

据说有一次燕铁木儿到元帝国政坛元老赵世延家里吃饭，不过赵世延虽然自幼习文，多少也算是个读书人。但这餐家宴却是男女宾客混坐，虽然美其名曰"鸳鸯会"，站在传统儒家学说的观点来看实在可以说是斯文扫地。我们也许只能认为赵世延是主随客便，或者在和燕铁木儿领导编撰《经世大典》的过程中被"带坏了"。这样的"鸳鸯会"与其说是在吃饭，不如说是社交派对，果然很快燕铁木儿便发现自己不远处坐着一位美女，随后立即打听对方是谁，准备吃完饭直接带回家，不过得

懿璘质班

到的答案却多少有些令燕铁木儿有些沮丧——那位美女竟然就是自己从家里带来的"内人"。

与燕铁木儿的好色无度相映成趣的是图帖睦尔的酗酒成性。元帝国的历任统治者及宗室亲王似乎都是无酒不欢的主,不过图帖睦尔的酗酒却多少还是令人表示同情的。早年在图帖睦尔在建康(今江苏南京)出任藩王之时,面对泰定帝也孙铁木儿的猜忌,他不得不借着酗酒来掩饰自己"韬光养晦",而在"旺忽察都事变"之后,酒精更成为了他逃避"隐亏天伦"负罪心理的无二良法。在巨大的精神压力和慢性酒精中毒的双重作用之下,1332年农历八月,年仅29岁的图帖睦尔在执政后不到5年便去世了。

图帖睦尔的英年早逝,使得刚刚完成了一轮政治大洗牌的元帝国高层再度面临继承人的选择问题。图帖睦尔在临死前曾立下遗嘱:"昔者晃忽叉(即旺忽察都)之事,为朕平生大错。朕尝中夜思之,悔之无及"。因此主张不册立自己的子嗣,而将帝位传给元明宗和世瓎的后代,以求获得自己心灵最后的慰藉。这一决定虽然有些出人意料,但并非没有可操作的余地,毕竟无论对于大权在握燕铁木儿、"拔都儿"伯颜,还是意图以皇太后身份摄政的图帖睦尔之妻卜答失里而言,年仅7岁的和世瓎次子懿璘质班都是不错的傀儡,而懿璘质班的哥哥妥懽帖睦尔则暂时被排除在皇帝候选人之外。

第二章　天威如狱（1333—1340）

————元顺帝对燕铁木儿家族及权臣伯颜的压制

天降皇冠

伯颜专政

脱脱内阁

天降皇冠

　　妥懽帖睦尔之所以不被燕铁木儿和卜答失里看重，除了他当时已经13岁，比较难以操控之外，更重要的一点是他的血统问题。妥懽帖睦尔不是和世㻋的皇后乃马真氏八不沙所生，因此虽长非嫡，继承顺位排在懿璘质班之后本身也是有法律依据的。而在乃马真氏八不沙离奇死亡之后，在元帝国宫廷内部妥懽帖睦尔"非明宗（和世㻋）子"的谣传逐渐扩散开来。在还没有亲子鉴定成熟技术的情况下，妥懽帖睦尔随即被流放到了朝鲜半岛。

　　关于妥懽帖睦尔的身世之谜，随着元帝国的崩溃又演化出了多个版本，其中最为夸张的莫过于"合尊龙爪"的传说。在明代陆容的作品《菽园杂记》中有颇为诗意的笔法写下了这样一段文字："皇宋第十六飞龙，元朝降封瀛国公。元君召公尚公主，时承锡宴明光宫。酒酣伸手扒金柱，化为龙爪惊天容。元君含笑语群臣，凤雏宁与凡禽同？侍臣献谋将见除，公主泣泪沾酥胸。幸脱虎口走方外，易名合尊沙漠中。是时明宗在沙漠，缔交合尊情颇浓。合尊之妻夜生子，明宗隔帐闻笙镛。乞归行宫养为嗣，皇考崩时年甫童。元君降诏移南海，五年乃归居九重。忆昔宋祖受周禅，仁义绰有三代风。至今儿孙主沙漠，吁嗟赵氏何其隆！"大体的意思就是说妥懽帖睦尔的生父是在临安出降的南宋皇帝赵显，而和世㻋不过是他的养父而已。

　　"合尊龙爪"本来只是一个笔记小说中的花边新闻，读者一笑了之也就算了。但偏偏自明帝国以来就是有那么多好事者不断挖空心思去广征博引，最终传说逐渐开始接近于真实。首先无论赵显是否在明光宫趁着酒劲去扒金柱的行为，历史上他的确被元帝国政府遣送到西藏学习佛法，并在萨迦大寺，改名为合尊法师。其次赵显虽然作为君皇统治南宋的时间极短，但是其即位和出家的年纪都比较小，因此在忽必烈之后元帝国频繁的政权更迭之中，他和妥懽帖睦尔之间虽然已经隔了数代君王，但是两人的年纪却还能对得上。在合尊法师赵显写下"寄语林和靖，梅花几度开？黄金台下客，应是不归来"的诗句而被硕德八剌处死之时年仅52岁，而这一年妥懽帖睦尔也已经3岁了，合尊法师赵显晚年又被元政府从萨迦大寺迁居到甘州十字寺（即今张掖大佛寺）恰巧又在和世瓎流亡的西域附近。既然人物身份、时间、地点都能凑得上，那么"合尊龙爪"的故事也就越编越圆了。

唯一的漏洞是妥懽帖睦尔的生母，根据史料的记载和世瓎在逃亡的途中受到了罕禄鲁部的拥戴，并迎娶了当年投靠铁木真的阿儿思兰汗后裔之女——迈来迪。迈来迪的身份虽然比起和世瓎来算是"微贱"的了，但好歹也是部落酋长之女，似乎没有朝秦暮楚的理由。于是史家大笔一挥，将她的身份从"公主"降为了妓女，不得不承认这样一改，整个故事不仅圆满而且香艳了许多。

今天的张掖大佛寺

不过，无论关于妥懽帖睦尔身世的种种传闻是否靠谱，在1333年正月之前，从朝鲜半岛的流放地迁居广西静江的妥懽帖睦尔对于自己的人生还是看不到丝毫希望的，能够即位为帝估计更是连做梦都不敢去想的事情。但是命运有些时候就是无稽。7岁的懿璘质班仅仅做了43天的皇帝就一命呜呼了，本来就建立在各方势力相互妥协之下的微妙平衡被再度打破。在"国不可一日无君"的大背景之下，燕铁木儿和即将继续晋级为太皇太后的卜答失里不得不进行一轮新的权衡。

　　关于谁是妥懽帖睦尔意外获选的幕后推手，各方史料各执一词。应该说没有身为母亲的卜答失里皇后更希望自己的儿子登上九五至尊才对，但偏偏此时卜答失里皇后开始意识到自己当年将自己的儿子寄养在太平王燕铁木儿家中所产生的后遗症，一旦燕帖古思登基将成为燕铁木儿家族彻头彻尾的傀儡。因此，为了将燕铁木耳排除在最高权力中枢之外，卜答失里皇后不得不在和世瓎的次子——短命的懿璘质班死后，表示："天位至重，吾子尚幼，明宗（和世瓎）长子妥懽帖睦尔在广西，今十三岁矣，其迎立之。"

　　1333年，按照古老东方天干地支的纪元方式，这是一个金水相生的"癸酉"之年。而在当时伴随着蒙古铁骑一同入主中原的藏传密宗佛学的字典之中，"癸酉"一词还被赋予了"三千繁华，弹指刹那"的解释。虽然这种玄奇之说并不足以为凭，但未来颠覆整个东亚政治版图种种剧变的种子，却的确是在这四季的寒热凉暑里迸发出第一缕新芽。

　　农历二月的漓江之畔，数百年后被推崇为"甲天下"的如画山水，对于矗立其妥懽帖睦尔而言不过是一个天地之间的巨大牢笼而已。甚至当迎接他入京登基的太平王燕铁木儿抵达之时，妥懽帖睦尔都不敢相信这一切是真的。在一路北行的道路上，这位常年被流放在外的王子表现的并不比他的父亲元明宗和世瓎更好。据说一路之上，燕铁木儿和妥懽帖睦尔并肩骑行，不断地拿着手里的马鞭指点山河，大唱"国家多难"的高调，不过妥懽帖睦尔的表现却很冷淡。

　　这也难怪，这位王子常年以来一直过着朝不保夕的日子，突然面对这样一位"传奇英雄"难免有些怯场。不过燕铁木儿却觉得这是城府极深的表现，于是回到大都之后竭力阻止妥懽帖睦尔的即位。但是他对这位新皇帝的反感程度似乎还没有除之而后快的地位，否则北上的道路之上他有无数的机会再制造一起"旺忽察都事变"。

从一些汉族士大夫的笔记小说中看，妥懽帖睦尔是一个颇有小聪明的人。他登基之初在接受藏密佛教的教育时曾见到佛像前供奉着羊心，于是就问那些密宗的喇嘛："我曾听说之前还有用人心肝供奉的情况，有没有？"喇嘛回答说："的确有！不过那些都是心生害人之念的恶人的心肝。"于是元顺帝妥懽帖睦尔追问道："那这只羊也有害人之心吗？"身为帝师的喇嘛一时竟也无法作答。而由于之前一直过着被流放的囚徒生活，妥懽帖睦尔登基之初也颇为节俭，他将御膳每天的羊肉的用量减少了一半，一年就节约了三百五十只羊以上的宫廷伙食开支。除此之外，他还裁减宫女、宦官，节省御膳、御装。

登基之初的妥懽帖睦尔也颇爱学习，也常在宣文阁与大臣商谈国是，广大汉族和其他少数民族知识分子因受到重用，多"知无不言，言无顾忌"，欢呼"至正宾兴郡国贤，威仪重见甲寅前"。他的老师主要是名士康里子山，康里子山不仅为妥懽帖睦尔讲解《四书》《六经》这些儒学经典，还掺杂讲了柳宗元《梓人传》、张商英《七臣论》，不过康里子山的讲学模式也不免失之迂腐。

康里子山是元代少数民族书法家的代表人物之一

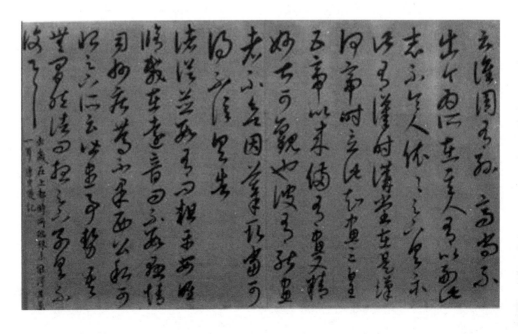

妥懽帖睦尔实在学腻了，就提出想找几幅古画来养养眼。康里子山随即拿来了郭忠恕《比干图》，又说了一堆"商王受不听忠臣之谏，遂亡其国"的大道理。好不容易妥懽帖睦尔找到了一些宋徽宗赵佶的画来欣赏，康里子山又故意卖关子说："徽宗多能，惟一事不能。"妥懽帖睦尔问是什么事情，康里子山随即说："独不能为君尔。身辱国破，皆由不能为君所致。人君贵能为君，它非所尚也。"这些道理在后来元顺帝妥懽帖睦尔的成长中显然都起到了反作用。

不过妥懽帖睦尔的运气实在太好了，在自己的弟弟懿璘质班去世为他扫开通往帝位之路后。他抵达大都才几个月的时间，始终认定妥懽帖睦尔即位将导致天下大乱的燕铁木儿又因为长期荒淫而糜烂的生活方式在肾衰竭的折磨之中病死。妥懽帖睦尔得以顺利地继承帝位，成为元帝国的最后一位统治者。

撇去治国的才能不谈，仅就政治斗争而言，妥懽帖睦尔实在可以说是一把好手。面对当年大肆造谣自己是"野种"的卜答失里他既往不咎，继续给予对方以太皇太后摄政的权力。对于害死自己父亲的燕铁木儿家族，他不仅封赏有加，还迎娶了燕铁木儿的宝贝女儿——钦察答纳失里为皇后。此外，他还承诺自己将遵守"兄终弟及"的原则，在自己死后将帝位传给太皇太后卜答失里的儿子、太平王燕铁木儿的养子——燕帖吉思。可以说在这个时候，元帝国各方政治势力都表示基本满意。

不过妥懽帖睦尔很快便开始着手打破自己所构建的这种微妙的平衡，在任命燕铁木儿之弟撒敦为中书省左丞相、太傅，继承了燕铁木儿所有的政治优待，自己的大舅子唐其势为御史大夫之后，妥懽帖睦尔还逐步提升长期久居燕铁木儿之下的七朝元老——"拔都儿"伯颜。他对"拔都儿"伯颜的任命则是中书省右丞相、太师，也就是表明在政府职务上"拔都儿"伯颜仍在撒敦之下（左、右丞相），但是在资历上"拔都儿"伯颜却已经力压了撒敦一头（太师、太傅）。

而妥懽帖睦尔随后颁布的一道行政命令则更令人玩味——以后元帝国内部除了伯颜、撒敦之外，其他官员不能再同时兼任三个或三个以上的职务，也就是说直接把燕铁木儿的儿子——唐其势排在了第二梯队。而此后妥懽帖睦尔很聪明地听取了自己父亲和世瓎的老部下阿鲁辉帖木儿的建议，将日常政治事务都交给伯颜、撒敦去处理，自己则躲进了深宫做起了"甩手掌柜"，因为"若躬自听断，则必负恶名"。

站在燕铁木尔家族的立场考量，妥懽帖睦尔的安排虽然有些难以接受，但却也无可指责，毕竟燕铁木尔和"拔都儿"伯颜的江湖地位都是自己一刀一枪打出来的。撒敦和唐其势虽然也参与了"两都之战"，但在战场上的表现乏善可陈，由他俩驻守的居庸关和古北口都被上都军轻松突破，燕铁木尔在大都近郊疲于奔命的四处救火，很大程度上便是拜这一弟一子所赐。

因此面对妥懽帖睦尔的一系列人事安排，撒敦还是比较理智的。他主动把中书省左丞相的位子让给自己的侄子唐其势，自己则以顾问的身份从旁指导。但可惜的是唐其势这个官二代的休养和性格似乎都不太适应机关工作，只干了一个月就辞职不干了。撒敦只能重新出马，一年之后便病死于任上。有趣的是在日后汉族艺人关于元末政坛风云所编纂的各种版本的《英烈传》中这位短命的撒敦都以奸臣的形象出现，并贯彻了演义的始终。

正史之中撒敦的死无疑敲响了太平王燕铁木尔家族灭亡的丧钟，长期以来抱着"天下都是我家的，伯颜凭什么爬在我头上"想法的唐其势虽然正式继承了中书省左丞相的位子但却依旧怨念难平，开始串联留守上都的叔叔——句容郡王答里、弟弟——图帖睦尔的养子——塔剌海、诸王晃火帖木儿等人准备效法自己的老爸再次发动武装政变。显然唐其势这个纨绔子弟把政变简单理解为了群殴，如此大张旗鼓地呼朋唤友，连镇守漠北的蒙哥第三子玉龙答失之孙——剡王彻彻秃都收到了风声。这方面姜还是老的辣，得到侄子准备"再干一票"的消息后，句容郡王答里连便以各种理由拒绝了妥懽帖睦尔的

以元末乱世为背景的《明英烈》

召见，算是在上都为燕铁木尔家族积蓄最后一搏的力量。

1135年，唐其势所发动的叛乱只能有"自投罗网"来形容，当他从东郊率领党羽杀入皇宫之后才发现"拔都儿"伯颜早已调集了精锐的近卫军严阵以待，这个时候发现势头有些不队的唐其势竟然像一个小孩子一样，面对要将他逮捕的内宫卫士，死死地拉着殿前槛杆，大声叫道："我姐夫曾经说过，会赦免我一家九代的死罪，如今怎么可以食言啊！"结果换来的结果只是手臂被打断而已。随后在大都的句容郡王答里试图起兵相应，但随即被"拔都儿"伯颜调集的野战部队扑灭，太平王燕铁木尔的时代随着被画上了一个句号。

唐其势阴谋发生政变被捕后，燕铁木耳的幼子塔剌海逃进后宫试图寻找自己姐姐——皇后答纳失里的庇护。长期的流放生涯使得妥懽帖睦尔在元帝国的政治中枢没有自己的根基，因此迎娶太平王燕铁木儿的女儿更多的只是出于政治考量。在太平王燕铁木耳在世的时候，两人的感情表面上还说得过去。有趣的是贵为国母的答纳失里和她的父亲一样贪婪无度，竟然在后宫内搞起了盐业倒卖的生意，而妥懽帖睦尔对此不仅没有反对意见，还主动提供物流服务，只是不知道他们之间的利润如何分割。

和自己兄长同样短视的答纳失里皇后此时也显然忽视了自己的处境，竟然将自己的弟弟塔剌海藏在椅子底下，并用自己的裙摆遮挡。不过伯颜和他的部下显然没有什么忌讳，直接掀起皇后的裙子将塔剌海拖出来当场杀死。随后又以"岂有兄弟为逆，而皇后护之者"的名义，要将裙摆上溅满自己弟弟鲜血的答纳失里皇后也带走。这个时候答纳失里皇后只能向自己的丈夫求救，但是换来的却有一句冰冷的"汝兄弟为逆，岂能相救"。任凭答纳失里皇后被伯颜赶出后宫，最终在开平的民宅中被杀死。

元惠宗妥懽帖睦尔

伯颜专政

　　全面解除了太平王燕铁木儿家族的势力之后，1338年农历六月，逐渐巩固了自身权力的妥懽帖睦尔以谋杀自己的亲生父亲、阴谋害死乃马真氏八不沙皇后、长期将自己流放在外等罪名将卜答失里流放到安东州，随后又觉得不放心，还是下诏将其赐死了，至此昔日左右妥懽帖睦尔命运的重臣、后妃势力被连根拔起，但妥懽帖睦尔要乾纲独断仍需要面对大权在握的"拔都儿"伯颜的挑战。

　　元帝国权力中枢并没有呈现太久的真空期，以剿灭唐其势叛乱功臣自居的"拔都儿"伯颜虽然依旧只是中书省右丞相，但是朝野之上已经呈现了他自认第二、每人敢称第一的局面。唯一可以力压他一头是剜王彻彻秃，毕竟"拔都儿"伯颜虽然政治地位极高，但出身却是被铁木真家族收为奴隶的蔑儿乞部，因此"拔都儿"伯颜每次见到剜王彻彻秃都要叫一声"使长"。

　　这一点在过去固然无可厚非，但是对于此时的"拔都儿"伯颜而言却显得格外令人难以忍受，他说："我为太师，位极人臣，岂容犹有使长耶！"于是便组织官员弹劾剜王彻彻秃"图谋不轨"，虽然妥懽帖睦尔拒绝将其处死，但"拔都儿"伯颜强行传旨行刑，一个后太平王时代似乎呼之欲出。

　　由于长期以来所奉行严苛的经济和民族政策，早在元帝国建立之初，其社会状况便一直存在着若干不稳定因素。在追击南宋流亡政府的灭亡前后，江南各地反元义军四起，其中规模比较大有福建陈吊眼、广东大埔畲洞女豪杰许夫人、黄华、黄广德、林桂芳等人。而根据史学家的统计，仅1283年这一年的时间里，南方各地便发生起义200余起，而

元代农民起义始终处于此起彼伏的状态

1287年这一数字又上升到了400余处。

如此频繁的民变，也难怪在广东宣慰司事王守信要感慨说："自南宋流亡政府覆灭于南海之后，我依旧要和敌人连年鏖战，连脱下战甲的机会都没有！"而这些反元起义往往声势浩大"声摇数郡，江南、闽、广交病焉"，而元帝国的血腥镇压更令江南大地满目疮痍——"福建一道，收附之后，户几百万，黄华一变，十去其四"。

在南宋流亡政府最终溃灭前后，元帝国可以轻易地将这些民变归咎于对手的唆使和煽动，而事实上在当时许多反元义军也的确出于自身利益考虑或与南宋流亡政府的军队直接联手，或沿用南宋年号以增强自身政治号召力。但在崖山战役之后，反元起义不仅没有销声匿迹，反而日益向边远少数民族地区日益扩大，可见真正造成江南鼎沸之势的是元帝国长期以来的"吏治不清"以及好大喜功造成的，比如忽必烈在灭宋之后所急于展开了频繁对外战争。不过这一时期起义，大多局限于较小的地域范围，互相之间也很少呼应联系，因此往往在较短的时间内就被元帝国政府军所镇压。总体来说，此时元帝国的社会矛盾还没有达到十分尖锐的程度。

1277年浙江沙县人谢五十领导当地人民起义，自称"挈天将军"。1278年浙江处州（今丽水市）农民张三八领导下杀庆元县达鲁花赤也速台儿起义。随后衢州地区农民推选陈千二为领袖，遥相呼应。1296年，江西赣州兴国人刘六十聚众起义，建号称王，声震远近，而在这些以数字为名的起义军领袖之中最值得一提的莫过于1315年在江西赣州宁都聚众起义的蔡九五。

蔡九五起义由于发生在元帝国的统治中期，因此其规模并不算太大，其顶峰时期也不过"围宁都、焚四关、分掠郡邑"而已，但是却引起了元帝国监察机构的充分重视，御史台大臣向爱育黎拔力八达报告："蔡五九之变，皆由箫智密鼎经理田粮，与郡县横加酷暴，逼抑至此。"而其中的"经理田粮"指的是从1314年冬天开始，元帝国政府希望通过核实田地实际所有情况来甄别和控制土地兼并，核定粮食征收标准的一项新政策，应该说"延祐经理"本来是一件利国利民的好事。但是，由于推行实施的江浙、江西、河南三省吏治腐败，各地的政府官员和土豪劣绅纷纷抢在政府核查之前，大肆侵占土地，以至于出现新丰一县便强行拆毁民宅近两千户，除了与活人争地之外，许多人为"虚张顷亩"甚至连墓地都不放过，以至于"夷墓扬骨"。

而蔡九五虽然被元帝国宣称为强盗土匪，但从此后受到政府嘉奖的汀州宁化县赖禄孙一家的遭遇来看，这些由于受到不公正待遇而揭竿而起的民众并不是泯灭人性的杀人狂。当农民起义发生之后，赖禄孙背着自己的老妈带着自己的妻子逃入了附近的山里，母亲生病之后，由于没有水，赖禄孙只能用自己的口水去滋润母亲干裂的嘴唇。恰巧看到这一幕的起义军主动送来了水，有人想要抢走赖禄孙的妻子，立刻遭到了起义军的群起呵斥："怎么能侮辱孝子的老婆呢？"而随着爱育黎拔力八达下令取消"经理民田"的举措，蔡九五的起义军也随即瓦解。

早在妥懽帖睦尔接掌政权之前，元帝国经济状况便每况愈下。从泰定帝也孙铁木儿时代元帝国便不断经受自然灾害的考验——西北连年雨雹、地震，其影响直到湖北地区，东南从浙东到苏北沿岸不断发生海啸，华北则时而雨雹山崩，时而蝗虫成灾。而随着泰定帝也孙铁木儿去世而引发的内战，更令元帝国原本运转正常的国家机器逐渐开始失去了效率和作用。在"天雨线，民起怨，中原地，事必变"的民谣声中，承平已久的中原大地再度呈现出一片鼎沸的态势。

妥懽帖睦尔统治时期大规模农民起义的先行者是山东的陈马骡、河南的胡闰儿以及广东的朱光卿。但这三位显然只是冰山一角，因为当平定了胡闰儿的元帝国河南行省右丞相庆童将所俘获的弥勒佛、小旗、宣敕和紫金印、量天尺等战利品送往大都之时，曾有蒙古族官员抓住汉族同僚长期以来"讳疾忌医"隐瞒各地民情的特点，特意问道："这是怎么回事？"结果还是侍御史许有壬挺身而出："胡闰儿自称李老君太子，还建立了自己的年号，组建反政府武装，摆明是造反，有什么好说的！"也就是说只要不是那么张扬，对于很多啸聚一方的地方豪杰，元帝国的各级官吏还是采取"睁一眼闭一眼"的态度的。就好像1346年，有一伙在山东聊城以南，以会通河中段码头活动的"四十大盗"常年抢掠元帝国的漕运船只和过往商旅，两淮运使宋文瓒提议应该立即组织人员进行追捕，但是这份报告却如同泥牛入海从此没了消息。

事实上，如此大规模的农民起义很大程度上是在元帝国政府高层的不作为和地方官吏的贪污腐化中逐渐发展壮大的。在平定山东陈马骡起义的过程中，出任山东廉访使的高昌人答里麻便是先弹劾失职的地方官员，然后再组织军事镇压的，但是这一方法却没有得到元帝国高层领导人的重视。

除了针对平民的种种限制之外，在元帝国政府内部，"拔都儿"伯颜也希望逐步把汉族官员全部清理出队伍。1335年，"拔都儿"伯颜便曾支持自己的党羽中书平章政事彻里帖木儿所提出的取消科举考试的建议，虽然遭到了以许有壬、吕思诚等为代表的汉族儒士的全力反对，但是这一苛政依旧在元帝国施行了长达5年之久。在此期间，大量蒙古人和色目人在"拔都儿"伯颜的任命之下进入了元帝国的政治中枢和各级行政机关，而随后仍在元帝国政府部门任职的汉族官员则要定期接受"诛捕之法"的"再教育"。

事实上，在妥懽帖睦尔统治初期的农民起义中，并非所有的汉人都投身于反政府武装的行列，在漳州路南胜县李志甫领导的畲民起义中，为了保护自己的生命财产不受侵害，县民萧景茂便自发地组织民兵进行了抵抗，萧景茂兵败被俘之后仍以"我生为大元民，死作隔州鬼"为名拒绝加入起义军行列。龙岩尉黄佐才也积极地响应元帝国号召，与李志甫起义军鏖战，结果全家40余口全部遇难，但是，这些民间的力量却被远在大都的"拔都儿"伯颜直接无视了，这位元帝国的权臣最为荒唐的决定是提出要将汉族的张、王、刘、李、赵五大姓氏全部杀光。好在最高统治者妥懽帖睦尔还有些理智，关键时刻表示反对，才免除了中原大地血流成河。

在对汉族采取一系列高压政策的同时，"拔都儿"伯颜在元帝国内部的声势也达到了前所未有的巅峰，除了大肆敛财达到"天下贡赋多入伯颜家"的疯狂程度之外，他还大力扩充卫队"诸卫精兵收为己用"，每次出行所带的侍从都是满坑满谷，反倒显得元顺帝妥懽帖睦尔的近卫军声势单薄。

除此之外，"拔都儿"伯颜还将收藏在太府监的历代玉玺全部磨掉篆文，改成镇纸及鹰坠等小玩意儿送给了自己的亲信。唯独逃出他魔掌的是当年唐帝国武则天的私人图章，这块玉色莹白的图章虽然是制作如官印，但极其袖珍仅半寸大小，因为无法改作他用，于是竟得以保全。

在"天下之人唯知有伯颜而已"的情况下，一场血腥的"帝相之争"随时可能会爆发。出于自身利益的考量，"拔都儿"伯颜的侄子脱脱认为："伯父骄纵已甚，万一天子震怒，那么我们整个家族都会有危险。"于是在老师浦江儒学大师吴直方的教导之下开始暗中与元顺帝妥懽帖睦尔的亲信来往，为自己寻找退路。

脱脱内阁

　　1339年农历十一月，元帝国政坛发生了一件离奇的政治事件。身为河南省行御使台掾史的范孟端假传圣旨、杀死了行省平章月鲁帖木儿等人，自封为河南都元帅。这一事件对元帝国所造成实际损失并不大，但是其影响却极为深远，甚至间接导致了"拔都儿"伯颜的倒台。

　　根据元末明初江西吉安儒生权衡所著的《庚申外史》中的说法，事件的起因是来自河南杞县的范孟端本身是一个家里没什么钱又不喜欢交际的小吏，长期以来得不到升迁，受尽了亲戚朋友认为他"不办事"的白眼。长期压抑的心理，让范孟端跑到河南行省的办公大楼写下了"人皆谓我不办事，天下办事有几人？袖里屠龙斩蛟手，埋没青锋二十春"。的字样。客观地说这是一首反诗，即便是出现于向来主张"不以言行杀士大夫"的两宋期间，估计范孟端至少也是要被开除公职的，但是河南行御使台的主管似乎和范孟端私交还不错，事后竟然还提拔了他，不过却没有同时提高工资待遇。因此，范孟端不仅没有感激，相反暗下了"我必杀若辈"的决心。

　　范孟端所采取的手段极其低级，他让自己的好朋友霍八失等人假扮成来自首都的密使，在他值班期间跑来假传圣旨。这样的安排只要河南行省的官员稍有理性就可以识破，偏偏当天晚上以河南行省"一把手"月鲁帖木儿为首的主要领导班子都在工作宴会上喝得酩酊大醉，摇晃着跑来，在所谓圣旨的斥责之下被一一用铁榔头敲死。随后"圣旨"又册封范孟端为河南都元帅，没收河南地区各级主管部门的行政权力，宣布实行戒严，应该说范孟端在短时间之内所拥有的资源远远超过了同一时期辛苦打拼的各地农民起义军。如果他本人有一定的政治抱负的话，很可能有机会搅起一场新的内战。不过在事件发生的头五天里，他不是忙着到处祭祖，就是拿着"鸡毛当令箭"到处找曾经耻笑自己"不办事"的大小官员晦气。

一个行省在毫无先兆的情况下进入军管状态，庞大的政府机关竟然被一个小吏耍得团团转也算是千古奇闻了，而整个故事的结局也颇为搞笑。当同样是小吏的冯二舍在得知自己被范孟端任命为省宣使之后，很开心地跑去叩谢对方，并要求范孟端为自己引见来自大都的"特派员"。这个时候范孟端也和被自己处死了那些封疆大吏一样喝醉了，随后就说："哪有什么特派员，我就是了！"冯二舍这个时候才意识到自己被耍了。随后向当地驻军报告，最终才处死了范孟端和他的主要党羽——霍八失等人。

长期失意的范孟端以血腥的手段报复自己的主要领导应该说本身的心理动机并没有什么问题，但是在动员如此之少的社会力量，用如此拙劣的表演便轻松令百官俯首听命，数万大军进入戒严状态，甚至封闭黄河大江渡船，阻断南北交通，却可以说是连范孟端自己都不敢想象的。范孟端事件的背后除了折射出元帝国政府机关"人皆谓我不办事，天下办事有几人"的集体盲从之外，从某种意义上更是政府领导频繁更迭下的人心惶惶的真实写照。在范孟端事件所牵连的大小官员中唯一受到表彰的归旸虽然没有接受伪职，但却未必是洞悉了范孟端阴谋，只是"有母在堂"不愿卷入政治纠纷而已。

范孟端事件除了直接牵连河南行省的诸多官员之外，还令长期对汉族不信任的"拔都儿"伯颜进一步向元顺帝妥懽帖睦尔提出将汉族官员从重要监察机构——廉访使岗位上全部撤换的建议，而这一次跳出来和他唱反调的竟然是他最为信任的侄子脱脱，为此"拔都儿"伯颜直接向元顺帝妥懽帖睦尔要求惩治对方——"脱脱虽臣之子，其心专佑汉人，必当治之"。

不过元顺帝妥懽帖睦尔却表现得很镇定："这是我的意思，和脱脱有什么关系？"可以说元顺帝妥懽帖睦尔的联盟此时已经隐然形成。而究竟"范孟端事件"是"拔都儿"伯颜和脱脱正式决裂的原因还是结果，我们虽然无从得知。但是整个1339年冬季，这对伯侄一直在积蓄各自的力量却是不争的事实。对于脱脱不断扩充皇宫近卫军的做法，"拔都儿"

伯颜曾试图阻止，但是脱脱却只是简单的一句："天子所居，不可能不重点保护。"便让对方语塞了。

"拔都儿"伯颜显然很清楚自己的短板在于缺乏政治号召力，因此开始与太皇太后卜答失里和法定帝位继承人——皇太弟燕帖吉思暗中勾结。1340年农历二月，"拔都儿"伯颜邀请燕帖吉思到柳林地区狩猎，这一次活动究竟是准备发动军事政变还只是一次普通的会晤，或许没有人知道。但是元顺帝妥懽帖睦尔和脱脱等人抓住这一难得的机会控制了大都城内的主要机关部门，并发出了将"拔都儿"伯颜降职为河南行省左丞相的行政任命，关键时刻"拔都儿"伯颜还心存幻想，带着三十几名骑兵跑到大都城下。却只换来了脱脱"有旨黜丞相一人，诸从官无罪，可各还本卫"的大声呐喊。

权倾一时的"拔都儿"从此成了孤家寡人，据说在前往河南赴任的道路上他曾对自己的同宗兄弟们说道："你们今天见到了儿子杀老子了吗？"可惜在政治利益面前从来没有所谓的亲情，此时的"拔都儿"伯颜的亲戚已经全部站在了新贵脱脱一边，于是回答他说："我们没见到儿子杀老子，倒是看见了有大臣要杀皇帝。"无奈的"拔都儿"伯颜只能孤独地走上了自己人生的末路，最终"病死"在被流放于南恩州阳春县（今广东阳春）的路上。

从政治阅历上来讲,26岁推翻自己伯父"拔都儿"伯颜的脱脱同样可以算是"三朝老臣"，他15岁便因为膂力过人，能挽一石的硬弓而成为泰定帝皇太子阿剌吉八的近卫军军官，元文宗图帖睦尔时代更被授予了忠翊侍卫亲军都指挥使的职务。在自己伯父大权独揽的元顺帝妥懽帖睦尔执政初期，脱脱同样是飞黄腾达的少年亲贵，除了虎符亲军都指挥使的军职之外，还以御史大夫的身份担任了元帝国监察机构的领导。

脱脱是元帝国少有的文武全才，在儒学大师吴直方的熏陶之下，脱脱不仅颇有政治才能，据说还擅长书画，书法刚毅有力，酷似颜真卿；画竹颇得妙趣，更很早便立下了"日记古人嘉言善行，服之终身"的志向。不过作为一个政治人物，他还是过于年轻了。在"拔都儿"伯颜倒台之后，汉族士大夫虽然称赞脱脱此举可以说是"拔去大憝，如剔朽蠹"，但真正把持朝政的却是脱脱的父亲马札儿台。

马札儿台和"拔都儿"伯颜不愧为一奶同胞，虽然他的哥哥死后，朝野有人写下了"百千万锭犹嫌少，垛积金银北斗边，可惜太师无运智，不将些子到黄泉"的讽刺诗，但马札儿台同样敛财无度，不仅在通州大肆投资旅馆、酒店，还开始公然贩运淮南盐。这些行为令脱脱不得不再度"大义灭亲"，让参政佛嘉问向元顺帝妥懽帖睦尔上奏章弹劾，迫使马札儿台主动辞职。脱脱正式摆脱了自己父辈的影响力，走向了台前。

脱脱第一次执政期间，他和元顺帝妥懽帖睦尔始终保持着一个良性的互动。在中书右丞相脱脱等官员的言传身教之下，元顺帝妥懽帖睦尔也用心攻读，裁减宫女、宦官，节省御膳、御装，关心政治，常在宣文阁与大臣商谈国是，脱脱所推行的恢复科举、平反冤狱、整顿吏治、降低盐税等政策也获得了朝野上下的一致拥戴。

脱脱毕竟不是圣人，特别是在水利方面，他并不是郭守敬这样的技术型官员。1342年春，脱脱听取了所谓"专家"的意见，决定在大都城外开河置闸，引金口浑河之水向东抵达通州。这种开凿运河的工程虽然在元帝国不是第一次，但是元顺帝妥懽帖睦尔的元帝国早已不

皇觉寺遗址

复忽必烈时代的强盛，何况以许有壬为首的许多大臣都认识到了浑河水流湍急，而且富含泥沙，新的运河即便建成也将随着时间的推移而淤塞。不过脱脱在这个问题上似乎没有从谏如流的精神，最终这条在动员了10万民夫，沿途摧毁了众多房屋和良田的运河在建成之后被证明完全不能通行船只，成为了脱脱众多政绩之中的一大败笔。

1344年，脱脱被正式解除了中书右丞相的职位，对此，各方面史料都没有给出确切的解释，一般认为脱脱是因病辞职。随后又因为自己的父亲马札儿台右丞相别儿怯不花弹劾流放甘肃，脱脱主动要求沿途照顾自己的父亲，随即离开了大都。这当然是一起经过粉饰之后的政治斗争，毕竟在脱脱当政的5年里，同样出现了"天下之人唯知有脱脱而已"，而这一点显然是身为帝国元首的元顺帝妥懽帖睦尔正所不能忍受的。

而就在脱脱去职的同时，安徽濠州发生了严重的蝗灾和瘟疫，朱五四一家也染上了瘟疫，不到半个月，朱五四和他妻子陈氏、长子朱重五先后去世，只剩下年幼的朱重八和二哥相依为命，家里又没钱买棺材，甚至连块埋葬亲人的土地也没有，邻居刘继祖给了他们一块坟地。他们兄弟二人找了几件破衣服包裹好尸体，将父母安葬在刘家的土地上。为了活命，朱重八与他的二哥、大嫂和侄儿被迫分开，各自逃生。

年幼的朱重八在走投无路之下，就去投奔了皇觉寺的高彬和尚，在寺里剃度为僧，做了小沙弥。他在寺里每日扫地、上香、打钟击鼓、烧饭洗衣，有时仍会受到老和尚的斥责。不久，寺里的粮食不够和尚们吃了，寺里也得不到施舍，主持只好罢粥散僧，打发和尚们云游化缘。这样，年仅17岁的朱重八才做50天行童，也只好扮成和尚的样子，离开寺院托钵流浪。

第三章　开河变钞（1341—1351）

——元帝国的积重难返和脱脱整顿经济的努力

奇后母子

长堤鼠穴

白莲石人

奇后母子

　　在朱重八并不知道脚下的路通往何方的同时，并没有就此而淡出元帝国政坛的脱脱，在不到一年之后，以自己的父亲马札儿台病故为由，重新回到了元顺帝妥懽帖睦尔的宫廷之中。而脱脱的这一次回归，多少要感谢元顺帝妥懽帖睦尔来自朝鲜半岛的皇后奇氏。

　　处死了太平王燕铁木儿之女答纳失里后，元顺帝妥懽帖睦尔很快迎来了自己人生中的第二段政治联姻，迎娶了元帝国宗室——毓德王孛罗帖木儿的女儿——伯颜忽都。作为元帝国最后一位来自弘吉剌氏的皇后，伯颜忽都可以说是集中了所有中国传统女性的优点于一身，她生活简朴，尊重立法更不喜欢妒忌吃醋，对于自己的丈夫——元顺帝妥懽帖睦尔宠信来自朝鲜半岛的第二皇后奇氏的种种后宫八卦，她不仅不介意，甚至连评论都懒得参与。因此，元顺帝妥懽帖睦尔对其虽然冷淡，偶尔也会尽一下自己做丈夫的责任。两人之间也曾拥有过爱情结晶——皇子真金，可惜这位真金只活到两岁便夭折了，丧子之痛令伯颜忽都皇后将自己母爱转移到了元顺帝妥懽帖睦尔与奇氏所生的爱猷识理达腊的身上。

　　多年的独居生活，令伯颜忽都皇后对于男女之事格外的冷淡，以至于有一次在陪同元顺帝妥懽帖睦尔前往上都的路上，元顺帝妥懽帖睦尔主动提出到她的营帐里过夜，也被她再三地以"此地并非皇宫，需要格外小心安全，暮夜时分不是皇帝出入往来的时候"为由拒绝了。对于自己妻子的这种反应，吃了闭门羹的元顺帝妥懽帖睦尔也只能夸奖对方很"贤德"。

　　元顺帝妥懽帖睦尔是元帝国少数穷奢极欲的皇帝之一，不过对自己慷慨的人往往对别人都很吝啬，为此，他甚至跑去查伯颜忽都皇后的开支账目。不过皇后毕竟不是家庭主妇，伯颜忽都皇后一句："我领用财物，都是必需之时才去支取。其他后宫开始，也都是由指定负责的官员掌管，我哪里会去过问这些事呢？"便将丈夫的猜疑轻松地顶了回去。但是身为第二皇后的奇氏却还不放心，在伯颜忽都皇后去世之后，竟然亲自跑去翻对方的衣柜，在发现自己的情敌穿的都是一些质地低劣的旧衣服时，竟不由自主地放声大笑："皇后竟然穿这样的衣服。"与之相比，从太原赶回来奔丧的皇太子爱猷识理达腊要有人情味得多，他大哭于伯颜忽都皇后的灵前。

在以"成败论英雄"的史书之中，葬送了元帝国的元顺帝妥懽帖睦尔自然是一个无道的昏君，而作为他的最后一任皇后来自朝鲜半岛的奇氏，理所当然地也被表述成了一个亡国妖姬。但从女人的角度来说，奇氏虽然出身卑微，却也可以说是一成功的妻子和母亲。奇氏是元帝国权贵们眷养的"高丽贡女"之一，她和元顺帝妥懽帖睦尔的感情是在她作为宫女伺候对方的饮食起居中建立起来的，我们可以想象一个13岁进入虎狼成群的帝国政治中枢的少年在夜深人静之时的寂寞和孤独，也就可以理解在此后漫长的岁月里，他对成为自己妻子的奇氏那份坚定不移的宠爱。

在太平王燕铁木儿把持朝政以及其后他的兄弟、儿子大权在握的时代里，元顺帝妥懽帖睦尔对奇氏的宠爱始终是皇后答纳失里的眼中钉、肉中刺，如果不是答纳失里皇后当时还只是一个年少气盛的小丫头，发泄自己不满的途径仅仅是鞭挞而言的话，奇氏可能早已成为了后宫争斗中的牺牲品了。而在太平王的势力被连根拔起之后，身为内阁首相的"拔都儿"伯颜又再三以"出身不好"为由拒绝元顺帝妥懽帖睦尔给奇氏以皇后的名分。

即便在奇氏被册封为第二皇后之后，监察御史李泌还上言说："世祖忽必烈曾发誓不与高丽共事，陛下践世祖之位，何忍忘世祖之言，乃以高丽奇氏为皇后？今河决、地震，盗贼滋蔓，皆阴盛阳微之象，请仍降为妃，庶几三辰奠位，灾异可息。"对于这些说法，元顺帝妥懽帖睦尔的反应就是"不听"。

对于这些羞辱和贬低，长期以第二皇后的身份执掌后宫的奇氏不断地试图以各种努力来证明自己，据说她没事便翻看历朝历代的典籍以及《女孝经》，希望可以成为一个合格的皇后，而对于各地进献的美食，她也第一时间送去太庙祭奠祖先。对于大都地区的饥荒和瘟疫，她更是让自己的内侍和官员出粮赈灾，建立公墓，并展开大规模的水陆法事以超度亡灵。

而在自己儿子——皇太子爱猷识理达腊的教育方面，身为皇后的奇氏也不满自己的丈夫一味要求爱猷识理达腊沿习佛法，而忽视儒学的做法，因此还一度与来自西藏的帝师乳必多吉发生了争执。元顺帝妥懽帖睦尔的帝师乳必多吉是藏传佛教噶玛噶举黑帽系四世活佛，他向妥懽帖睦尔父子传授的佛法时偏重于密宗的"男女双修"的部分，对于老公的荒淫，奇氏自然无力阻止，但是对自己的儿子，奇氏却坚持"自古及今治天下者，须用孔子教，舍此则为异端"。最终以"佛法虽好，不可以治天下，安可使太子不读书"？恢复了皇太子·爱猷识理达腊在端本堂的日常学习。

奇皇后最为宠信的是她身边的宦官朴不花，因为朴不花和奇皇后一样来自朝鲜半岛，因此后世有好事者为他们之间编造了一段缠绵悱恻的爱情故事。其剧情之狗血倒是颇有当今韩剧或仿韩剧的风格，大体的意思是这两个人不仅从小就认识，而且青梅竹马，情投意合，只是由于种种原因最终天各一方。为了陪伴在爱人身旁，朴不花依然了去尘根，以一个太监的身份入宫，以这种痛并快乐着的方式演绎了世间最凄美的"绝爱"故事。

这当然是小说演绎，事实上奇皇后和朴不花除了同样来自元帝国的藩属——高丽之外，历史上似乎并没有什么纠葛，而向元帝国进贡阉童和少女本来就是高丽长期以来所承担的"国际义务"。而朴不花入宫的时间也比奇皇后早，他7岁便已经以一个小太监的身份入宫，只是此后比较幸运地被分到了被以皇太子身份迎回大都的妥懽帖睦尔宫中。

随着元顺帝妥懽帖睦尔私生活的日益糜烂，身为皇后的奇氏开始越来越多地卷入到政治旋涡之中。作为一个家族势力支撑的皇后，奇氏干预朝政的手段有限，除了自己的丈夫和儿子之外，只能借助于宦官的势力。而朴不花也由于长期负责照料皇太子的起居，逐渐得到了元顺帝妥懽帖睦尔的信任，很快便被任命为了荣禄大夫，加资正院使，担任掌管财政的要职。应该说朴不花并非是一个恶贯满盈的人，在1358年大都地区所发生的饥荒之中，他也曾出面买地收葬尸体20万具。但是作为一个文化程度不高的太监，他对政治的理解停留在结党营私，以及为奇皇后母子扫清政治障碍方面。

除了倚重自己的同乡朴不花之外，身为皇后的奇氏在自己的宫中的还收罗了众多的高丽美女，这些是不是人工美女后人不得而知。但是作为奇皇后的赏赐，这些高丽美女显然被作为了元帝国大臣们身份的象征。而皇后中所云集的众多高丽宫女，更在社会上掀起了一股"韩流"，"四方衣服、靴帽、器物，皆仿高丽，举世若狂。"

自燕铁木尔以来，元帝国的统治者似乎都有把儿子寄养在权臣家中的习惯，元顺帝妥懽帖睦尔也不能免俗。在6岁之前，他的儿子爱猷识理达腊是在脱脱的家中长大的，应该说作为养父，脱脱对爱猷识理达腊的照顾是无微不至的。除了小孩子生病吃药他亲自料理之外，在元顺帝妥懽帖睦尔出巡云州的路上，面对空前的暴风雨，也是脱脱抱着皇太子单骑登山才避免了这个小孩子被泥石流吞没。对此元惠宗妥懽帖睦尔还是感激的，曾亲自慰抚对方说："你的辛劳，我是不会忘记的！"

因此在脱脱为了照顾自己被流放的父亲而远走甘肃的过程之中，太子爱育失黎达腊也全力维护自己的这位养父。据说有一次元顺帝妥懽帖睦尔和奇皇后正在偏殿坐着，太子爱育失黎达腊故意拉着留在大都陪自己玩耍的脱脱之子加剌张在殿外奔跑嬉戏。应该说爱育失黎达腊这熊孩子挺会玩，他先让加剌张背着学乌鸦叫的自己绕着宫殿跑上三圈，然后又让加剌张学乌鸦叫，由自己背着也跑上三圈。这样玩法显然颇耗体力，因此加剌张在背了爱育失黎达腊三圈之后就跪下恳求对方收手，他说："我只是一个奴婢，您可是贵为太子的人啊！我怎么能让太子背着我跑呢？"玩兴正浓的太子爱育失黎达腊随后便假装用鞭子抽加剌张。

加剌张大声啼哭终于引来了元顺帝妥懽帖睦尔和奇皇后的注意，在问清楚缘由之后，元顺帝妥懽帖睦尔觉得加剌张这么小就有尊卑之分——"贤哉此子也！"随后奇皇后也跟着帮腔说："他爸爸脱脱也是好人，不应该长期流放在外！"这一句话虽然很中听，但元顺帝妥懽帖睦尔不过点了点头，并没有急于将脱脱召回。加剌张拒绝让太子爱育失黎达腊背着自己跑显然是出于自己不利的处境着想，谨小慎微而已，而真正颇有心计的还是奇皇后和太子爱育失黎达腊。

而维护脱脱的除了奇皇后母子之外，还有元顺帝妥懽帖睦尔的弟弟——懿璘质班奶妈的儿子哈麻。哈麻在有关元帝国的诸多史料之中始终被描绘成了一个无耻贪婪的小人，而他之所以受到元顺帝妥懽帖睦尔的宠信，据说是因为两人之间有不正当的"男男关系"。这一点自然无从考证，不过在元顺帝妥懽帖睦尔面前，哈麻可以肆无忌惮地"有一说一"却是有记载的。

有一次哈麻穿着一件新衣服站在元顺帝妥懽帖睦尔的身旁，不知道是听了什么笑话还是呛到了，正在喝茶的元顺帝妥懽帖睦尔突然一口水全部喷在了哈麻的衣服上，哈麻随即看着对方说："有你这么当皇帝的吗？"这样的大逆不道的话，如果从别人口中说出来，估计不仅自己人头落地，还要祸及妻儿。不过对于哈麻，元顺帝妥懽帖睦尔只是笑了笑了。

在脱脱第一次当政时期，哈麻主要依附的是脱脱的弟弟——御史大夫也先帖木儿，和脱脱本人的关系并不融洽。不过在脱脱的继任者别儿怯不花等人的面前，大肆收受贿赂的哈麻日子更难过。因此抱着"敌人的敌人就是朋友"的心态，哈麻不仅在别儿怯不花等人弹劾脱脱父子时竭力替他们辩解，更努力促成脱脱返回大都。

有一次元顺帝妥懽帖睦尔见到罗马教廷所送来的一匹骏马格外高大，站在马群之中犹如羊队中的骆驼，无意间说了一句："马中佛郎马，人中有脱脱！"脱脱身材如何，我们不得而知。不过西方人所习惯骑乘的阿拉伯马、柏布马都要比蒙古马高大却是不争的事实，以至于当蒙古西征之时，欧洲的骑兵往往以"骑着狗一般小马"来形容蒙古骑兵。听到元顺帝妥懽帖睦尔对脱脱的赞誉，哈麻立刻乘机在元顺帝妥懽帖睦尔对脱脱大加赞誉，这一反常的举动当然令元顺帝妥懽帖睦尔很不理解，他说："我记得脱脱曾经处罚过你，打了你一百多下板子，你今天怎么说起他的好话了？"哈麻当然不能告诉元顺帝妥懽帖睦尔"脱脱只是打我屁股，别儿怯不花却要杀我的头"，于是很诚恳地说："脱脱对我的处罚是合情合理的，我有什么好怨恨的，他其实是个好人。"

即便得到了奇皇后母子和哈麻的诸多回护，但据说脱脱得以从甘肃返回大都，很大程度上依旧是奇皇后的先斩后奏。在偷偷地让人将脱脱召回之后，奇皇后故意把加剌张叫到元顺帝妥懽帖睦尔面前，问他："你想不想你爸爸脱脱啊？"和所有正常的小孩子一样，加剌张当然给予了肯定的回答。同样身为父亲的元顺帝妥懽帖睦尔看着眼前有些可怜的加剌张，颇有些不爽的责怪自己的老婆多事："你又不是不知道脱脱现在在哪里？你难道有本事让他立刻出现、骨肉团聚吗？"

奇皇后这个时候亮出底牌说："脱脱离开了不少日子了，一直想念您，我听说已经回来了。"随后立刻派人去请。事实上脱脱这样私自回京是冒着极大的风险的，他出现在元顺帝妥懽帖睦尔面前事，元顺帝的第一反应是："我派你去甘肃照顾你老爸，谁让你回来的！"脱脱毕竟是老官僚了，他没有拉奇皇后下水，而是抓住元顺帝妥懽帖睦尔的语病，表示："您让我照顾我父亲去甘肃，现在我父亲已经过世了，所以我回来了！"元顺帝妥懽帖睦尔在表示理解和安慰之余，便将脱脱留在了大都。从某种意义上讲脱脱如果继续以皇太子爱猷识理达腊老师和顾问的身份低调地在元帝国内部活动的话，可能最终可以避免卷入那将其吞没的厄运。

长堤鼠穴

就在脱脱辞去右丞相之职的一个月之后，元帝国迎来了自其建立以来最大规模的一次烘涝灾害。1344年农历五六月间，经过了20多天的暴雨侵袭之后，黄河先后北决白茅堤（今河南兰考东北）和金堤，济宁路（治今山东巨野）、曹州（今山东菏泽）、大名路（治今河北大名南）、东平路（治今山东东平）等所属沿河州县变成了一片泽国。而除了天然灾害巨大的破坏力之外，元帝国政府此时低劣的应变能力使得洪水不仅长期间得不到控制，不仅糜烂的黄泛区更有阻断京杭运河的趋势，各地得不到妥善安置的难民也开始揭竿而起。监察御史张祯为此惊呼："灾异迭见，盗贼蜂起……若不振举，恐有唐末藩镇噬脐之祸。"

可以想见在自然灾害面前无能为力的元帝国政府，事实上在蜂起的民众面前则是不作为。依旧是两淮运使宋文瓒在黄河水灾之后，向元帝国政府递交了一份新的报告，其中指出了一个可怕的事实——"集庆花山劫贼才三十六人，官军万数，不能进讨，反为所败。"最终竟然要借助当地的黑社会组织——盐帮。在这样的情况下"东南五省租税之地，恐非国家有矣"。

在追捕集庆花山劫贼的行动中，未来驰骋江南的张士诚兄弟是否也在"假手盐徒"的行列，我们不得而知，但是元末群雄中的方国珍在这一时期却已悄然崛起。出生于台州黄岩的方国珍，本身是浙江沿海贩盐的商贩，因为有一个沦落为海盗的同乡——蔡乱头而被仇家指认为海盗同党，不得不从一个合法商人转型为海上强梁。不过事实证明方国珍在这方面的确颇有潜质，仅几个月的工夫便成为了浙江、福建沿海一带的海盗首领，连元帝国浙江行省前去围剿的3万大军都被其打败，主帅参政朵儿只班都成为了阶下囚。但是，方国珍不是一个穷凶极恶之人，在俘虏了朵儿只班之后，他竟然强迫对方"招降"自己。

对于要求招安的方国珍，曾因为"范孟端事件"而得到升迁的枢密参议归旸认为："这次围剿失败固然是将帅无能的结果，但是参战的部队大多是北方的骑兵和步兵，让他们在海上作战无疑是赶入了死地。方国珍击败政府军，又非法拘押地方官员，显然只是迫于形势才要求'招安'，万万不能答应，应该继续进攻招募沿海的民众组成民兵继续追剿。"可惜的是这一提议并没有得到元帝国政府高层的认可，果断授予了方国珍定国尉的军衔。不过方国珍并没有因此而俯首帖耳，反而继续在海上扩大自身的影响力。这种农民起义军在形势不利的情况下要求"招安"，休养生息之后继续造反，逐渐成为了元末的一种常态。

黄河的水患以及东南地区的民众起义，最终令元顺帝妥懽帖睦尔不得不再度起用自己一度颇为忌惮的脱脱。而脱脱重新出任中书省右丞相之后，首先要做的就是对别儿怯不花、左丞相太平、御史大夫韩嘉纳等人展开报复行动，而对于经常在元顺帝妥懽帖睦尔面前为自己辩护的殿中侍御史哈麻等人，脱脱则投桃报李任命其为同知枢密院事。

第二次当政的脱脱首先将自己的主要

方国珍雕像

至正交钞

精力放在了货币改革和治理黄河之上，货币改革是元帝国最擅长的金融项目，而且每每都可以取得扭转乾坤的功效。但是脱脱所推行的这一次货币改革之时，元帝国本身缺乏强大的物质基础，其结果是出现了空前的通货膨胀。

自海山执政以来，元帝国便出现纸币发行猛增、不断贬值的情况，以后历代大量印钞，给元顺帝妥懽帖睦尔政府形成了巨大压力，再加上伪钞横行，钞法已经败坏不堪。1350年四月，左司都事武琪建议变钞，吏部尚书偰哲笃支持变钞，并提出了以纸币一贯文省权铜钱一千文为母，而钱为子的方案。脱脱会集中书省、枢密院、御史台及集贤、翰林两院官，进一步商议。会上进行了激烈的争论，集贤大学士兼国子祭酒吕思诚反对最坚决，但遭到了压制，脱脱终于下决心实行变钞。

妥懽帖睦尔批准了中书省的变钞方案，具体办法是：印造"至正交钞"（实际上是用旧日的中统交钞加盖"至正交钞"字样，故又称"至正中统交钞"），新钞一贯合铜钱一千文，或至元宝钞二贯，而至正交钞的价值比至元宝钞提高了一倍，两钞则并行通用。同时发行"至正通宝钱"，与历代旧币通行，使钱钞通行，并以钱来实钞法。但至正十一年（1351年）新钞与通宝同时发行，结果很快就出现了通货膨胀。"行之未久，物价腾涌，价逾十倍"，"京师料钞十锭（每锭50贯），易斗粟不可得"，"所在郡县，皆以物货相贸易，公私所积之钞，遂俱不行"。

至正钞法败坏的两个原因：一是所用料纸极差，"用未久辄腐烂，不堪倒换"；二是多印滥支，钞值大贬。由于爆发了大规模农民起义，战事频繁，军费激增，而大片地区沦为争战之地或落入农民军之手，使政府税赋收入锐减，唯赖多印钞币以给之，又需要广籴粮米诸物供给京师，还有奢侈的宫廷消费，赏赐诸王贵族和维持庞大的官僚机构等，各项经费均极浩大，动辄十、百万锭，虚钞泛滥，钞值随贬，所规定的一贯钞权铜钱一千文，一开始就是不能兑现的空文，到至正十二年，一些地方一贯只值钱14文。

时人孔齐《至正直记》卷一历述钞法崩坏过程云："至正壬辰，天下大乱，钞法颇艰；癸巳又艰涩，至于乙未，将绝于用。遂有观音钞、画钞、折腰钞、波钞、糜不烂之说。观言钞，描不成，画不就，如观音美貌也。画者，如画也。折腰者，折半用也。波者，俗言急走，谓不乐受即走去也。糜不烂，如碎絮筋渣也。丙申（十六年）绝不用，交易惟用钱耳。"可见，至正钞法甫行两三年即涩滞不通，才7年竟化为无用之废纸。

《元史·食货志》对至正钞法有一段很精当的概括："行之未久，物价腾涌，价逾十倍。又值海内大乱，军储供给，赏赐犒劳，每日印造，不可胜计。舟车装运，轴舻相接，交料之散满人间者，无处无之。昏软者不复行用。京师料钞十锭，易斗粟不可得。既而所在郡县皆以物货相贸易，公私所积之钞遂俱不行，人视之若弊。"实行了近百年的元朝钞法，就这样先于元朝的灭亡而灭亡了。

而在治理黄河的问题上，脱脱很清楚这一工程的难度。即至正四年夏五月，大雨二十余日，黄河暴溢，水平地深二丈许，北决白茅堤（今河南兰考东北）。六月，又北决金堤。沿河郡邑，如济宁路（治今山东巨野）、曹州（今山东菏泽）、大名路（治今河北大名南）、东平路（治今山东东平）等所属沿河州县均遭水患。元廷对之束手无策，以致水势不断北浸，到至正八年正月，河水又决，先是淹没济宁路诸地，继而"北侵安山，沦入运河，延袤济南、河间，将隳两漕司盐场，实妨国计"，大有掐断元王朝经济命脉之势。运河中断将危及大都粮食和生活必需品的供应；水浸河间、山东两盐运司所属盐场，将会使元廷财政收入急遽减少，本来已经空虚的国库面临着新的危机。

自从河患发生以来，河泛区的饥民和流民纷纷起来反抗，有的劫夺商旅，有的打击官府，所在有司无可奈何。全国各地不断爆发起义，至正四年七月，山东私盐贩郭火你赤起义，活动于鲁、晋、豫一带；六年六月，福建汀州连城县罗天麟、陈积万起义，湖南爆发吴天保领导的瑶民起义；七年十月，全国发生起义达200余起；次年三月，辽东锁火奴和辽阳兀颜鲁欢分别自称"大金子孙"，起兵反元；九年，冀宁（今山西太原）平遥等县有曹七七起义；十年，江西铅山、真州（今江苏仪征）、泰州（今属江苏）均有农民起义。

正是在这样的情况之下，脱脱才治理黄河。而事实上早在1346年农历二月时，元帝国于济宁郓城立行都水监，命贾鲁为行都水监使，专治河患。贾鲁是河东高平（今属山西）人，1314—1323年间曾两次中举。泰定初年（1324年），任东平路儒学教授，后任潞城县尹，又升为户部主事，未及上任，服父丧回籍，后被起用为太医院都事。时诏修宋、辽、金三史，又调任宋史局官。书成后，迁燕南山东道奉使宣抚幕官，官员考绩中名列第一，又调任中书省检校官。他上书指出当时富户兼并贫民及流亡人口，致使国家租赋收入流失之弊。不久任监察御史，提出御史奏事应直接呈给皇帝，而不应经过其他官员，后升任都事，调任山北道廉坊副使。又被召回任工部郎中，提出关于工程建设的19项建议，针对其所提出改革时政的、长达数万言的主张，元顺帝妥懽帖睦尔任命贾鲁为行都水监。

贾鲁经过实地考察、测量地形、绘制地图，提出二策："其一，议修筑北堤，以制横溃，则用工省；其二，议疏塞并举，挽河东行，使复故道，其功数倍。"但他的建议未被采纳，直到脱脱复相后，专门召开治河讨论会，贾鲁以都漕运使身份再次提出自己的治河主张，并进一步强调"必疏南河，塞北河，修复故道。役不大兴，害不能已"。脱脱当机立断，取其后策，并不顾工部尚书成遵等抗争，坚定地说："事有难为，犹疾有难治，自古河患即难治之疾也，今我必欲去其疾！"脱脱明知"此疾难治"，也明知要冒巨大风险，还是坚决地"欲去其疾"；他深知越是不治，越是难治，越难治，饥民、流民问题越严重，可见脱脱是把治河当作制止"盗贼滋蔓"的重要手段来加以认识的。

至正十一年四月初四日，妥懽帖睦尔正式批准治河，下诏中外，命贾鲁为工部尚书、总治河防使，发汴梁、大名13路民15万人，庐州（今安徽合肥）等地戍军18翼2万人供役。四月二十二日开工，七月完成疏凿工程，八月二十九日放水入故道，九月舟楫通行，并开始堵口工程，十一月十一日，木土工毕，诸埽堵堤建成，整个工程计190天。贾鲁按照他的疏塞并举、先疏后塞的方案，成功地完成了治河工程。

应该说脱脱治理黄河的工程是相对成功的，但在元帝国国力衰退、民变四起的情况之下强行上马这样的大型水利工程其结果却无疑是灾难性的，早在治理黄河的工程开始之前就有人提出"山东饥馑，民不聊生，若聚二十万众于其地，恐他日之忧，又有重于河患者"。而治河工程仍在进行，在"丞相造假钞，舍人做强盗。贾鲁要开河，搅得天下闹"的讥讽声中，来自河北栾城的北方白莲教教主韩山童，在颍州颍上县（今安徽阜阳）与刘福通等人聚众宣布起义。

白莲石人

白莲教渊源于佛教净土宗的弥陀净土法门，得名于5世纪初东晋庐山慧远之白莲社。南宋初昆山（今属江苏）人茅子元创立白莲宗，即白莲教。该教崇奉阿弥陀佛，相信只要口念阿弥陀佛，死后即"往生"西方极乐世界。茅子元依据弥陀经典，编写了《弥陀节要》，宣扬"念念弥陀出世，处处极乐观前"，认为弥陀、净土乃是修行者明心见性的产物。白莲教的戒律，要求徒众做到三皈（皈佛、皈法、皈僧）、五戒（不杀生、不偷盗、不邪淫、不妄语、不饮酒），主张素食，故其教徒被称为"白莲菜人"。但这一宗教信仰并不为佛教主流所认同，正统的天台宗僧侣，如志磐在《佛祖统纪》中把明教、白莲教和白云宗称为"事魔邪党"，认为"此三教皆假名佛教，以诳愚俗"。

白莲教在南宋灭亡前就传到北方，元朝统一后，南北香火都很旺盛，得到元朝政府的扶持。但自至元十七年（1280年）江西都昌白莲教徒杜万一利用白莲教组织武装起义后，此类情况屡有发生，终于导致海山执政时期，对其采取了"禁白莲社，毁其祠宇，以其人还隶民籍"的全面查禁。

客观地说佛教白莲宗与中原各地流行的白莲教有着本质的差别，元帝国高层不分青红皂白大举弹压，身为茅子元的继任者——镇江妙果白莲寺主持普度和尚心急如焚，1309年普度带着自己的著作《莲宗宝鉴》，领了10个徒弟，"芒履草服"徒步上大都向海山上书请愿，海山对于宗教事务并不感兴趣，因此普度和尚主要奔走于国师哈迷立、皇太弟爱育黎拔力八达及元帝国的公卿之间，向详解教义，辨明真伪。

功夫不负有心人，在普度苦口婆心的辩解之下，白莲宗在被禁3年后又恢复了合法地位。元皇庆元年（1312）正月，刚刚登基的爱育黎拔力八达下令将《庐山莲宗宝鉴》颁行天下，下旨护持建宁路白莲忏堂，普度也被赐号"优昙法师""虎溪尊者""正辩广教禅师"。镇江的妙果白莲寺不但成为有元一代气势恢弘、驰名中外的海内巨刹，而且成了净土白莲宗的复教圣地，影响力更加广泛深远。

得到元帝国官方认可后的白莲子随即吸引着海内外学佛者的追捧。日本保元元年（1317），日本僧人澄圆专程入元在庐山东林善法堂跟随普度学习慧远白莲之教，并受《宝鉴》《龙舒净土文》等书，元亨元年（1321）回日本创建旭莲社，以把白莲宗带进了日本。而当普度从妙果寺上京请命时，高丽国王益智礼普化正好寓居大都，受到了普度的影响后，回国后在高丽国创建寿光寺白莲堂，普劝国人同修净业。

元至顺元年（1330），76岁的一代佛学泰斗普度和尚在妙果寺坐化。他把毕生的精力都献给了他热爱的净土白莲宗，一手营造了海内巨刹妙果寺，同时，他也深深地眷恋着这片生养他的土地。按照他的遗愿，弟子们将他葬在了妙果寺前。在后来的净土著作如明朝道衍《诸上善人咏》、袾宏《往生集》，清朝《净土晨钟集》《净土圣贤录》《角虎集》中均为茅子元或普度立传，视其为莲宗中兴宗主。可惜的是，自从普度和尚圆寂以后，白莲宗再也没有涌现出像他那样潜心教义德高望重、能够左右最高领导层思想的精神领袖。此消彼长，白莲教继续往秘密方向发展，在底层民众间发酵，公开对抗大都，被朝廷严厉打压。

韩山童的祖父韩学究便因为"以白莲会烧香惑众"，在至大元年（1308）朝廷禁白莲教时，从栾城谪徙永年县（今河北邯郸东北，旧永年）。但这次流放并没有改变韩山童家族的宗教信仰，韩山童成年后，长期以"弥勒佛下生"和"明王出世"自诩，以宗教宣传方式组织群众，一时间"河南及江淮愚民，皆翕然信之"。其中刘福通与罗文素、盛文郁、杜遵道、王显忠、韩咬儿等成为韩山童最早的一批信徒而民间白莲教主在宣教时，往往将明教、弥勒教，甚至道教互相渗透。如元末红巾军起义前，南北白莲教主都宣传"弥勒佛下生"，韩山童则宣传"明王出世"。他们力图使苦难的民众相信，一旦弥勒佛下生、明王出世，就能迎来光明的极乐世界。

在社会矛盾极其尖锐，特别是脱脱主导的变钞改革失败之后。韩山童等决定利用这一时机发动起义。在贾鲁主导开河工程开始后，韩山童等人散布民谣"石人一只眼，挑动黄河天下反"的政治，同时暗地里凿一独眼石人，在其背上刻上"莫道石人一只眼，此物一出天下反"几个字，埋在即将挖掘的黄陵岗附近的河道上。至正十一年（1351）四月，民工挖出独眼石人，消息不胫而走，大河南北，人心浮动。韩山童等借独眼石人来鼓动造反，收到了预期的效果。

应该说韩山童在发动起义之初进行了相当周密的舆论准备，除了众所周知在元帝国治理黄河的工地上埋下独眼石人像之外，他还表示自己是宋徽宗赵佶的八世子孙，韩山童的得力助手刘福通则自称南宋将刘光世的后裔。长期以来一直在秘密执行宋帝国的复兴计划——"蕴玉玺于海东，取精兵于日本"。虽然起义军最初兵力微薄，但并不妨碍刘福通打出"虎贲三千，直抵幽燕之地；龙飞九五，重开大宋之天"的旗号。当然比起那些虚无缥缈的政治口号，对各地的难民更有吸引力的是他们提出要改变元帝国"贫极江南，富称塞北"的局面。

口号喊的虽然响亮，但是就在韩山童黑牛白马，誓告天地，宣布起义。当地的治安官员闻讯赶到，将起义领袖韩山童当场逮捕。刘福通虽然保护着韩山童的老婆、儿子突围而出，但是面对元帝国随即派来武装部队，这支以头裹红巾做标志的起义军依旧随时有覆灭的危险。

但韩山童、刘福通于颍州起义的消息，却犹如平地春雷，震撼着中原大地，当时的汉族士大夫在笔记中记载了"是时天下承平已久，法度宽纵，人物贫富不均，多乐从乱。曾不旬月，从之者殆数万人"的情况。元帝国政府也颇为震惊，只能急命监戍治河民工的同知枢密院事赫厮、秃赤领军前往镇压。

此时元帝国所派来镇压的政府军主力是六千"素号精悍，善骑射"的色目人雇佣军——阿速军，后方还有河南行省所调集的各路汉军，可以说是兵强马壮。但是两位主帅沉迷酒色，麾下的部队也专注于沿途劫掠。结果两军相遇，元帝国政府军主将赫厮一见对面漫山遍野的红头巾，就扬鞭大叫："阿卜！阿卜！"（快跑！快跑！）回头就跑，元帝国大军不战自溃，来自高加索北麓的色目人雇佣军更因为不服水土，病死者过半。

刘福通随即率军大举追杀，在赫厮战死于上蔡后，刘福通乘胜占据朱皋（今河南固始北），攻破罗山、真阳、确山，进攻舞阳、叶县等地。九月，刘福通攻克汝宁府（今属河南）、息州、光州（今河南潢州），仅4个月的时间已经控制了今天安徽西部、河南南部的大片地区，红巾军的武装力量更不下10万之众。

至此元帝国彻底丢失了战场主动权，刘福通所部开始向中原地区大局发展。元帝国各地行政机构运转不灵，只能派遣后方城市和中枢官员赶赴前线，比如派遣汴梁路同知黄头、负责皇家牧群管理的尚乘寺卿那海前往项城县。但一届文官的黄头最终被起义军俘获，只能用不屈而死来彰显自己的"气节"。而那海也只能带着儿子伯忽都、侄子阿剌不花，以"狂贼新执黄头，势悍突甚，与其坐毙，孰若进讨"，发动自杀性冲锋。而除了尚乘寺卿那海之外，阵亡于前线的蒙古贵族还有中流矢死于颍州战场的安东万户朵哥和千户高安童。

刘福通起义军占领了中原大片城镇的情况，令元帝国深感其"心腹大患"的威胁。1351年九月，元顺帝妥懽帖睦尔委任右丞相脱脱之弟、御史大夫也先帖木儿为知枢密院事，与卫王宽彻哥率诸卫军10余万人前往镇压。客观地说也先帖木儿在当时的元帝国内部也算是政治干才，在脱脱第一任丞相任期内，整肃朝纲，也先帖木儿以监察御史的身份整顿吏治，打击贪官，取得了一定的政治成绩。而卫王宽彻哥则是蒙哥的曾孙，其封地和采邑主要在河南境内，也没有理由不尽力平叛。但是也先帖木儿和宽彻哥均没有足够的军旅经验，因此元顺帝妥懽帖睦尔随即又加派知枢密院事老章增援前线。

在元帝国方面不断增兵遣将的情况下，1351年农历十二月，元帝国政府军终于攻陷上蔡，红巾军起义军最早的领导人之一——韩咬儿被俘，押送京师处死。与此同时元帝国江浙平章教化、济宁路总管董抟霄也攻陷安丰（今安徽寿县），红巾军根据地再度陷入元帝国方面的夹击之中。

值得一提的是，济宁路总管董抟霄也是监察御史出身，不过他的工作比也先帖木儿更为具体。早在他以陕西御史行台书记官的身份跟随御史郭贞在华阴县进行案卷调查之时，董抟霄便发现有一伙以李谋儿为首的匪徒，长期截杀过路的客商，为贼15年，犯案百余起，竟然因为贿赂有司以"徒党未尽获"的名义关在牢房里5年都没有处决。在董抟霄的竭力争取之下，李谋儿才最终被明正典刑，此后董抟霄"历官所至，往往理冤狱，革弊政"最终获得了"才誉益著称于时"的殊荣。

抵达平叛战场之后，董抟霄虽然在合肥附近击败了红巾军一部，但是朱皋、固始等地依旧在红巾军的掌握之中，董抟霄所部兵力有限，不足以同时应对两个方向的威胁。但董抟霄随即招揽附近结寨自守的民众和芍陂的屯田军，利用这股力量组成朱皋方向的防线之后，董抟霄得以放手想安丰方向挺进。而在与红巾军对峙于泚水一线之际，董抟霄又派遣进士程明仲前往红巾军中"卧底"，除了探明了红巾军方面的虚实之外，程明仲还成功地策反了红巾军中1000多户的家庭。

在夜幕的掩护下，董抟霄率军架设浮桥渡过泚水，但随即遭遇红巾军主力的迎击。在始终无法巩固桥头堡的情况下，董抟霄率领骑兵从浅滩冲过泚水河，迂回包抄红巾军的侧后。在董抟霄忽跃马渡涧，大声高呼"贼已败"的情况，元帝国政府军主力，一鼓作气冲过泚水河。红巾军一败涂地，甚至出现了死尸枕藉25里的惨状。

董抟霄在战场上的成功，除其个人的胆略之外，更多的应该归功于其长期在监察御史岗位上对元帝国基层官员和普通民众生存状态的了解。在政治清明、经济繁荣的情况之下，大多数的汉族民众并不愿意铤而走险地走上谋反的道路，如果元帝国统治者能在整顿吏治的同时，对广大民众善加引导的话，红巾军起义无法如此之快形成燎原之势，更并非是无法平定的。

第四章 百万红巾（1352—1355）

————红巾军起义初期各路枭雄的境遇

元朝军制

星火燎原

脱脱南下

元朝军制

长期以来蒙元帝国都被视为是中世纪世界范围内拥有最强武装力量的政治体，但横扫西亚、东欧的蒙古铁骑，缘何在曾经征服过金、宋皇朝的中原战场上一再为可以被视为乌合之众的红巾军所败？要解释这一问题，不得不从蒙元帝国入主中原之后的军制演变说起。

铁木真时代的蒙古军队大体上可以算是一支"全民武装"，根据《黑鞑事略》中的说法，蒙古的风俗是一夫多妻制度"成吉思立法，只要其种类子孙繁衍"，人口数量自然增长很快。铁木真建立蒙古帝国之时所册封的95个千户，每千户在得到征兵命令之后都至少可以提供1000人以上的武装部队，加上铁木真本身的精锐近卫军，仅蒙古本土可以动员的兵力便在10万人以上，这在13世纪初期无疑是一支颇为庞大的武装力量。

蒙古大军的西征过程中不仅成年男子踊跃参军，连十三四岁的少年也随军出征。《黑鞑事略》的作者彭大雅本身也是一个军事家对此自然格外敏感，他随即向蒙古西征的将领进行了询问，对方回答说："远征的道路很漫长，据说路上要花三年的时间，现在十三四岁的小孩子，等抵达战场已经十六七岁，正好是冲锋陷阵的年纪！"这种由未成年所组成的后备武装力量，在蒙古帝国被称为"渐丁军"。或许正是受到了这一总体战思路的冲击，彭大雅在修筑重庆要塞时才会说出"不把钱做钱看，不把人做人看，无不可筑之理"。

生长在蒙古草原上的孩子本身在严峻的自然环境面前，本身就不得不练习马上骑射的技能。根据彭大雅的观察，他们3岁就被绑在马鞍上，由大人手把手地的教习执射，跟随大部队驰骋。四五岁就自己拿着小弓、短矢练习，所以"疾如飙至，劲如山压，左旋右折，如飞翼。故能左顾而射右，不持抹秋而已"，15岁的少年已经被组织成了军队。

作为一个以战争立国的政权，蒙古帝国对于武器的生产和改良也颇为投入。大批被俘获的中原和西域工匠维持着蒙古帝国的战争机器的不停运转，其中"回回百工技艺极精，攻城之具尤精"，常常在攻击城防一角的战斗中便可以集中几百门投石火炮，令蒙古精锐的骑兵如虎添翼。

在战略战术方面，蒙古军队也颇多创性。为了防止在行军之中遭遇敌人的突袭，按照彭大雅的说法：虽偏师亦必先发精骑，四散而出，登高眺远，深哨一二百里间，掩捕居者、行者以审左右前后之虚实，如某道可进、某城可攻、某地可战、某处可营、某方敌兵、某所粮草，皆责辨哨马回报。部队在宿营的过程中，蒙古军队也颇为机警，不仅派出巡逻的游骑，每一营帐还要留下两匹战马，夜不解鞍，以防不测。一营有警，则旁营备马，以待追袭，余则整整不动也。

在野战之中蒙古军队更着重发挥骑兵的机动性，在主力决战中，蒙古军队一般也只以十分之三兵力作为前锋，但并集中突击，而是以三五骑为一个战术单位。"敌分立分，敌合立合，聚散出没"，往往可以起到"百骑环射，可裹万众；千骑分张，可监百里"的效果，被彭大雅称之为"鸦兵撒星阵"，并认为"敌虽十万，亦不能支"。而如果遇到纪律严明、阵地坚固的对手，蒙古军队除了骑兵突击之外，蒙古军队还有许多其他手段，如放出牛马冲阵、以降俘为

怯薛军是蒙古军队的核心和中坚

牺牲品施行硬攻、佯败而走，弃辎重金银，诱敌逐北中伏，或者分兵骚扰，这些战术令博学的彭大雅也不得不承认"有古法之所未言者"。

蒙古军队在西征的过程中不断招降和裹胁钦察等游牧民族的壮丁，编入自己的军队之中，这些基本上算是被迫为蒙元帝国效命的其他民族士兵和被长期留守被征服地区的蒙古军人一起被编成专门用于镇戍各地的部队——探马赤军，而与之相对应的则是为了有效地控制蒙古各部和确保蒙古汗廷的安全的常备近卫军——怯薛军。

怯薛军由宿卫千户、箭筒士千户和散班8千户组成，和平时代他们负责护卫大汗和蒙元帝国的政治中心，分为4班，每班由功臣博尔忽、博尔术、木华黎、赤老温及其后代指挥，宿卫汗廷，3日一换，形成了"四怯薛番直宿卫"的制度。在一旦战事发生，怯薛军则作为全军的中坚力量投入战场，组成被称为"也客豁勒"的大中军。

在南下征服金帝国和南宋政府的过程之中，蒙元帝国逐渐开始认识到汉族兵员的优良素质，于是除了广泛地吸纳金、宋两国的各路降军、中原各地的地方武装之外，窝阔台时代，蒙元帝国便在中原民户中大规模签发士兵，补充汉军兵员，随即形成了"旧军"与"新军"的区别。尽管汉军的编制最初比较混乱，但是在中原乃至朝鲜半岛、东南亚的战场之上，汉军比蒙古军队更能适应当地地形和气候，他们依旧发挥了重要的作用。

随着忽必烈的即位，蒙古帝国的统治重心由漠北草原转移到了中原地区，随即带来的自然也是军事组织体制的全面汉化。在忽必烈建立元帝国的过程中受到冲击最小、得到实惠最多的是怯薛近卫军，尽管怯薛近卫军在忽必烈与阿里不哥的内战中一度站错了队伍，但是作为蒙元帝国大汗的象征，他们不仅被保留了下来，还继续享有优厚的政治和生活待遇，为此不少人走门路、托关系想方设法"投充"到怯薛近卫军的队伍之中，使得这一编制原定为1万人的精锐部队不断超编，忽必烈在世的时候便开始下令"沙汰"怯薛近卫军的成员，但是蒙古亲贵往往都早已占好了位置，只能把一些汉人、南人清理出去。

大批汉军渴望保护伟大领域的热情毕竟"伤不起"，于是从1260年开始，忽必烈仿照中原王朝禁军制度组建的中央军队，大量汉军万户属下的军队被调集到了大都组成了沿承金帝国军事体制的"武卫军"，"武卫军"的编制最初为3万人，随即不断扩充。到1279年已经发展为了前、后、左、右、中五卫，随后又陆续设置了武卫、虎贲卫、忠翊卫、海口侍卫等编制。而面对汉军的优厚待遇，为铁木真家族出生入死的蒙古人和其他民族士兵自然坐不住了，于是元帝国政府又不得不下达"诸国人之勇悍者聚为亲军宿卫"的命令，设置了唐兀卫、钦察卫、西域卫、左右阿速卫、龙翊卫、斡罗思卫、威武阿速卫等部队，以吸纳那些不甘心老死边疆的探马赤军后裔。

到了元帝国后期，仅在大都、上都地区的侍卫亲军的总人数已经达到了30万人，不过这支庞大的武装力量对外征讨无力，倒是频繁成为了野心家手中的工具。除了拱卫核心首都圈的中央军之外，忽必烈在元帝国的版图之上还组建了4支重要的边防和镇戍力量——镇守漠北的蒙古军，分屯山东、河南、陕西、四川等地的探马赤军，长江流域的新附汉军以及东北、西南等地由边疆地区少数民族人员组成的地方"乡兵"，形成了内外相维、层层控扼的国防布局。无论元帝国面临哪个方向上的攻击都可以以当地驻军为第一道防线，随即得到邻近行省和探马赤军的支援，如果战事不利，则可以投入精锐的侍卫亲军。

元帝国时代的漠北基本上保持着铁木真时代的风貌，而当地的蒙古驻军也基本维系着平时散归牧养、战事传檄集合的状态。虽然忽必烈一度抱怨过蒙古驻军在平定西北海都和东北乃颜之乱中不给力"不复从前"，但是客观地说蒙古驻军在元帝国的政权更迭之中漠北的蒙古驻军更频繁成为帝位竞争者们的强大武力后盾，其战斗力之强由此仍可见一斑。

在元帝国初期的对外扩张中探马赤军是一支重要的机动武装力量，被签发出征和分批镇戍江南、云南乃至西北地区。但在对宋作战结束之后，这些军人被集中安置在各地的蒙古军都万户府管辖之下。原本以游牧民族为主体组建的探马赤军在有了固定驻地后，随即开始逐渐由牧民转化为了农夫。根据元史的记载他们初到驻地"犹以射猎为俗"，但是随着繁衍和生息"渐知耕垦播殖如华人"，战斗力自然也就逐步退化。

南宋临安政府投降前后，长江南北的大批南宋政府军或主动或被迫地向元帝国投诚。其确切的数字不得而知，最为夸张的是元明时代的士大夫笔记中的所谓"元廷得宋降军兵卒百万"。这个当是夸大其词，因此南宋末年所有在籍的兵员也不过70万人。即便没有其他因素，战场的消耗和溃散也占了其中的绝大部分，元帝国将南宋的降卒统一称为新附军或新附汉军、南军等。

新附军内部番号颇为繁杂，不过都不是沿用南宋政府的原有编制，而是根据这些军队的特点而起的绰号。比如之前在南宋政府领取被称为"口券"的伙食补助的正规军被称为"券军"，其中野战部队由于领取的是名为"生券"的高额补助而被称为"生券军"，而南宋各地的驻屯军由于领取的是伙食补助而被称为"熟券军"，为了防止逃亡而手臂或手背上刺字的原南宋"惩戒营"则被称为"手号军"或"手记军""涅手军"等。除此之外，还有南宋政府在江南地区临时召集盐徒组成的义勇军，被称为"盐军"。

元帝国对新附军并不信任，除了少数精锐被抽调到中央侍卫亲军之外。其他新附军几乎都成为了元帝国初期征讨日本、东南亚等地的炮灰。经过多年的战争消耗和自然减员，新附军数量日益减少。到了元朝后期，新附军的名称已经很少被人提起，可见数量可观的新附军最终被元帝国纷繁的对外战事"消化"掉了。

除了数量庞大的正规军之外，元帝国在对外作战中还大量使用"不给粮饷，不入账籍，俾为游兵，助声势，掳掠以为利"的军队，蒙古人称为"答剌罕军"，汉族的士大夫颇有新意地为他们起名为"乾讨虏军"，"乾"是简体字"干"的繁体写法。这种雇佣军的成员多为"无赖侥幸之徒"，因此作战不利、扰民尤甚，元帝国政府虽然曾多次下令收编与禁罢这种军队，但到元帝国末年这种所谓类似于土匪的"乾讨虏军"却成为了战场的主力。

大批所谓"乾讨虏军"取代了正规军在战场的地位，很大程度上是由于元帝国所推行的军户兵役制度的崩溃。在蒙元帝国的统治时期除了蒙古族继续采取"全民皆兵"的征召制度外，对于编入国防体制内的探马赤军、汉军军户和新附军户都采取世袭的军户制度。其中除了对汉军军户的征募比较宽松，依据军户的不同情况，可以二三户或四五户合出军一名，其他各户出钱资助之外，探马赤军户和新附军户都要依照"一人当兵，世代从军"的原则，永远为蒙元帝国征战。军户的士兵如果在出征或出戍时逃亡，还要到原籍勾取他的兄弟子侄来顶替。即便军人在阵前战死或病死，这一军户也只能"存恤"一年或半年，就必须继续出人服兵役。

除了没有"三险一金"、没有"法定假期"，即便是换防在边远地区往往也要等上两三年甚至六年才有一次机会之外。探马赤军和汉军军户还要自己出钱购置军需装备，而所获得的收益不过是每人每月五六斗米，一斤盐以及政府在赋役方面的豁免和优待而已，在这样的情况之下军人逃亡和军户破产也就在情理之中了。这一问题在元帝国后期随着国家财政的恶化，对军户仅有的政策优惠也化为了空头支票之后，军户制度随即崩溃。

元帝国的军事组织体系可以说在当时世界范围内都是颇为先进的，除了拥有"凡宫禁宿卫、边庭军翼、征讨戍守、简阅差遣、举功转官、节制调度，无不由之"集今天的国防部和总参谋部于一身的枢密院之外，1261年，元帝国还设立了的军储都转运使司，随后逐步升级为军器局、武备监，武备寺，成为了重要国防机构。武备寺下辖管理衣甲的寿武库、利器库、广胜库、军器人匠提举司、军器人匠局、甲局、弓局、箭局、军器局等几十个单位，专门管理武器生产、储存和发放。

蒙元帝国的建立过程中，武备寺对军队的集成化、正规化发挥了重要作用。蒙古建立初期，没有兵种的区别，军队全为骑兵。招降到汉军之后，有了步兵，不久又将制造和使用攻城炮具的工匠、军人集中起来，称为炮军或炮手军；各军中擅长水战的人也被编组在一起，组成水军或水手军。这些机构和军队，大多属于地方镇戍军队系统，其所有的武器装备大多由隶属于武备寺的炮手工匠生产。

武备寺的建立除了统一元帝国全军的武器规格之外，其中另一个重要因素是为了加强对民间武器生产和使用的控制。除了由政府组织的武器生产外，任何人都不许私造兵器。中原、江南民间兵器一律拘收，汉人、南人不得私藏衣甲和武器，甚至弹弓、铁棒等都在禁用之列；违禁者轻则杖罚，重则处死。汉军和新附军人只有在作战或出戍时才许持有武器，用过之后就要缴纳仓库，统一保管。元帝国政府甚至规定了官府储放兵器的数量"每一个路里十副弓箭，散府里、州里七副弓箭，县里五副弓箭"。

一度被以尚牧监、太仆院、卫尉院等名字出现，最后定制为太仆寺的元帝国马匹管理机构在军事上也担任了重要作用。不过虽然在蒙古草原和大都周围建立了众多的国营牧场，牧养着"左股烙以官印，号大印子马"的国营马匹。但是每当有重大的军事行动，元帝国政府却总是要临时在民间"刷马""括马"，以强制手段征用民间马匹。和这一情况类似的还有元帝国在各地设立屯田万户府、千户所，虽然名义上屯田的目的是为了"以资军饷"，但实际上元帝国政府虽然向屯田军人提供牛具和种子，但是各地军屯的经济效益较低，歉收和无收的情况经常发生。因为屯田的收成，大多数要上缴国家，只有少数留作口粮和种子。

为了保证庞大的军事机器运转，政府每年还要拿出大量钱钞，支付军官俸禄、怯薛岁币、战功赏赐、边备和战争等所需的费用，组织武器生产，赈济贫乏军人，抚恤死亡将士家属等，也要计入军费开支。维持一般的边备和军官、军队费用，对朝廷已是一个不轻的负担，一旦有较大战争发生，军费开支直线上升，即所谓"军旅一兴，费靡巨万"。元帝国财政状况一直处于比较紧张的局面之下，与巨额的军费开支自然有着密切关系。

星火燎原

至正十二年（1352年）农历正月，面对元帝国政府军的两线围剿，刘福通所部红巾军渡过黄河，以当地起义军领袖韩兀奴罕所部为先导，迅速攻克了滑州（今河南滑县）、浚州（今河南浚县）。在开州（今河南濮阳）建立新的根据地，韩兀奴罕生平无传，但从名字来看似乎并非汉人，很可能是侨居中原的色目人士，可见，在元帝国当时腐败的吏治和凋敝的经济之下，蓬勃而起的民众起义绝非是简单的民族矛盾。

红巾军转进河北，本是元帝国政府调集各方面力量将其彻底剿灭的大好时机，毕竟开州等地一马平川，远比水域众多的江淮战场更利于蒙古铁骑的冲杀，而大都周边所驻守的大批戍卫部队也可以就近参战，形成对红巾军方面压倒性的兵力优势。但恰恰就是在这看似满手好牌的情况下，元顺帝妥懽帖睦尔再度出现了用人上的失误。1352年农历三月，元顺帝妥懽帖睦尔在委任出身国舅世家弘吉剌氏的太不花为河南平章的同时，命知行枢密院事巩卜班率驻守大都的"侍卫汉军"和"爱马鞑靼军"两支部队南下参战。

从战场表现来看，身为皇亲国戚的太不花堪称能征善战，他到任之后没多久便击败红巾军韩兀奴罕所部，收复了南阳、汝宁等地，将红巾军的活动空间进一步压缩在了黄河以北地区，但是统率精锐近卫部队的巩卜班却长期驻足于邢台以南的沙河北岸"日夜沉溺酒色，醉卧不醒"。面对这样的对手，一度走投无路的刘福通趁势北上，突袭元军营地，再度打乱了元军分进合击的围剿之势。

有趣的是，在当时元帝国所委派的前线诸将之中，巩卜班是唯一有过成功平叛经验的。至正元年（1341年），湖南道州路因春荒严重，米价飞涨。爆发了蒋丙、唐大二、何仁甫等领导下饥民起义，起义军一度"破江华，掠宁远"，湖南震动。正是时任湖广行省平章的巩卜班领大兵征剿，一举捣毁起义军所构筑的"溪峒堡寨二百余处"，俘获起义军首领唐大二、蒋仁伍等人。虽然此后蒋丙虽然重整旗鼓，招集余部，自称"顺天王"，设官分职，声势大振，相继攻克连州、桂州等地，队伍扩大到数万人，但最终仍在巩卜班所统帅的三省军队围追堵截之下被扑灭。但显然巩卜班此时所面对的战事远非十几年前的蒋丙等人可比，其漫不经心的举动最终换来的只能是命丧乱军之中。

巩卜班的战死，并没有令元顺帝妥懽帖睦尔认真思考元帝国军制崩溃之下近卫部队战斗力下降的原因，相反将战败归咎于兵力不足，1352年农历闰三月，元顺帝妥懽帖睦尔将前线部队的指挥权集中于也先帖木儿之手，令其统率30万精兵重返沙河前线，但这样一场"金银物帛车数千辆，河南北供亿万计，前后兵出之盛无如此者"的浩大攻势，却以莫名其妙的"军中夜惊"而归于崩溃。

所谓"夜惊"指的是在睡眠中突然尖叫、哭喊，意识呈朦胧状态，发作后约一至两分钟，又复入睡，隔天则不知何事。军旅之中士卒生活紧张，突有声响就会发生全营动乱，被称为"啸营"。"军中夜惊"本是常态，历代名将安卧不动便将其平定的成功案例不胜枚举。但也先帖木儿却尽弃军资器械、粮草、车辆，仅收散兵数万人逃奔开封，在"汝为大将，见敌不杀"的指责声中，也先帖木儿只能驻军于朱仙镇一线。而有鉴于也先帖木儿的哥哥脱脱仍秉持着朝政，最终元顺帝妥懽帖睦尔对也先帖木儿的处理意见，也不过是将其召回大都，仍为御史大夫。

榜样的力量从来都是无穷的，随着刘福通在河南一带不断攻城略地，头戴红巾很快成为元帝国末期汉族民

彭莹玉

众的新时尚。之前曾一度选择在"寅年寅月寅日寅时"在袁州发动起义遭到镇压的彭莹玉，这一次也放弃了自己原先设计的背心上写一个"佛"字的反政府武装制服，在淮西和铁匠邹普胜一起戴上红巾拥戴卖布出身的徐寿辉为首领，一举攻取了罗田县城。

彭莹玉身为南方白莲教的教主，教徒尊称为彭祖，俗称彭和尚，元帝国方面称之为"妖彭"，其10岁时入附近慈化寺为僧，会治病，在民众中威望甚高，"袁民翕然，事之如神"。彭莹玉在农民群众中开展白莲教宣传活动，并秘密组织武装起义。至元四年（1338年），他与徒弟周子旺在袁州发动起义失败，周子旺被杀，彭莹玉只能逃亡淮西，有赖于"淮民闻其风，以故争庇之，虽有司严捕，卒不能获"才保全首级。此后10余年间，他在江淮等地继续宣传白莲教，足迹遍及今安徽、江西、湖南、湖北各地，并在各地招收门徒，策划武装起义，其早期门徒多以"普"字命名。正是在彭莹玉的坚韧不拔的努力之下，南方白莲教教徒培养了大批骨干，为其日后起事之时形成燎原之势奠定了基础。

而之所以挑选本非白莲教徒且缺乏组织能力的徐寿辉为领袖，则无非是鉴于其体貌伟岸，颇有领袖气质。据《湖广总志》记载：当时在蕲、黄一带从事秘密策划反元起义的人物是麻城铁匠邹普胜。至正十一年（1351）农历五月，刘福通在颍州起义成功后，邹普胜便积极准备起义，但需物色一位体态雄伟的人物，以应"弥勒佛下生"之偈言。据说当时恰巧徐寿辉带着10斤鉴铁前往邹普胜家中让其打造一柄锄头。就在与邹普胜交谈之际，徐寿辉蹲坐在铁砧上，而此前邹普胜刚刚梦见"黄龙蟠其铁砧"，随即认定徐寿辉有"天子之相"，以"今天下尚须锄治耶？当为炼一剑赠君耳"挑唆其参与反元起义。

关于徐寿辉与邹普胜相识的传闻虽然离奇，但却多少说明了南方白莲教信徒在谋划起义时缺乏领袖人物的无奈。但恰恰是在徐寿辉的名义领导之下，南方白莲教信徒不断攻城略地，相继攻占了圻州（今圻春）和黄州，并在水陆要冲之地圻水（今浠水）建都，不过向来迷信的彭莹玉又一次玩起了文字游戏，为这个新政权取名为"天完"，寓意是在"大"上加"一"、"元"上加"宀"，彻底压倒"大元"。而这种迷信的意味还影响到了出身渔民家庭的沔阳青年陈友谅，只是因为一位风水先生说他们家的祖坟修得不错，未来必出贵人，这位已经做了县吏的年轻人顶着父亲陈普才"奈何为灭族事"的训斥加入了徐寿辉的起义军。

如果说身为南方白莲教首领的彭莹玉也采用红巾军名义无可厚非的话，那么其他几路顺势起义的人马则多少有些"山寨"味道，可能也认识到了自己和正统红巾军有版权之争。因此在活跃于邓州、南阳的王权（布王三）、张椿等人自称"北琐红巾军"，而攻占襄阳的孟海马则相对应地自称"南琐红巾军"。

在各路起义军之中崛起之初力量最弱的莫过于徐州的李二。身为元代起义军领袖"号码帮"成员李二因为在饥荒年代拿出家里仅有的一仓芝麻来赈济灾民，因此又被称为"芝麻李"。他本人和白莲教没有半点关系，只是因为听说红巾军在各地都闹得很凶，因此和邻居赵君用决定"男人就要对自己狠一点"以夺取"富贵之秋"，身为当地"社长"（居委会主任）的赵君用立即向李二推荐了据说"勇悍有胆略"的彭大。不过从随后赵君用拜访这位彭大的过程来看，所谓"不得其人，不可举大事也"的说法完全是赵君用吹的牛皮。

根据权衡《庚申外史》中的说法，赵君用拜访彭大之时，这位壮汉的确正在磨自己的斧子，颇有大将之风。但当赵君用问他磨斧子干什么的时候，回答却只能用心酸的"黑色幽默"来形容。彭大说："州县政府每天都说要赈济我们，我天天都在等，可总是等不到，我决定磨好了斧子去山上砍些木柴去城里换米。"最后加了一句："官府不足信也。"赵君用随即挑唆他参与起义行动。彭大随即表示只要"芝麻李"参加，他就参加，估计此前这为彭大也吃过李二家的芝麻。

不过这支起义军的规模实在太小，据说算上李二、赵君用和彭大一共也才8个人，但就是这个8个人伪装成元帝国政府治理黄河的民工在徐州城内外到处放火，竟然就轻易地夺取了这座江淮重镇，随后竖旗招兵很快就扩大到号称百万大军的规模，迅速控制徐州周遍的大片土地。

和"芝麻李"这样"无耻"地盗用"红巾军"头衔的起义队伍相比，濠州定远（今安徽定远）的郭子兴倒是比较地道的白莲教徒，不过他不是像彭二那样家中没有隔夜粮，天天等着政府救济的破落户。根据史料记载，郭子兴和自己的两个兄弟都是善于经营的地方豪强，因此在是否响应起义的问题上，郭子兴采取了观望的态度，直到各路红巾军都取得不错的进展，他才应势而起散尽家财，组建了一支几千人的武装，自称

"节制元帅"，向安徽濠州进发。不过由于郭子兴的犹豫和观望，他基本已经被踢出了红巾军先驱者的行列。在濠州地区几乎与他同时揭竿而起的还有孙德崖以及俞某、鲁某、潘某四位"元帅"级别的人物，不过在攻克濠州之后，这五位"元帅"之间的关系基本上还是融洽的，算得上是"亲密战友"。

　　对于声势浩大、蔓延迅速的农民起义，一向干练的脱脱显得束手无策。面对着红巾军所打出了的各种激进的"反蒙反元""摧富益贫"的口号，脱脱显然是无力改变元帝国长期以来所奉行的错误的经济和民族政策的，只能在错误的道路越走越远。当中书省吏员抱着题为"谋反事"文牍送到脱脱面前时，为了规避自己此前货币改革和治理黄河成为导火索的责任，他甚至亲自将文件的标题改为"河南汉人谋反事"，将严重的社会矛盾诠释为长期以来一直盘踞在元帝国统治者心头的民族矛盾。

　　为了进一步地证明这一点，脱脱不仅在讨论"平乱"问题的会议上将汉族官员中书左丞韩元善、中书参政韩镛排除在外，还向元顺帝妥懽帖睦尔建议："在大肆搜捕'河南谋反汉人'的基础上，召回所有被流放在各地的蒙古人和色目人。"这种撤出"侨民"的做法俨然已经将河南视为敌对国家了。

　　事实上在风起云涌的红巾军起义初期，顽强抵抗的恰恰是脱脱所不信任的元帝国汉族官僚。刘福通大军攻陷确山之后，曾一度试图将沦为难民的监察御史张桓请出来作为起义军领导人之一，在对方严词拒绝之后，起义军甚至表示："你只要作了揖，我们就放你走！"但是张桓却更为坚决地表示："我恨不能手刃你们的首领，又怎么会在你们的威胁之下折腰呢？"最终在红巾军将士在感叹"张御史真

郭子兴绣像

铁汉，害之可惜"的情况下只能将其处死。而在江西曾任礼部侍郎的颍州人李黼以江州路总管的身份不断向元帝国中枢递交沿江布防的建议，在始终得不到批复的情况之下，他只能在感慨"我将死无葬身之地"的同时在江州组建民兵部队准备与随时可能顺江而下的徐寿辉所部红巾军一决高下。

在李黼准备死守江州的同时，济宁路总管董抟霄收复了安丰之后，正本来准备将矛头对准郭子兴等人所盘踞的濠州，但却意外得到了增援江南的命令。如果董抟霄继续向濠州挺进，那么对内部并不团结的郭子兴集团而言，必然将是一次严峻的考验，而中国历史也可能随着濠州的失守而改写。因为此时一个名叫朱重八的皇觉寺小和尚，正为了躲避战乱而打算加入郭子兴的起义军。

此时的朱重八已经在外流浪9年了，他以濠州为中心边走边乞讨，向南到达合肥，然后折向西进入河南，到过固始、信阳等地，又往北到过汝州、陈州等地，最后东经鹿邑、亳州，其间曾于1348年又回到了皇觉寺。此时的皇觉寺虽然经济情况有所好转，但很快便受到了战争的波及。在"寺为乱兵所焚，僧皆逃散"的情况下，朱重八也只能外出"避兵"。但此时25岁的朱重八仍没有投身反元义军的觉悟，甚至已经投效于郭子兴帐下的同乡汤和写信邀请朱重八入伙，他仍犹豫不决。

后世将朱重八命运的改变归咎于一场占卜，在"避乱""守故"都"不吉"的情况下，朱重八才最终选择了"从群雄倡义"的"大吉"之道。但从当时濠州地区的整体环境来看，投靠郭子兴所部义军也是朱重八唯一的活路，因为驻守于濠州城外的元帝国政府军正频繁地"掠良民为盗以徼赏"，朱重八这样的汉族壮丁随时有被杀良冒功的可能。

除了李黼、董抟霄这样独当一面的汉族官员之外，还有许多汉族儒生遵循着古老的"守经权变"理念充当着平乱行动的幕后推手。身为淮西廉访使陈思廉虽然手中无兵无权，不过并不影响他跑去游说在庐州有钱有势的宣让王帖木儿不花。帖木儿不花是忽必烈第九子脱欢的儿子，忽必烈不太喜欢出征安南老师无功的脱欢，甚至下达了"终身不许见"的手令。

不过虽然远离政治中枢，但脱欢的几个儿子小日子过得还算滋润。宣让王帖木儿不花不仅在庐州、饶州拥有大量的田产，而且还建立了自己的行政班底和近卫军，所以陈思廉在告诉帖木儿不花"承平日久，民不知兵"的现状之后，要求这位"镇抚淮甸"的"帝室之胄"出动自己的王府近卫军出手"平乱"，宣让王帖木儿不花起初还以"鞍马、器械未备"为理由推脱，但是陈思廉只用几天就调集了大量的战备物资，帮助宣让王帖木儿不花轻松地平定了庐州地区的起义军。随后陈思廉又要求宣让王帖木儿不统一调集、指挥淮西的驻屯军，阻击刘福通大军强渡淮河，这个时候曾经被"拔都儿"伯颜政治迫害过的宣让王帖木儿不花又犹豫了，表示："非奉诏不敢调。"陈思廉这个时候又起了关键推手的作用，以"非常之变，理宜从权"的名义表示"擅发之罪"自己愿意独立承担。

不过并非所有元帝国宗室都有"（家业）乃我先人力战所致，今国家有难，当身先士卒以图报效，庶无负朝廷也"的觉悟。面对红巾军的起义，各地弃城而逃的蒙古亲贵大臣不计其数。宣让王帖木儿不花的兄弟威顺王宽彻普化和平时期扰民有术，而对起义军则御敌无方，在野战中被徐寿辉麾下外号"蛮子"的倪文俊击溃之后，随即放弃了重镇。倪文俊和陈友谅是同乡，不过两人在加入起义军之前是否认识却不得而知。在"天完"政权的建立初期，倪文俊的名号显然要比陈友谅响亮得多，而随后的岁月中倪文俊对陈友谅这位小老乡也可以算是颇多照顾的。

在夺取了武昌之后，徐寿辉麾下的"天完"红巾军顺江而下，直扑"南开六道，途道五岭，北守长江，运行岷汉，来商纳贾"的江州，不过在各地官员望风而逃的情况下，坚守江州的李黼却意外地给了对手一个"下马威"。李黼首先陆地战场之上，以奇袭的方式击溃了"天完"红巾军的前锋部队。据说在出击之前，李黼发现自己所组建的民兵部队连统一的制服都没有，于是只能用墨汁将脸上抹黑以作为敌我识别标志。"天完"红巾军显然没有想到竟然会遭遇到元帝国的"黑人雇佣军"，在李黼身先士卒的冲击下损失惨重。

首战获胜之后，李黼并没有放松警惕，他提出："贼不利于陆，必由水以舟薄我。"事态的发展果然不出他所料，徐寿辉的"天完"红巾军自建立之初便重视内河舰队的创建工作，在进攻江州的军事行动中，"天完"红巾军已经拥有数千艘用于长江作战的船只，不过正当这支庞

庞大的舰队往往对于火攻无能为力

大的水上作战力量"扬帆、顺流、鼓噪"大举进攻的时候却发现自己的船只突然全部在停顿在江面上动不了了。在仔细探寻之下才发现，原来江州附近的长江沿岸早已被李黼铺设了用于阻断船只航行的"七星桩"，滞留在江面上的"天完"红巾军舰队成为李黼麾下民兵火箭的靶子。

连续两场的辉煌胜利令元帝国政府提升李黼为江西行省参政，行江州、南康等路军民都总管，但是除了一份空头委任状之外，江州前线并没有获得更多实际的支援。"天完"红巾军随即杀到城下，李黼虽然"登城布战，张弩射敌"，但苦于兵力不足。最终江州的城防崩溃，李黼在指挥巷战的过程中，只留下了一句："杀我，毋杀百姓！"最终死于混战之中。

在1352年，徐寿辉的"天完"红巾军可以说各路起义军之中发展最为迅猛的。除了在江州城下遭遇了李黼的抵抗之外，其分兵四出的战略使得其迅速控制以湖北南部、江西北部在内的大片区域，其势力继续向湖南、广西、福建发展。而作为"天完"红巾军的军师，"老牌革命家"

纵横塞北

彭莹玉走得更远，在与项普略一起率军夺取了江州之后，这一支"天完"红巾军偏师一路向东，在转战安徽之后更突破昱岭关，向杭州进军。沿途不断发展壮大——"不旬日众辄数万，皆短衣草屦，齿木为杷，削竹为枪，截绯帛为巾襦，弥野皆赤"。正是彭莹玉如此大张旗鼓地东进，令元帝国不得不将兵临濠州的董抟霄等人调往江南战场。而在濠州城外徘徊的朱重八也得以顺利地通过封锁线进入城中，在朋友汤和的推荐之下，成为郭子兴的近卫军十夫长。

脱脱南下

　　面对红巾军在各地的起义，元帝国当然不可能采取完全不作为的态度，但现实情况是元帝国政府此时各项战备物资都极度匮乏。除了发出"徐州内外群聚之众，限二十日，不分首从，并与赦原"的空头恫吓之外，元帝国不得不采取"纳粟补官"的办法，让各地有意升迁的官员"自备粮米供给军储"，变相卖官以筹集军粮，同时一向以骑兵见长的元帝国由于长期禁止汉人养马，此刻马匹不足，不得不向漠北的牧民买马。

　　在调集各方面力量准备平叛的同时，元帝国政府还可以倚重民间的力量，以所谓"义兵"的地主武装去镇压农民起义军，而在各路地主武装领袖之中最为出名的莫过于由居住在颍州沈丘（今安徽临泉西北）的"探马赤军"后裔察罕帖木儿。察罕帖木儿虽然是来自西域的畏兀儿人，但是由于世代居住在河南已经深受汉文化的熏陶，他甚至还有一个汉族名字叫李察罕。如果不是发生大规模的农民起义，自幼攻读儒书、曾应进士举的察罕帖木儿很可能会通过科举考试的方式在元帝国谋得一官半职。不过随着红巾军的崛起，为了保全自己的生命和财产，察罕帖木儿最终却走上了另一条道路。

　　察罕帖木儿最初只组织了一支几百人的队伍，但是在与罗山县典吏李思齐的地主武装合流之后，这支部队还是有一定的战斗力的，并不吃力地就击退了罗山地区的起义军。应该说罗山不是红巾军的主攻方向，察罕帖木儿的战绩即便注水也拿不上台面，但是比起率领十万大军驻守沙河，不等与红巾军交锋便因为夜惊而溃散的脱脱之弟也先帖木儿的无能来比，收复罗山自然成为了元帝国在平乱战争中为数不多的亮点。对此元帝国政府对察罕帖木儿大加赞赏，特授其中顺大夫、汝宁府达鲁花赤的职位，而李思齐也被任命为汝宁府知府。此后各地元帝国开始采用通过免除劳役的方式来招募的民兵，其中陕西一带组织的民兵由于使用兽皮做成的瓠型箭囊，而被称为"毛胡芦"军。正是借助各地地主武装的支援，只率领3千探马赤军出征的四川行省参知政事答失八都鲁在襄阳地区迅速组建了一支两万人精锐野战力量，迅速平定了王权（布王三）、张椿等人的"北琐红巾军"和孟海马的"南琐红巾军"。

就在元帝国各地的地主武装逐渐发展壮大的同时，彭莹玉所领导的"天完"红巾军顺利地攻占了杭州。放弃濠州驰援江南的董抟霄认定："贼见杭州子女玉帛必纵掠，不暇为备，宜急攻之。"从而否决了同僚退守湖州的建议，以"诸君荷国厚恩，而临难苟免"和"敢有慢令者斩"的霹雳手段展开全线猛攻。客观地说，"天完"红巾军在杭州地区的军纪并不涣散，彭莹玉除了继续宣称自己是弥勒佛出世之外，倒也做到了"不杀不淫"。但是"天完"红巾军在元末各支反元武装之中虽然长于发展，但战斗力却始终得不到提升。彭莹玉的部队在与董抟霄的精锐部队遭遇之后，在江浙地区屡战屡败，最终竟然全军覆没，彭莹玉从此消失

亲赴一线指挥攻坚的脱脱

在了历史舞台之上，一般认为他战死于杭州或瑞州等地，但在各种野史小说中，这位据说身负绝世武功的高手仍不断活跃于各路反元势力之中。

就在各路红巾军相继覆灭的情况之下，被元顺帝妥懽帖睦尔斥责"汝尝言天下太平无事，今红军半宇内，丞相以何策待之"的脱脱除了"汗流浃背，一时竟无言以对"之外，只能决定亲自出马，而目标锁定的则是阻断南北交通、盘踞徐州的"芝麻李"。应该说起义时仅有8条好汉的"芝麻李"，虽然在徐州已经组织起了一支号称百万的大军，但是却未必比彭莹玉的"天完"红巾军战斗力更强。可脱脱为了一战成功，巩固自己在元帝国的政治地位，却沿途不断招募民兵，除了3万名身穿黄色军装的"黄军"民兵组织之外，脱脱还听从部下所谓政府军"不服水土"，组织了5千名濒海盐民作为攻城敢死队。

徐州攻防战从一开始就是一场"杀鸡用牛刀"的脱脱个人秀。在"知城有必克之势"的情况下，脱脱表现异常英勇，不仅时常亲临战场，更对向他射来的铁翎箭都不为所动。在数万大军的包围，"巨石为炮，昼夜攻之"的情况之下，脱脱虽然最终攻克了徐州，但是起义军的主要领导人彭大、赵君用等人却成功逃亡，"芝麻李"也是在徐州城破后一个多月才被元帝国政府军擒获。脱脱顺利攻克徐州之后，可能是为了扩大自己的战绩，也可能是为了以儆效尤，竟然对全城的无辜百姓举起了屠刀。

徐州攻防战上表面上是元帝国的辉煌胜利，但是脱脱最后的屠城却必然激起汉族民众更为顽强的抵抗。而在徐州战役之后，脱脱竟然就似乎认为大功告成，派了水利专家贾鲁继续南下，自己则班师回朝了，而成功脱逃的彭大、赵君用等人在抵达了濠州之后竟无疑将促成元帝国掘墓人朱重八的崛起。朱重八加入郭子兴集团后，很快便因他战勇敢，而且机智灵活、粗通文墨，得到郭子兴的赏识，被调到帅府当差，被任命为亲兵九夫长。不久郭子兴便将把他视作心腹知己，有重要事情总是和朱重八商量。当时郭子兴有一养女，是其至交马公的女儿。马公死后，他最小的女儿便由郭子兴收养。此时，郭子兴为了笼络人才，于是便把养女马氏嫁给了朱重八，从此军中改称他为朱公子，朱重八也为自己名字为：元璋，字国瑞。

按照正常的逻辑，彭大、赵君用在濠州只不过是走投无路的流窜犯而已，但由于郭子兴和孙德崖等其他几位"元帅"此刻各怀鬼胎，彼此缺乏信任，都想拉拢这两位从徐州南下的"传奇人物"，彭大、赵君用因此反而俨然成为了濠州集团的首脑。郭子兴本人是地方豪强出身，因此与好勇斗狠的彭大关系密切，被冷落的赵君用因此串联孙德崖等人在郭子兴外出的过程中将其绑架。

关键时刻朱元璋从淮北前线赶来，抬出"我在此，谁敢尔"的大老粗彭大，用武力将郭子兴又救了出来。而此时濠州已经被元帝国的水利专家贾鲁率领大军包围了，郭子兴和孙德崖等人只好掉转枪口一致对外，一场内部火拼被暂时压制了下来。

回到大都的脱脱在为自己所竖立的"徐州平寇碑"面前，不禁飘飘然起来。此时各路红巾军之中除了刘福通、徐寿辉集团和被围困的濠州之外，基本已经相继覆灭，刘福通所部也在自成一军的察罕帖木儿打压之下始终得不到发展。1353年农历十二月，元帝国政府军又攻克了天完政权都城蕲水，徐寿辉逃入黄梅山和沔阳湖中，似乎的确大局已定。脱脱在主抓农业生产之余，竟然已经开始清除异己了。

脱脱的政治对手主要有两个人，一个是木华黎的七世孙——朵尔直班。组建"毛胡芦"军的朵尔直班长期和脱脱关系恶劣，更在脱脱的弟弟也先帖木儿兵溃沙河之后联名弹劾过这位长腿将军，因此在自己的亲

古代制盐的辛劳，养成了盐民强悍的体魄和性格

信"不杀朵尔直班，则丞相终不安"的挑唆之下，不断对主抓围攻"天完"红巾军方面各路野战部队后勤工作的朵尔直班百般刁难，最终令这位40岁的湖广行省平章政事病死军中。

脱脱的另一个政敌则是曾经的同盟——哈麻，脱脱和哈麻关系的恶化，一方面是由于哈麻不断诱导元顺帝妥懽帖睦尔放纵淫乐的生活方式，与脱脱的儒学道德观格格不入，另一方面则是因为脱脱在重新当政之初，虽然出于报答的目的给予了哈麻中书省右丞相的任命，但是并不认可对方的能力，因此改为重用左司郎中汝中柏。这一权力分配显然令哈麻颇为不满，两人关系随即急转直下。而就在脱脱和哈麻不可避免地将展开新一轮的权力争斗之时，南方又传来了小名张九四的盐贩张士诚在泰州起义以及濠州集团发展壮大的消息。

张士诚的起义与红巾军关系并不大，作为一个贫苦的盐民，他最初无非是聚集了自己的三个弟弟张士义、张士德、张士信和李伯升等18人杀死了一直欺压自己的盐警邱义，顺手再干掉其他几个富户而已。复仇固然痛快，但是面对随即将要到来的法律制裁，张士诚决心索性"搞搞大"。元帝国末期的盐民生活穷苦，且异常团结。我们不知道脱脱组织用来攻打徐州的那5千名盐民敢死队的安置问题，但是张士诚的动员效率显然比元帝国要高。在付出了自己弟弟张士义中箭身亡的代价后，最终消灭了丁溪大户刘子仁的地主武装，张士诚的起义军已经拥有不少于1万人的规模了。

元帝国对张士诚的态度起初是招揽，不过一张水军万户的委任状已经满足不了控制泰州、兴化的这位盐民领袖了。而从随后张士诚的起义军对高邮的攻坚战中顶着元帝国政府军先进的发火筒、火镞的射击前仆后继地举着木船为掩护不断冲击的情况来看，这支完全出于生计考虑的盐民起义军的战斗力远在以宗教为纽带的红巾军之上，元帝国真正的对手在这个时候才一一粉墨登场。

在张士诚被称为"十八条扁担起义"的前后，1354年农历五月，水利专家贾鲁在发表了"我奉旨统八卫汉军，屯兵于濠州七个月了，今天午时不攻克濠州大家都不许吃饭"的战前动员令后，意外地病死军中，围攻濠州的政府军随即撤退。尽管最终避免了覆灭的命运，但是濠州集团也是元气大伤。此时朱元璋从自己的老家招募的700多人显然成为了一支重要的生力军，郭子兴随即授予他镇抚的军衔。

不过食髓知味的朱元璋并不满足，随即又带着徐达等24人南下定远，在与其他地方势力的争斗中，先后夺取了驴牌寨，招降秦把头，击溃缪大亨，迅速建立起了一支属于自己的军队。不过对于朱元璋而言，他更为欣喜的是在攻略滁阳的过程中结识了定远李善长。有趣的是朱元璋在任命李善长为自己的书记官之后，首先告诫对方："方今群雄并争，的确需要你们这些智者来参与规划。但是我发现群雄中持案牍及谋事者，经常诋毁左右将士，以至于大家都不肯卖命了。羽翼既去，主者安得独存！你要吸取这一教训啊！"显然在没读过书的朱元璋眼中，谋士都有搬弄是非的习惯。

在朱元璋以状貌魁伟、面色黝黑花云为前锋，击溃了惊呼着"此黑将军勇甚，不可与争锋"的元帝国滁阳驻军的同时，濠州集团的彭大、赵君用挟持着郭子兴往泗州。虽然这两人随即邀请朱元璋前往盱眙，但是此时已经羽翼丰满的朱元璋自然不愿意再和他看来粗暴浅谋的彭大、赵君用共事，而在彭大、赵君用发生火拼之后，朱元璋主动派人向赵君用发出警告："你当年从徐州逃出来，如果不是郭子兴接纳你，估计早死几千次了吧？现在你盘踞濠州也就算了，如果还要害郭子兴就太说不过去了吧！什么道德、伦理虽然空洞，不过我在滁阳还有几万人马，你自己掂量着办吧！"这段话显然很有分量，不久之后郭子兴顺利地摆脱了赵君用的控制，带着1万多人抵达了滁阳。作为濠州集团的分支，朱元璋拥有了自己的根据地，开始了他的时代。

1354年农历六月，张士诚功克扬州，京杭运河再次梗塞，与此同时一度为元帝国招降的方国珍在浙江沿海不断袭扰过往船只，元帝国的另一条输血管道——海运也宣告断绝。无奈之下元顺帝妥懽帖睦尔以颇为恳切的语气再次恳请脱脱出马："朕于丞相共理天下者也，天下多故，朕轸其忧，相任其劳，理所必致汝往。"事实上早在徐州战役之后，脱脱已经认识到了长期依赖南方漕运和海运的元帝国在面对南方风起云涌的农民起义时经济的脆弱。虽然他自领大司农事在相对稳定河北平原大搞"生产自救"，但要填补每年数百万石的粮食缺口，终究不是一朝一夕可以实现的，因此从主观意愿上来讲，脱脱本人也渴望一举荡平盘踞江淮一线的张士诚以及内部分裂的濠州集团。

不过脱脱虽然动员了"旌旗亘千里，金鼓震野，出师之盛，未有过之者"空前庞大的军队，但他最大的隐患却不是南方的各路起义军，而是自己背后的政敌哈麻。在脱脱决定领军出征之前，他的亲信——治书侍御史汝中柏曾建议脱脱果断地除掉哈麻，但脱脱最终还是犹豫了，让汝中柏与自己留在大都代理朝政的弟弟——也先帖木儿商议。可惜也先帖木儿向来无能，又认为哈麻曾有功于自己，坚决不从，脱脱的悲剧便随着他踏上南征的道路而逐步拉开了序幕。

　　脱脱的大军在高邮城下首先击溃了张士诚的野战部队，在随即围困高邮城的同时，脱脱还分兵向濠州集团所控制的六合展开进攻。由于彭大、赵君用的到来而公然分裂的濠州集团之中，此刻兵力最强的郭子兴——朱元璋一系此刻自然成为了救援六合的最佳人选。不过郭子兴显然还对此前赵君用对自己的多次绑架心存不满，一度"怒不发兵"，最终还是在朱元璋以"唇亡齿寒"的道理劝说之下，派朱元璋率军驰援。

　　增援六合的战役，朱元璋虽然打得很顽强，前沿要塞瓦梁垒反复易手，但是最终起义军还是败下阵来。而在从六合撤回滁阳之后，朱元璋更派人以劳军的名义将此前缴获的军马送还政府军，表示："滁阳城里都是良民，之所以非法聚集不过是防御强盗而已。"这样的鬼话自然没人相信，但是朱元璋此后的表态却还是令脱脱感到满意的。朱元璋说："政府南下，我们愿意提供后勤支持。现在高邮的张士诚还没有剿灭，您为什么要分兵进攻我们这些良民呢？"显然六合战役已经令脱脱对朱元璋部队的战斗力有了清楚的认识，也不想在攻克高邮之前节外生枝，于是坦然地接受了朱元璋的停火协议，打了个哈哈说："不是良民怎么肯归还我们的军马？"

　　在与南线的濠州集团暂时停火之后，脱脱对高邮的围攻开始进入了新的高潮。据说已经到了"且夕且破"的阶段，但是就在这一关键时刻，却从大都传来了解除脱脱军权的命令。毫无疑问这是脱脱的政敌哈麻的主意，不过可以在军前解除一位政坛元老的职权并不是一件容易的事情。为了完成对脱脱的致命一击，哈麻首先必须获得长期以来对脱脱颇为信赖的奇皇后母子的帮助。

　　此前脱脱在是否授予爱育失黎达腊皇太子册书和宝玺的问题上，显得比较保守。哈麻抓住这一点，向奇皇后表示："皇太子之所以被拥立却没有举行正式的授予册宝仪式，完全是脱脱兄弟在从中作梗！"这话当然是事实，但是客观地说由于奇皇后的出身比较低微，反对拥立爱育失黎达腊的绝不只是脱脱一个人而已。在消除了脱脱最大的保护伞之后，哈麻开始鼓动党羽向脱脱兄弟发动弹劾。

监察御史袁赛因不花的奏劾报告写得也很有艺术："脱脱出师三月，略无寸功，倾国家之财以为己用，半朝廷之官以为自随。"这话当然没错，不过考虑到大都到高邮的距离、大兵团行进的速度以及脱脱沿途还去济宁拜扫了孔庙，在邹县祭祀了孟子，三个月的时间并不算长。虽然高邮没有收复，但六合一线元帝国政府军毕竟还是遏制了濠州集团南下和东进的态势，也算得上是"寸功"了。至于打仗花钱，带上省、台、院部诸司的官员本来就是元顺帝妥懽帖睦尔所特许的。

当然袁赛因不花对自己的领导也先帖木儿"庸材鄙器，玷污清台，纲纪之政不修，贪淫之习益著"的批评还是中肯的，如果不是这个无能之辈，在自己哥哥出兵之后就开始请病假，哈麻对脱脱的诟病未必可以传递到元顺帝妥懽帖睦尔的耳朵里。当然元顺帝妥本身对脱脱的不信任，也是促成他随后解除对方兵权的主要诱因。

应该说命令虽然下达了，但脱脱还是有反击机会的。他的参谋龚伯遂表示："将在军，君命有所不受。何况您出马也是接受了皇帝的命令，现在只要以军情紧急为名将诏书暂时封印起来就行了！"不过长期接受儒学教育的脱脱并不是燕铁木耳和"拔都儿"伯颜这样的豪强，他迂腐地回答说："天子诏我而我不从，是与天下抗也，君臣之义何在？"主动交出了兵权之后甚至还表示"我的确毕竟愚笨，长期得到领导的信任，委以军国重事，一直都战战兢兢的，今天终于解除了重负，感谢领导对我的恩典"云云。他的束手就擒，显然令很多人大失所望，除了高呼"丞相此行，我等必死他人之手，今日宁死丞相前"的客省副使哈剌答之外，一直担心脱脱会率领大军反戈一击而秘密派人向前线各地指挥官下达"诏书抵达军前，如果不立即解散，就满门抄斩"的哈麻显然也被证明是自己多虑了。

如果不是哈麻对脱脱的猜忌，放手让河南行省左丞相太不花等人继续指挥对高邮的进攻，那么元帝国很可能仍将夺回江淮一线的控制权，苟延残喘一段时间，但正是他下达的解散命令让"大军百万，一时四散"。不仅元帝国政府军失去了一支强大的野战力量，更使得许多职业军人加入了各路起义军的行列。

脱脱家族随后被分散流放，也先帖木儿被赶到了四川边境通商口岸的碉门，长子哈剌张则踏上了自己祖父同样的道路被流放甘肃。当然最为凄凉的还是脱脱本人，1355年农历三月，他抵达了自己人生的终点云南大理宣慰司镇西路（治今云南腾冲西）。当地的知府高惠似乎对这个落魄官僚还算不错，在提供保护之外竟然主动提出要把自己的女儿嫁给脱脱。

不过脱脱显然对自己的命运已经有了不祥的预感，表示："吾罪人也，安敢念及此！"谢绝再连累一个无辜的女孩。九个月之后，哈麻派遣使节以元顺帝妥懽帖睦尔的名义将脱脱赐死。脱脱从容地喝下了毒酒，死时年仅42岁，或许他已经预见了自己竭力保护的帝国也行将就木。

10年之后面对日益糜烂的局势，元帝国的监察御史们集体发出了"奸邪构害大臣，以致临敌易将，我国家兵机不振从此始，钱粮之耗从此始，盗贼纵横从此始，生民之涂炭从此始。设使脱脱不死，安得天下有今日之乱哉"的呼声，元顺帝妥懽帖睦尔随即给予了脱脱家族以平反昭雪的待遇，甚至授予脱脱之子哈剌张中书平章政事的职务，但是此刻一切都已经太晚了，脱脱虽然不失为一个善于治国的忠臣，但他一个人的努力是无法挽救垂死没落的帝国，随着他所领导的时代黯然终结，元帝国在下滑的轨道上逐渐加速起来。

第五章　群雄并起（1356—1361）

————察罕帖木儿扫荡红巾军和江南地区的混战

三路北伐

鏖战江南

"天完"变迁

三路北伐

脱脱在高邮城下被解除兵权的同时,事实上元帝国政府军在江淮一线对张士诚的清剿已经进入了最后的阶段。曾经在杭州击溃"天完"红巾军彭莹玉所部的名将董抟霄在盐城、兴化一线扫荡了张士诚的水上堡垒群,而曾向脱脱提出"高邮附近都是湖泊湿地,骑兵施展不开,只要给我三万步兵我保证将其拿下"的山东"义兵万户"石普虽然一度攻入了高邮城中,但是随着大军的瓦解,最终只能带着少数精锐高呼:"大丈夫当死国,有不进前者斩!"被张士诚的部下乱枪捅死。

脱脱的元帝国主力部队在高邮城下功败垂成,其他各地的红巾军也乘势复起。在"天完"红巾军虽然丢失了首都,但是其前期所派出的各路野战部队仍有着强大的实力。而元帝国在前期局势归于稳定的情况之下,竟然让曾经弃城而走的威顺王宽彻普化复镇武昌,这位一度跑到自己兄弟宣让王帖木儿不花地盘上"镇遏怀庆路"的亲王倒也老实不客气,带着老婆、唱着歌的回来接受武昌路总管、穰县(今河南省邓州市)人成遵组织民兵收复的这座江汉重镇。

事实上,当时的武昌局势并不太平,"天完"红巾军悍将倪文俊的部队就在汉江之上活动,只是因为成遵所指挥的民兵部队"防御之备甚至,号令严肃,赏罚明当",才不敢草率登陆。威顺王宽彻普化抵达之后,似乎自我感觉还不错,立即下令转守为攻。这位王爷实在太喜欢讲派头了,出兵打仗搞得像全家旅游一样,三个儿子作为前锋保护着他和他老婆四十艘大船前进,结果还不认识路,船队在汉江鸡鸣汉水域搁浅,再度被倪文俊打得大败。威顺王宽彻普化的三个儿子死了两个,一个被俘,连他的大小老婆也落入敌手。不过威顺王宽彻普化本人的逃亡技术还是过硬的，一溜烟地跑到陕西去了。

面对这样的领导，从武昌调任江南行台治书侍御史的成遵自然是哭笑不得，因此在随后倪文俊以威顺王宽彻普化的儿子为人质，要求元帝国册封他为湖广行省平章政事的时候，成遵坚决不同意，他说："行省平章的职务，仅次于宰相也。太平时节，很多德高望重的汉族官员元帝国都不肯任命。现在一个叛逆跑来要挟，政府如果答应，还有什么纲纪可言！"关于这一点元帝国中枢内部出现了分歧，有人提出被俘虏的王子是忽必烈的直系后裔，就这样不给面子地直接拒绝倪文俊的要求似乎有些说不过去。成遵就此打了个比方："当年楚汉相争，项羽抓了刘邦的父亲，要挟说如果不投降就直接把老头子给煮了，刘邦说你煮我的老爸不要忘记分我一杯羹。现在我们又怎么可能因为一个区区的王子，破坏政府的形象呢！"

倪文俊向元帝国请求招安，显然只是一种政治姿态，事实上他很快便找到了到处流窜的"天完"红巾军领导人徐寿辉，在汉阳重新建立革命政权，并向湖南、安徽、浙江一线发展。不过徐寿辉对拥戴自己的倪文俊并不信任，在任命对方为丞相的基础之上还是重用自己的老战友邹普胜为太师。这一人事安排显然令力挽狂澜的倪文俊颇为不爽，为"天完"红巾军随后的内斗埋下了隐患。

在南方的"天完"红巾军触底反弹的同时，河南地区的刘福通也在1350年农历二月拥立韩山童的儿子——韩林儿为"小明王"，建立了自己的"革命政权"，以宋为国

"天完"政权领导人徐寿辉

号，刘福通找来了元帝国的国子监学生杜遵道出任丞相。元帝国显然对河南地区的局势颇为紧张，因为按照成遵的说法："今天下州县，丧乱过半，只有河北地区因为凭借黄河天堑而稍微安定一些。"元帝国政府此时已经以"剥肤椎髓"的方式来调集河北的人力、物力进行平叛战争了，一旦黄河防线失守，那么"河北民心一摇，国势将如之何"！针对刘福通的"宋"红巾军，元帝国第一时间任命了平定"北琐红巾军"和"南琐红巾军"的名将答失八都鲁为河南行省平章政事，希望他能再立奇功。

这一时期濠州集团的郭子兴—朱元璋一系也得到了一定的发展。由于滁阳乏粮，朱元璋向郭子兴建议向和阳发展。在夺取了和阳之后，同属于濠州集团的孙德崖也率部来投。对于朱元璋接纳孙德崖的行为，郭子兴很是不满。一度形成了郭子兴绑架孙德崖、孙德崖的部下又劫持了朱元璋的局面，险些酿成大规模的火拼，最终通过徐达的斡旋双方达成了交换人质的协定，气量狭窄的郭子兴因为这件事情竟然因病去世了，濠州集团的领导权落入了郭子兴之子郭天叙的手中。

郭天叙的威望显然不足以压制孙德崖，而此时刘福通又派来使者册封郭天叙为"都元帅"，算是正式收编

今天的采石矶

纵横塞北

了濠州集团。朱元璋虽然表示："大丈夫怎么能受制于人！"但在"树大好乘凉"的心理作用之下，濠州集团还是接收了"宋"红巾军的龙凤纪元。虽然名义上属于"宋"红巾军的阵营，朱元璋在军事行动中却与"天完"红巾军的赵普胜的巢湖水军相配合，趁着大雨突破元帝国在水路设立的防线，进入长江，直逼被称为"南北喉襟"的采石矶。

采石矶位于安徽省马鞍山市西南5公里处的长江东岸，南接著名米乡芜湖，北连六朝古都南京，这里不仅有"千古一秀"的美丽风景，更是易守难攻的军事要冲，南宋时期著名的儒将虞允文曾在这里阻击过金帝国有名的暴君完颜亮。朱元璋的军队在进攻采石矶之前便已经强化了水上作战的训练，在抢滩登陆的关键时刻，突然杀出的怀远人常遇春发挥了关键性的作用。

事实上采石矶之战不是常遇春和朱元璋的第一次见面，早在此前加入土匪刘聚集团的常遇春曾要求加入朱元璋的军队，而朱元璋对这个"刚毅多智勇"的青年并不看好，当常遇春哭着说："刘聚是个土盗，我跟着他没什么前途。如果能为您这样的贤者效力，虽死犹生"。朱元璋却只是表示："你能跟着我渡江吗？等你打下了太平县，再说吧！"

太平县虽然离采石矶不远，但是登陆之后的朱元璋所部却一心只想着抢些东西就回去。对于这种流寇心理，朱元璋采取斩断缆绳将所有船只推入江中的决绝做法。在顺利攻陷了太平县之后，一边让李善长撰写了《戒戢军士榜》，严肃军纪。一边招揽了儒生李习、陶安等人，准备向江南重镇金陵挺进。在朱元璋大举南下之后，郭天叙在进攻集庆的军事行动中战死，随着朱元璋被推举为都元帅，这位据说"龙姿凤质，非常人也"的起义军领袖终于成为了濠州集团的领袖。

在朱元璋不断在江南扩大自己的势力范围的同时，他名义上的领导"宋"红巾军实际领导人刘福通的日子却并不好过。在与元帝国河南行省平章政事答失八都鲁的交锋之中，刘福通虽然长期占据上风，甚至一度从孟津北渡黄河，再度将战火引向了元帝国所依赖的河北地区，但是随着由察罕帖木儿所率领的地主武装投入战斗，战局急转直下，元帝国政府随即任命察罕帖木儿为中书刑部侍郎。强渡黄河失败的刘福通随即把火撒在了杜遵道的身上，在处决了杜遵道之后，他自任丞相随即准备发动一场前所未有的"三路北伐"。

1356年九月，"宋"红巾军实际领导人刘福通准备已久的"三路北伐"全面展开。从表面上来看刘福通似乎是准备一举包围大都，彻底推翻元帝国，但从各路指挥官的行动和刘福通本人的行动来看，这次"北伐"更像是为了减轻"宋"红巾军在河南的正面压力而采取的战略伴动，在事实操作中更出现了中路北伐军一路"避实击虚"，采用"迷路式推进"一直跑到了辽东，甚至朝鲜半岛的现象。

红巾军三路北伐之中的西路军由李武、崔德率领，这支部队出潼关，克陕、虢（今河南灵宝），扼崤函，之后转攻晋南。1357年初，李武、崔德所部西路军又转攻陕西，下商州（今陕西商县），攻武关。二月，夺七盘，进据蓝田，前锋直抵灞上，进逼奉元路（治今陕西西安），分兵攻占同（今大荔）、华（今华县）诸州。陕西省台连连告急，元廷不得不命察罕帖木儿、李思齐、刘哈剌不花等前去救援，西路军败走兴元（今陕西关中）。闰九月，刘福通增派白不信、大刀敖、李喜喜等入陕，与李武、崔德会合，自兴元转攻秦（今甘肃天水）、陇（今陕西陇县），据巩昌（今属陕西），败于察罕贴木儿，西路军溃退。次年，一部分红巾军西路军在李喜喜率领下南下四川，改称"青巾"，但在徐寿辉部将明玉珍入川之后，这部分红巾军被迫于1360年五月向李思齐投降。

红巾军东路军的统帅是毛贵，他原是赵均用的部将。1354年，赵均用率部东去盱眙、泗州后，进据安东州（今江苏涟水），与元将董抟霄激战于北沙、庙湾、沙浦等地，大败元军于泗州。1356年三月，扬州地主武装"青军"头目张明鉴起兵对抗镇南王孛罗普化，赵均用随即与之联络，围攻淮安，杀镇南王孛罗普化而据之。

刘福通任命赵均用为淮安等处行中书省平章之后，赵均用命毛贵出兵转战于安东、海宁、沭阳、赣榆一带。1357年初，毛贵所部夺取元帝国海军战船，由海道入山东。二月，毛贵取胶州（今山东胶县），击毙元山东宣慰使释嘉讷。又下海，转攻益都，益王买奴逃遁，遂下滨州（今滨县北）。四月，克莒州（今莒县）。短短两三个月内，尽有山东州县。元廷急命湖广行省左丞相太不花、知枢密院事孛兰奚及董抟霄等出兵镇压毛贵，又命答失八都鲁攻曹州方向的起义军盛文郁部，防止盛部与毛部势相联结。

为防止毛贵北上，急从太不花、答失八都鲁等三处军马内，择其精锐守河北。七月，元镇守黄河义兵万户田丰响应毛贵起义，克济宁路（治今山东巨野）。是年冬，驻棣州（今山东惠民）的义兵千户余宝杀知枢密院事宝童起义，负责镇压山东农民军的总指挥一直龟缩于东昌（今山东聊城），不敢出战。次年正月，田丰取东平。二月，毛贵克济南，至此，山东几乎尽为红巾军所有。宋政权在山东设益都等处行中书省，命毛贵为平章。毛贵立宾兴院，选用官吏，又于莱州大规模屯田，一度出现了"莱州立三百六十屯田，每屯相去三十里，造大车百辆，以挽运粮储，官民田十止收二分，冬则陆运，夏则水运"的良好局面。毛贵将山东建成后方稳固的基地，随即挥师北上。

1358年二月，毛贵所部抵达河北南皮魏家庄，与转战各地的元帝国名将董抟霄再度交锋。此时的董抟霄不仅自己"属老且病"，而且麾下的部队战斗力也直线下降。之所以出现这样的局面，主要还是缘于漕运、海运断绝之后，元帝国经济的全面凋敝。董抟霄虽然高呼"我受命至此，当以死报国尔"拔剑督兵以战，但最终还是在全师崩溃的情况下，战死于乱军之中。

击溃了董抟霄所部之后，毛贵进逼大都，一时间"京师人心大骇，在廷之臣，或劝乘舆北巡以避之，或劝迁都关陕，众议纷纷"，但由于中路军作战失利，未能突破山西、河北元军防线，从而与东路军会合攻大都，致使毛贵孤军深入，在柳林败于元将刘哈剌不花，不得不退师济南。

红巾军所谓的"中路军"，其实指的是此前盘踞曹州的盛文郁所部，作为最早于颍州拥立韩山童的红巾军元老、曾考中过元帝国文学科进士的盛文郁气质上与刘福通等人颇有些格格不入。"小明王"韩林儿称帝之处，盛文郁与曾出任过元帝国枢密掾吏的杜遵道同为宰相，但知谋权变、文墨素养较深的杜遵道很快便被刘福通以"专横骄恣"的罪名诛杀了，物伤其类的盛文郁随即选择在1357年三月北渡黄河，攻下曹州（今山东菏泽），建曹州行省自任行省平章，谋求独立的发展。

盛文郁虽然实质上独立于刘福通的"宋"红巾军的中枢之外，但对刘福通组织北伐的行政命令基本上还是响应的。1357年农历九月，盛文郁委派关先生（关铎）、破头潘（潘诚）、冯长舅、沙刘二等诸将率师，逾太行山入山西，取泽州之陵川、高平。闰九月，克潞州（今山西长治），但最终却在冀宁路（治今山西太原）遇阻。此时毛贵率东路军北上，直趋大都。为加强侧翼力量，阻止元军来援，命其将王士诚、续继祖自益都出兵攻怀庆，克晋宁，与中路军配合，势力大增。于是，中路军决定分兵两路：冯长舅、沙刘二率部攻打绛州（今山西新绛），由沁州（今山西沁县）攻冀宁、大同等地。但很快毛贵进逼大都失利，察罕帖木儿在晋南伏击了攻打绛州的冯长舅、沙刘二。至此，关先生（关铎）、破头潘（潘诚）所部红巾军便成为身处敌后的一支孤军。

1358年六月，关先生、破头潘由辽州（今山西左权）转攻冀宁，旋被察罕帖木儿将虎林赤击走，而关先生军再克冀宁。九月，关先生等攻保定，不克，转而攻克定州。十月，占领大同，北上进攻兴和（今河北张北）。十二月，关先生、破头潘攻克上都（今内蒙古正蓝旗东北）。上都为元廷夏都，筑有宫阙官署，中路军予以焚毁，逗留7天，中路军又攻破全宁（今内蒙古翁牛特旗），焚鲁王府，进克辽阳，并以辽阳为基地，准备进攻高丽。刘福通就在这时置辽阳行省，任命关先生、破头潘、沙刘二等为平章。

至正十九年（1359年）二月，红巾军发布致高丽王书称："慨念生民久陷于胡，倡义举兵，恢复中原，东逾齐鲁，西出函秦，南过闽广，北抵幽燕，悉皆款附。如饥者之得膏粱，病者之遇药石。"十一月，红巾军前锋

元上都遗址

渡鸭绿江。十二月，红巾军在毛居敬率领下攻占义州、静州、麟州、西京（今平壤）等地。翌年正月，红巾军在西京战败，退走。三月，红巾军从海路进攻高丽西北沿海诸州，旋退去。二十一年九月，关先生、沙刘二、破头潘等率十余万红巾军渡鸭绿江攻朔州。十二月，攻占开京（今开城），迫使高丽政府南逃。二十二年正月，高丽军收复开京，关先生、沙刘二被杀，破头潘率余众败退辽阳。四月，辽阳行省兵邀击红巾军余众，破头潘被俘，中路军残部投降于孛罗帖木儿。

鏖战江南

　　刘福通在发动三路红巾军北伐的同时，意图倚托益都、曹州两行省比较巩固的基地，展开对汴梁的攻击，使之成为名副其实的宋政权都城。1357年六月，刘福通首攻汴梁，不下。八月，取大名、卫辉（今河南汲县）两路，形成对汴梁包围的态势。十月，元廷增派知枢密院事达理麻失里攻雷泽、濮州，被刘福通杀死，节制河南元军的答失八都鲁被迫退至石村。"朝廷颇疑其玩寇失机，使者促战相踵"。刘福通又使反间计，"诈为答失八都鲁通和书，遗诸道路，使者果得之以进。答失八都鲁觉之，一夕忧愤死"，其子孛罗帖木儿袭职，退驻井陉。

　　至正十八年五月，刘福通再次进攻汴梁，元守将竹贞逃遁，刘福通据汴梁为都，迎韩林儿居之。时毛贵虽进攻大都失利，但山东形势甚好，中路军转战山西，西路军趋关中，出现了鼎盛局面。《元史·察罕帖木儿传》称："安丰贼刘福通等陷汴梁，造宫阙，易正朔，号召群盗。巴蜀、荆楚、江淮、齐鲁、辽海、西至甘肃，所在兵起，势相联结。"

　　但"宋"红巾军政权鼎盛局面没有维持多久，很快发生了逆转。1358年九月，孛罗帖木儿统领诸军夹攻曹州。十月，元军破曹州，擒杀曹州行省武宰相、仇知院。曹州陷落，使"宋"红巾军政权与山东等地的联系被切断。 1359年初，孛罗帖木儿北上代州、丰州（今内蒙古呼和浩特东）、云内（今内蒙古土默特左旗东南），驻守大同，以切断宋政权与中路红巾军的联系，而察罕帖木儿一直以重兵驻守渑池、洛阳，时刻准备对汴梁发起进攻，"宋"红巾军政权陷入孤立无援的境地。山东红巾军这时也发生了逆转，毛贵北伐大都失败后返回山东，与田丰配合，其势仍很盛。1359年四月，淮安失守，赵君用逃奔毛贵，竟阴险地把毛贵杀死。七月，毛贵部将续继祖从辽阳回益都，怒杀赵君用。山东红巾军自此一蹶不振，这时王士诚也脱离中路军返回山东，与田丰争夺势力，田丰称花马王，王士诚称扫地王，互相攻伐。

1359年五月，察罕帖木儿移军虎牢，分兵南路出汴南，攻陷归、亳、陈、蔡，北路出汴东，置战船于黄河内，掠曹州南，据黄陵渡，又发陕西、山西各路元军，包围汴梁。八月，元军破汴梁，刘福通奉韩林儿突围奔安丰，元军俘获韩林儿妻及红巾军家属数万，红巾军各级官员5千。至此，宋政权虽曾发布文告，加封朱元璋官爵，朱元璋名义上也仍奉龙凤为正朔，所发布榜文称"皇帝圣旨，吴王令旨"，但实际上"宋"红巾军政权已名存实亡。

朱元璋之所以迟迟没有选择脱离"宋"红巾军政权，主要是基于其所面对的江南局势的无奈选择。就在朱元璋南渡长江的同时，高邮的张士诚也从通州渡江，先后攻陷了常熟、平江等地，随后在高邮建立自己的政权，自称"周王"。这一时期的张士诚还是颇想有一番作为的，他认为江南百姓困苦主要是地方官员无能，因此大力选拔和任用了一批官员。对于始终和自己比邻的张士诚，朱元璋起初很客气，他派儒士杨宪前去建立外交关系。

朱元璋的信表面上写得很客气，说："我听说足下从通州占领了吴郡，堪比西汉末年占据天水的隗嚣啊！我为足下感到高兴，也很羡慕，希望今后通使往来，不要因为别人的挑唆而发生摩擦！"这封信表面上看起来很真诚，但张士诚虽然和朱元璋一样是个苦出身，可麾下也有读过书的儒生，对于西汉末年割据一方的隗嚣是什么样的人物以及最后的结局不可能不清楚，随即扣留了使者杨宪。我们不知道朱元璋将张士诚比作隗嚣的真正用意是什么，在江南的土地之上，这两雄并立的局面注定不会长久，不久之后，朱元璋便在金陵接受部下的拥戴，自封为"吴国公"。

朱元璋和张士诚之间的战争由张士诚的舰队进攻镇江而开始，对于派去抵御张士诚的徐达等人，朱元璋特别告诫："张士诚是个盐贩子，谲诈多端，今天出兵镇江，证明和我们已经没什么交情可讲了，你们要速战速决。"在徐达主力骑兵的冲击之下，张士诚北上的计划第一次受挫。不过张士诚向南发展颇为顺利，在"满城都是火，官府四散躲；城

杨完者塑像

里无一人，张军府上坐"的情况之下夺取了松江等地。而诸路起义军和元政府军之中张士诚部队的军纪似乎还不错，因此江南一带流传着："死不怨泰州张（张士诚），生不谢宝庆杨（元帝国将领杨完者）"的民谣。

杨完者本名杨通贯，是自五代十国以来便盘踞今湖南邵阳、怀化一带"飞山太公"杨再思的后裔。凭借着当地"十峒飞山"的险峻地形，杨氏一族长期以土司的身份独霸一方。而元末动荡的政治局势，更令十几岁时便组织附近的苗家少年操兵练武的杨通贯产生了起兵争雄的念头。

至正十二年（1352），利用徐寿辉所部"天完"红巾军攻陷武昌，又陷岳州之际，杨通贯父子以祖辈受过元廷封赏、怀有记恩之情为名，打着"为国平乱"的旗号，动员数万苗族壮丁正式加入了逐鹿天下的行列。而自脱脱的南征大军溃散以来，面对正规军事力量捉襟见肘且不堪一战的局面，元帝国各级官员也鼓励民间武装跨境"勤王"。身处武昌前线的元军统帅陶梦祯看见苗军浩浩荡荡，杀气腾腾，甚至连连叫好道："乡道此来，吾军胜矣。"随即册封杨通贯的父亲杨正衡为千户，以苗军为前锋，挺进武汉，一举收复武昌，被称为"飞山蛮"的苗军也由此而名声大震。

武昌战役之后，元帝国政府对杨氏的苗族武装可谓青眼相加，杨正衡授为潭州路同知，旋升湖广右丞，其弟杨正仁授为湖广都元帅副使，杨通贯授湖广副都元帅，其他叔侄一并加封。加官晋爵的同时，杨氏一族也必须投身更为广阔的战场。1352年秋，苗军兵分两支，一支由杨正衡统领，进攻粤西，一支由杨通贯统领，开往江浙。

元末粤西地区此时仍没有成规模的汉族起义军，反倒是被称为"百越夷蛮"的壮族的势力范围。元帝国方面抽调杨正衡南下，打的自然是"以夷制夷"的算盘。杨正衡所部进入粤西之后便遭到当地部族武装的顽强抵抗，伤亡惨重，而缺乏后勤支持更成为杨氏苗军最大的短板，许多部将劝杨正衡"旋兵湖南"，脱离朝廷，但杨正衡认为"皇恩特重"，不能"因粮草暂缺"遂生异志，于是贸然决战，结果却是全军覆灭，杨正衡亦战死于阵前。

杨正衡战死之时，其子杨通贯正率苗军主力跟随湖广平章阿思兰顺长江而下，准备进攻庐州。但越境参战的苗军军纪涣散，杨通贯等人的政治野心也令沿途的元帝国官吏颇为不安。淮东都元帅余阙便力陈元顺帝妥懽帖睦尔："苗蛮不当使。"于是元帝国强令苗军停止军事行动，并命余阙监视杨通贯，若"苗军有暴于境者，即收杀之，凛凛莫敢犯"。但是，张士诚势力得到发展，朱元璋迅速崛起，元廷迫不得已重新启用苗军。

1355年九月，朱元璋派郭天叙、部将张天佑等进攻集庆。元廷忙派杨通贯随江浙行省右丞阿鲁恢率苗军赶去救援，苗军大败红巾军，阵斩了郭天叙。其时，张士诚的淮军攻占扬州，杨通贯又率军前往，败张士诚。1356年正月，张士诚攻占平江，威胁杭州，又准备进攻嘉兴。驻守杭州的江浙行省丞相达识帖睦迩求救于杨通贯，并许以升任参知政事。杨通贯带领少量精兵，夜袭敌营，接着苗军全力出击，张士诚所部措手不及而大败，"生擒其首，其徒溺死者无数"。

不甘失败的张士诚又派其弟张士德率兵数万人转攻杭州，达识帖睦迩弃城逃走，并传令杨通贯夺回杭州城。经数日猛战，"士德大溃，收拾残兵，十丧八九"。八月，张士诚派张士信、史文炳率水兵数万，沿运河北上，兵临嘉兴城。杨通贯采用"诱敌深入"战法，将敌军诱至峡谷时，伏于两岸的苗军把备好的火把投入敌船，恰逢南风大作，"大火焚烧至四十里不止，死者甚众"，苗军趁机出击，大败张士诚所部，"斩首七千，俘虏数千，张士信以伏水遁还"。至此，苗军威震东南。1357年，元帝国升杨通贯为江浙行省右丞、骠骑将军，并以"克全忠义"而赐名"杨完者"，其兄赐名"伯颜"。

张士诚在南线战场受挫之后，似乎意识到了朱元璋的实力，于是亲自写了一封信给对方，表示愿意每年向朱元璋输粮二十万石、黄金五百两、白银二百斤"以为犒军之费"。朱元璋的态度很简单："你既然知道自己错了，那么就放了我的使者，支援军饷，撤军回去。"随后还加了一句："我们大丈夫处事，要的就是真心相待。哥不喜欢玩虚的！"但不久之后，双方在边境地区再度摩擦四起。

1357年，朱元璋和张士诚再度在镇江一线发生大规模的交锋。在当时的情况下，张士诚控制着北起淮东、南到浙西的辽阔疆域，但无论是地面交通还是海上运输都必须控制镇江一线的江阴、长兴两大交通枢纽。在朱元璋看来，"得长兴，则张士诚步骑不敢出广德、宣、歙；得江阴，则张士诚舟师不敢溯大江，上金、焦"，因此，全力争夺以阻断张士诚北上的道路。

而战争初期的失利，朱元璋甚至对自己麾下最信任的将领徐达都采取了降职的处分，更威胁说："老帅无功，此吾所以责将军。其勉思补过，否则罚无赦！"耻而后勇的徐达随后果然在战场上成功地击溃了张士诚的主力部队，更活捉了张士诚"骁鸷有谋"、长期以来军功赫赫的弟弟——张士德。

张士德被俘之后，朱元璋对他很客气。但是对于张士诚愿意用十万石粮食、一万匹布交换战俘的请求却始终不答应，最终张士德在战俘营中绝食而死。不过这位曾经率领突击队、兵不血刃为张士诚夺取平江的名将，最后还是通过秘密的渠道向自己的哥哥进献了与元帝国联盟，以夹击朱元璋的建议。

事实上早在脱脱进攻高邮功败垂成之后，元帝国便已经向张士诚伸出了橄榄枝，不过对于张士诚派出被自己俘虏的前元政府江南行台御史中丞蛮子海牙到杭州请降时，双方却少不得一番讨价还价。元帝国江浙行省左丞相达帖睦迩起初表示："我昔在淮南尝试招安张士诚，不过他反复无常，实在没有信用！"不过随着谈判的深入，元帝国却似乎对这个没什么信用的盐贩子还是很慷慨的。虽然张士诚要求封王爵或者位

140

列三公的要求没有得到实现，虽然江浙行省左丞相达识帖睦迩嘴上说着："三公一定要上级任命，我虽然可以先斩后奏，但有些事情也不能独断专行！"但在心中却还是不愿意错过招降张士诚的机会，因此随后便授予张士诚太尉之职，张士诚的弟弟张士信则出任江浙行省同知行枢密院事，在达识帖睦迩大撒委任状的过程中连身为朱元璋阶下囚的张士德都被任命了淮南行省平章政事。

招降张士诚对于元帝国和张士诚本人而言可以说是一笔双赢的交易。一方面张士诚借助元帝国的帮助，摆脱了两线作战的不利局面，顶住了朱元璋的南下势头。虽然丢失了江阴、常州，却也在太湖之中俘虏了朱元璋的内河舰队指挥官廖永安。据说，朱元璋对廖永安的被俘也很紧张，他没有张士诚财大气粗，只能提出用三千被俘的张士诚部下前来交换。不过此时张士德已经绝食而死了，因此张士诚也要廖永安把"牢底坐穿"。随后朱元璋遏止住了张士诚在江南的发展，但在江北地区张士诚的势力却扩张到济宁，甚至连朱元璋的老家濠州也被他所占领。

而另一方面元帝国也借张士诚之手首先干掉了向来飞扬跋扈的"飞山蛮"苗军将领杨完者。1357年七月，朱元璋连克徽州(今歙县)、建德(今东至)。元廷又派杨完者出兵，企图收复失地，但苗军连续几次兵败于李文忠、邓愈、胡大海之手，丧兵数万，损失惨重。张士诚和达识帖睦迩却暗自高兴，因为杨完者是张士诚心腹之患，为愿借敌之手，除掉杨完者。

1358年，达识帖睦迩命杨完者出兵浙东，张士诚出兵淮南。杨完者以部将杨通泰、杨通知、李才富、肖玉率主力分四路开赴浙东，自己则坐镇杭州。张士诚佯装率兵十万与朱元璋作战，暗中却屯兵杭州城附近，当探知苗军已出兵远征，即迅速调集兵力攻击杭州，以达识帖睦迩为内应，围攻杨完者。杨完者战败，与其兄伯颜自缢身亡。不久，杨完者的部将率军回杭，征剿张士诚，张士诚闻风潜逃。为了平息"杭州之变"，安抚苗军，元廷赠杨完者为潭国公，谥忠愍，赠伯颜为衡国公，谥忠烈。但这些并不能平息苗军的气愤，他们举起反元旗帜，归附于朱元璋。

杨完者的人生悲剧除了其个人性格上与达识帖睦迩等元朝正统官吏格格不入之外，主要还是其所部"纵其军钞掠，莫敢谁何，民甚苦之"对江南地区造成巨大的破坏有关。在当时文人的笔记中颇为常见的就是

"苗军素无纪律，肆为抄掠，所过荡然无遗"；而嘉兴城被张士诚占领后并没有太大的破坏，被杨完者的苗军收复后却"城中燔毁者三之二，民遇害者十之七"。正因如此，在元帝国高层看来，与其将富庶的江浙地区交给杨完者的苗军，还不如由张士诚这样的汉族武装打理。

而在随后大都所发生的饥荒之中，张士诚虽然"城池、府库、甲兵、钱谷皆自据如故"，但还是出于"人道主义精神"和浙江同样接受元帝国招安的方国珍一个出粮一个出船，恢复了每年向元帝国海运粮食的运作。虽然数量只有元帝国鼎盛时代的十分之一，但毕竟也令虚弱的元帝国得以维系下去。张士诚的风生水起很大程度上是建立在朱元璋无暇南顾的基础之上的，因为此时在南京方面的朱元璋不得不腾出手来应对来自西线的"天完"红巾军的威胁。

"天完"变迁

　　占据长江中游的湖北的"天完"红巾军内部此前一直龃龉不断。曾经将落魄的徐寿辉迎接到汉阳的倪文俊，不甘心大权旁落，试图刺杀徐寿辉而自立，但事实证明这位"蛮子"虽然是个善于指挥大兵团水上作战、"疾如风，昼夜兼行湖江，出人不意，故多克捷"的名将胚子，但是对搞政变却是个外行，不仅没有干掉自己的领导，反而从汉阳被驱赶到了黄州，最终死在了同样不愿久居人下的陈友谅的手中。

　　在这一事件中徐寿辉虽然成功地解决了倪文俊，但是事后却不得不让陈友谅继续指挥前者麾下"天完"红巾军的主力兵团，为自己的未来的悲剧埋下了祸根。不过此时的"天完"红巾军毕竟正处于全盛时期，除了向东发展之外，徐寿辉还派明玉珍大举入川，在元帝国政府军无力的抵抗面前，很快便占据了重庆、嘉定（今四川乐山）等地。

　　明玉珍出生于河南行省随县梅丘村（今湖北随县柳林），本姓旻，后因崇信白莲教，便以"明王出世"而改姓明，字玉珍，家世务农，曾当过巡司弓兵牌子头，但身高八尺且"为人英武有大志，不嗜声色货利，善骑射"的明玉珍在元末的乱世之中却注定无法安分守己。在各地红巾军起义此起彼伏的情况下，明玉珍召集自己乡里的耆老，提出"元君无道，天下兵起荼毒，吾侪将不免也。为之奈何"的问题，而耆老们则很识相地回答说："明公平日勇略，人所信畏，集乡兵，屯青山，量力审时，大则进取，小则自卫，盍策之。"正是在同乡耆老们的支持下，明玉珍组织乡兵，修栅治城，分屯县南青山等诸要害，结寨自保。其众达千余人，被推为屯长的明玉珍也由此走上了争霸天下的道路。

　　随着"天完"红巾军进入湖北，明玉珍很快便接受了徐寿辉的招揽，被任命为统军元帅。徐命其率本部军马，镇守沔阳，隶属于元帅倪文俊的指挥之下。但随后的形势却是"天完"红巾军所得多不能守，元军加紧围剿。元军将领哈麻秃屡攻沔阳，明玉珍率部英勇抗击，不幸被飞矢击中右目，致使失明，故人称"明眼子"。 1353年十二月，天完都城蕲水为元军攻破，徐寿辉等遁入黄梅山中和沔阳湖中。在沔阳湖中，明玉珍担负起保卫天完政权和领袖的重任，是时，沔阳水涝连天，民采菱、鱼为食，处境相当困难。

直到1355年正月，倪文俊重整旗鼓，夺取沔阳城，大败元威顺王宽彻普化之后，"天完"红巾军的形势才转危为安。为扩大战果，红巾军急需筹粮，于是倪文俊命明玉珍领兵万余驾斗船50艘至夔州（今四川奉节）筹粮。时夷陵（今湖北宜昌）为天完参政姜珏所辖，故明玉珍得以往来巫峡，满载粮食而归，而四川人民亦未受到骚扰。明玉珍去四川筹粮的成功，解决了天完红巾军的军需供应，有力地支援了倪文俊在军事上的胜利，也算为"天完"政权的重建立下了战功。

1357年三月，忠于元帝国的"义兵元帅"杨汉由西平寨领兵至重庆，屯于江北。时镇守重庆的元四川行省右丞完者都正招兵买马，欲扩大势力，闻杨汉兵至，遂遣人招纳。杨汉不知是计，应邀谒见完者都，被完者都用计于酒席间杀死。杨汉将士忿而起兵复仇，于是掳夺船只顺江东下。适遇明玉珍于巫峡，杨汉部众诉说被害事，且言重庆城兵备单薄，完者都与另一守将、四川行省左丞哈麻秃不和，若回船，出其不意攻之，取重庆易如反掌，重庆下，则全蜀可图。

明玉珍虽然一度犹豫不决，但其麾下的万户

元末控制四川的明玉珍

戴寿却献计说："鸟困投林，人困投人。且明公修兵沔阳为民也，哨粮于蜀亦为民也。不若分船为二，以其半载粮还沔以济荒，以其半因汉兵攻重庆，事济则据之，不济则归，何损也。且此兵之出，窥陇蜀，据上流，保荆襄，开粮道，一举三得，幸勿他虑。"明玉珍听从戴寿的计划，遂率兵与杨汉余部合兵至重庆。时蜀中承平日久，忽见大批战船云集，远近骚动。完者都见明玉珍军势大，夜遁果州（今四川南充），哈麻秃仓促出战，战败被执。明玉珍轻而易举攻占重庆，父老迎明玉珍入城，其军纪律严明，城中安然如故，远近降者络绎不绝。明玉珍遣使献俘哈麻秃于汉阳徐寿辉，徐寿辉大喜，随即便册封明玉珍为陇蜀行省右丞。

1358年二月，逃至果州的元四川行省左丞完者都与行省平章郎革歹、参政赵资，率兵屯嘉定州，妄图夺回重庆。明玉珍命其义弟明三领兵围攻嘉定，屯兵九顶山、大佛寺，相持达半年之久，不克，明玉珍则率军由涪江西进。时北方红巾军宋政权西路军李喜喜（李仲贤）部在陕西作战失利后进入四川，占领成都等地，改称"青巾"。六月，明玉珍败青巾于普州，李喜喜率青巾退至成都，明玉珍班师返重庆。明玉珍西进时曾驻军泸州，其宣使刘泽民曰："此间元进士刘桢字维国者，有文章，能政事，历仕大名路经历，因'青巾'军李喜喜入蜀大肆杀戮，隐居方山，曷往见焉。"明玉珍亲往拜访，与之交谈后大喜曰："吾得一孔明也。"遂邀至舟中，与论国事，拜为理问。陈友谅杀倪文俊，兼并其军之后，明玉珍上表斥责陈友谅。陈友谅则以派遣刺客陈亨等潜入四川，图谋行刺明玉珍作为回敬，虽然最终没有得手，但明玉珍和陈友谅的关系算是彻底决裂了。

就在陈友谅谋杀倪文俊后的次月，即1357年农历十月，这位"天完"红巾军的新科平章政事便从沔阳率内河舰队东下，与巢湖一线的赵普胜等人会师。在夺取了长江下游重镇安庆之后，"天完"红巾军的势力范围也开始直接与夺取扬州、招降"青军"元帅张明鉴的朱元璋直接接壤了。陈友谅和朱元璋之间似乎没有什么交情，随着双方的部队在江西宁国遭遇，一连串的军事冲突随即爆发。在两线作战的不利情况之下，令朱元璋不得不采取一些非正常手段来削弱对手的实力。

利用"赵普胜勇而无谋，陈友谅挟主以令众。上下之间，心怀疑贰"的机会，朱元璋不断派人离间两者之间的关系，果然在潜山击溃了陈友

堪称"诸葛亮第二"的刘伯温

常遇春画像

谅的前锋部队之后，这位早已对赵普胜不满的"天完"红巾军平章以会师为名跑到安庆将赵普胜处死。在兼并了赵普胜的部队之后，拥兵自重的陈友谅又将矛头对准了徙都南昌途经江州的徐寿辉。在劫持了徐寿辉之后，陈友谅随即以自己的势力范围江州为"天完"政权的首都，自称汉王，将徐寿辉彻底地傀儡化了。

在陈友谅和张士诚的两线夹击之下，朱元璋虽然疲于应付，但却不断地以与民休养、减轻罪罚等政策集聚实力，而招揽人才更成了朱元璋集团长期以来的既定国策。 1360年农历三月，被《英烈传》等民间小说描绘成粗俗可爱的"浑人"胡大海为朱元璋推荐了青田名士刘基。这位同样被民间小说塑造为"诸葛亮第二"的刘伯温其实并不是什么民间隐士，他参加过元帝国的科举考试，也担任过一些地方官职，只是因为仕途艰险，才不得不辞职回家。

事实上同一时间被朱元璋聘用的除了刘基之外还有章溢、宋濂等人，不过在与朱元璋的对话之中，刘基所表现出来的实用主义精神显然远远超过了只会唱"天道无常，惟德是辅"的龙泉名士章溢。刘基虽然也奉承朱元璋的部队是"王者之师"，但却分析了所面对的战略局势，堪称元末版的"隆中对"。

在刘基看来，朱元璋虽然两线作战，但是张士诚"仅有边海地，南不过会稽，北不过淮扬，首鼠窜伏，阴欲背元，阳则附之"，不过是守财奴而已。而陈友谅虽然"包饶、信，跨荆、襄，几天下半"，但是其自身地位却并不稳固，因为他"劫君而胁其下，下皆乖怨"，而且这个人性格很有问题——"剽悍轻死"，自然就会驱策部下去做

146

无谓的牺牲。那么长时间作战其势力内部自然就会瓦解，因为"下乖则不欢，民疲则不傅"。在这样的情况下，刘基主张朱元璋应该先集中兵力对抗陈友谅，在兼并了陈友谅的地盘之后，则"陈氏灭，张氏势孤，一举可定，然后北向中原，王业可成也"。

不过刘基的分析虽然颇有见地，但战场的局势却是瞬息万变的。就在朱元璋决定先拿陈友谅开刀之时，前线却传来了太平失守、花云战死，陈友谅的舰队已经突破采石矶一线逼近南京的消息。客观地说，陈友谅能取得如此的进展要拜朱元璋麾下的第一悍将——常遇春所赐。在接受了刘基的建议之后，朱元璋将在杭州久攻不克的常遇春召回了建康，特地教育他："克敌在勇，全胜在谋。昔关羽号万人敌，为吕蒙所破，为无谋也，尔宜深戒之。"在随后与陈友谅所部的池州战役中，常遇春虽然和徐达配合默契，伏击了对手的野战部队，但是面对3千战俘，常遇春头脑一热，就背着徐达以"这些都是强敌，不杀，为后患"名义开始有计划地屠杀战俘，等到朱元璋下令制止，3千战俘已经只剩下十分之一了。而朱元璋为了补救，又错误地将这些幸存者全部释放。随后朱元璋"不留俘虏"的消息自然传来的了陈友谅的军中，这一点对于本身兵力便占据优势只是苦于士气不高的"天完"红巾军而言无异于一针强心剂。

太平是应天的门户，兵临城下的陈友谅显然是认为大局已定。强烈的自我膨胀让他公然锤死了傀儡皇帝徐寿辉，自称皇帝，改国号为"汉"。但是他在进行登基大典的时候显然没有先听天气预报，仪式进行到一半便被一场大雨浇了个透心凉。不过这场大雨并不足以让陈友谅停止东进的脚步，在邀约张士诚出兵策应的情况下，陈友谅的舰队开始顺江而下。

面对陈友谅咄咄逼人的兵锋，有人建议朱元璋投降，有人建议他占据应天附近的钟山，不过这些人在刘基口中都被归入了"该杀"的行列。刘基的意见当然是在应天决战，他先是忽悠朱元璋说："天道后举者胜。"对应此前儒生朱升所谓"缓称王"的论调，但是刘基后面说的一番话可以说是历代统治者的金科玉律，他说："明公若倾府库以开士怒，至诚以固人心，伏兵伺隙击之，取威制胜，以成王业，在此举也。"自古以来毫无吝啬的恩赏和待人以诚的态度往往都是足以逆转乾坤的利器。

应该说朱元璋的军事才能也远胜他的对手陈友谅，他断然推翻了部下反攻太平和主动迎击的建议，理由是"太平地区有花云当初构筑的地面工事，陈友谅是依靠着内河舰队才将其攻克的，而此时自己的水上战斗力量不足对手的十分之一，不足以从水上攻克太平。而从陆路进军，陈友谅的水军顺江而下只要半天就可以抵达应天城下，顾此失彼显然也不是什么好办法"！朱元璋的战略是一边派胡大海出兵信州以牵制陈友谅的后方，一边让自己麾下与陈友谅之前就认识的将领康茂才写信给对方，让他速速进军。这一点连颇为睿智的李善长都很不理解，认为："我们现在就怕他来，您还让他快来？"朱元璋倒是颇为耐心地向对方解释说："我们现在担心的是陈友谅和张士诚约好了时间一起来，只有让陈友谅先到我们才能各个击破。"

陈友谅虽然暴虐但在约会的问题上似乎还有些信用，当发现此前和康茂才约好的见面地点——江东桥一夜之间已经由木桥变成了铁石桥的时候，他似乎还没有意识到问题的严重性，继续派人大叫："老康……"结果自然引来了两岸的朱元璋部下的全力猛攻。而在江东桥兵败的陈友谅一路上又遭到了赵普胜部下的叛变，不仅被迫放弃了太平，连前进基地安庆都丢了，只能逃回江州去舔伤了。张士诚显然没有想到陈友谅败得如此之快，虽然出兵太湖但同样遭到了朱元璋部下耿炳文的迎头痛击。但此时的朱元璋却没有趁势追击，因为一场风暴正在华北大地之上逐渐酝酿成型。

第六章　鼎足之势（1362—1365）

————南北混战的高潮和结局

闽中风云

决战鄱阳

东西吴王

闽中风云

　　朱元璋、张士诚和陈友谅混战于江南的同时，在福建地区又一位汉族军阀强势崛起，他就是元帝国福建延平路（治今福建南平）总管陈友定，这位出身贫寒，曾为富户佣工的福清县青年和察罕帖木儿起家的模式颇为类似，也是在元末农民起义之中组织"义兵"参与平乱，逐渐成了一方霸主。陈友定虽然"威镇闽中"也一度有北上争雄的野心，但他首先要面对的却是盘踞在元帝国最大贸易港口泉州的蒲氏家族以及麾下的"亦思巴奚"。

　　泉州蒲氏家族兴起于南宋末年的蒲寿庚时代，早在10世纪之前，蒲氏家族便从阿拉伯半岛移居到占城（今越南中部），随后又抵达中国广州，开始经营海上运输事业，成为当地首屈一指的富豪。随着南宋中后期泉州港的崛起，蒲氏家族在广州的经营业绩开始明显下滑，蒲寿庚之父蒲开宗不得不举家自广州徙居泉州，定居临近泉州后渚港的法石乡云麓村，重操旧业，很快便再度崛起，并在南宋政府内争取到了安溪县主簿的职位，虽然这只是一个九品的小官，但却是蒲氏家族由单纯的从事商业向染指地方行政权力的开端。

　　和很多肥皂剧的情节一样，随着世代从商的蒲氏家族在泉州地区积累了一定的财富和人脉之后，蒲开宗的子嗣之中既出现了富有艺术气质、"厌铜臭而慕瓢饮"的蒲寿晟，也出现了好勇斗狠、豪侠无赖的蒲寿庚。而在当时动荡的时局之下，继承蒲开宗海上贸易事业和政府关系的蒲氏兄弟最终在长于商业运作却往往又能惯于使用一些"非常手段"。的蒲寿庚经营之下，垄断了南宋在泉州地区的海上贸易长达30年之久，并以此积累了空前巨大的财富和地方势力。

繁忙的海上贸易所产生的巨大财富自然引来了海盗的窥视，而随着南宋政府的主要精力转投到与元帝国的战争之中，1274年海盗对泉州港的袭击也达到了高潮。在政府无能为力的情况之下，以蒲氏兄弟为首的泉州商贾不得不奋起自保，而正是因为剿灭海盗的功勋，蒲寿庚达到了其事业的巅峰。他被此刻已经焦头烂额的南宋政府任命为福建安抚使兼沿海都置制使，此前蒲氏兄弟在南宋政府内也曾先后担任过官职，蒲寿晟曾被任命为广东梅州的知府，不过他自命清高的个性显然不适合在南宋末年的官场发展，因此很快便退隐家乡，以与当时的儒学大师洪天锡等交游为乐。而蒲寿庚虽然担任过相当于泉州海关关长的提举泉州舶司的职位，但地方官员在任三年一轮换的宋代官制，也不过做了两年多而已。 1274年本身便拥有庞大民间力量的蒲寿庚终于登上了地方军政长官的宝座。

应该说，相对于蒲寿庚的个人能力和社会影响力而言，南宋政府的这一任命不仅可以有效地稳定当地的局势，更有利团结一切可以团结的力量对抗元帝国的入侵，但是南宋政府高层纷乱的局势却最终使得蒲寿庚所拥有的权力失去了驾驭。1275年农历三月，利用南宋权臣贾似道在芜湖前线的溃败，丞相陈宜中在临安发动政变私自处决了内务部队指挥官殿前指挥使韩震，这一事件虽然在临安城内只引起了小规模的骚乱，但在泉州地区却引发了长期的军事冲突。作为殿前指挥使韩震直接领导的野战部队——驻守浙江、福建一线的南宋左翼军在得到了指挥官被杀的消息之后，在统领夏璟的统帅之下已经站到了陈宜中所领导的南宋政府的对立面上，在得到了蒲寿庚的支持后，左翼军在瑞安、温陵、三阳等地连续击败了前来镇压的南宋政府的其他地方部队，俨然形成了以泉州为中心的独立王国。

不过无论是蒲寿庚还是夏璟，他们此时所迫切希望的只是保护自己的既得利益，因此在渴望获得泉州地区强大海上力量的元帝国派来的招降使节面前，蒲寿庚还是在表面上保持着对南宋政府的忠诚。而在南宋临安政府向元帝国投降之后，以宋端宗赵昰为首的流亡政府也投桃报李，任命蒲寿庚为闽广招抚使，兼"主市舶"，赋予其更大的权力。双方之间尽管彼此并不信任，但仍未撕破那暧昧的面纱。不过随着张世杰和陈宜中放弃福州，率船队大举南下，双方的关系很快急转直下。

起初面对停泊在后渚港的南宋皇家舰队，蒲寿庚还是保持着臣子的礼节，他主动上船觐见了宋端宗赵昰，并向对方提出了在泉州建立临时首都的设想。作为在泉州拥有丰厚家底的商人，蒲寿庚的这一建议完全是出于将自身利益最大化来考量的。毕竟数十万南宋难民和军队的抵达将强化泉州商业之都的地位，同时也能更好地帮助他将居心叵测的元帝国大军挡在泉州地区之外。但是由于对蒲寿庚的不信任以及对元帝国追击的担忧，张世杰明确反对南宋流亡政府在泉州长期逗留，同时还强行征用了蒲氏家族的海船两千多艘以及大量随船货物，在战争期间征用民间财物，本来无可厚非，但可惜的是，张世杰面对的不是一个只会忍气吞声的普通商人，那可是一个官商合一、手握重兵的地方豪杰。

　　在张世杰没有采纳部下扣押蒲寿庚的建议之后，蒲寿庚返回泉州第一时间关闭了城门，然后指使自己的儿子蒲师文动员家族势力大肆捕杀在泉州的南宋皇家宗室以及前期进城的南宋流亡政府军队，在泉州城内一片混乱的情况下，张世杰却由于担心长期屯兵泉州会遭到元帝国追兵的合围，仓促地带着强行征用的船只和货物逃往广东。彻底和南宋政府决裂的蒲寿庚也随即投向了元帝国的怀抱，他和泉州知府、与文天祥同榜进士的田真子、左翼军统领夏璟一同向南下的元帝国将领董文炳递交了降书，而元帝国显然比南宋的张世杰更懂得尊重地方势力，随即便授予蒲寿庚昭勇大将军等一系列官爵，蒲氏家族在泉州一带的权力不仅没有得到削弱，相反还进一步加强。

　　此后南宋流亡政府在张世杰的领导下再度组织对泉州的全面围攻，从战略角度来看夺取泉州将有力地增强南宋流亡政府的海上作战能力，同时遏止元帝国海军的南下，而从经济角度考量，南宋流亡政府同样迫切需要泉州地区的海外贸易，当然张世杰和南宋宗室向蒲寿庚的个人仇恨也是这次泉州之役的出发点之一。

　　尽管张世杰多方调集部队，陈吊眼与许夫人所率领的各寨畲族武装也群起呼应，甚至连莆田南少林也派出数千僧兵助战，但是为了保护自己的利益，作为一个商人的蒲寿庚也是拼尽了全力。在向元帝国求援的同时，他不惜大撒金钱，贿赂前来参战的畲族武装，令对方在战场上出功不出力。泉州战役前后历时3个月之久，其中对泉州城防的围攻长达70多天。蒲寿庚"晨夜血战"，泉州城中更"死者万计"，但是最终他以这些为代价战胜了张世杰，保住自己家族在泉州地区的势力，而此后蒲氏家族将继续他们奢华而专横的生活，直到元帝国轰然崩塌。

1352年，"天完"红巾军遣兵四出，福建各地民众起兵响应，其中以宁化的曹柳顺实力最强，一度出现拥众数万的局面。但就在曹柳顺自认福建全省传檄可定之时，身为明溪驿卒的陈友定却率先杀死了曹柳顺派往自己家乡的80余人的先遣队。出师不利令曹柳顺勃然大怒，随即动员步骑千余人杀奔明溪。但此时的"为人沉勇，喜游侠，乡人畏服"的陈友定已经联络了附近乡里的赖政、孙通、胡璃等500人，将当地老孺引入山寨，随即据险而守，大败曹柳顺所部。但就在曹柳顺退守自己的根据地——曹坊，惊魂未定之际，陈友定竟然打上门来。拥有数万手下的曹柳顺来不及动员所有力量，就这样被陈友定以"斩首行动"轻松搞定了。

陈友定"平叛"的功绩很快便得到了元帝国汀州府判官蔡公安的注意，随即被授予明溪寨巡检的职务。随后陈友定又跟随福建金都元帅吴按滩不花剿灭汀、延、邵、建诸山寨起义军，以功升清流县尉、主簿、县尹，再升延平路（治今福建南平）总管。

1358年农历五月，陈友定迎来了他人生中最严峻的考验，"天完"红巾军元帅陈友谅遣其将康泰、赵琮、邓克明等进攻邵武。十一月，邓克明占领汀州，进围清流，兵力处于明显劣势的陈友定只能驻兵于县前平安寨。但靠着夜袭红巾军军营，陈友定还是成功扭转了战局，随后陈友定又追击红巾军的败兵至宁化，收复清流，进一步修缮崆峡岭关寨及南北寨，加以坚守。

邓克明的兵败并未改变陈友谅鲸吞福建全省的野心，1359年陈友谅再度派出康泰攻取邵武，邓克明攻汀州，转略延平、将乐等地。多线告急的元帝国福建行省只能委任陈友定汀州路总管，令其率兵抵御红巾军，双方战于黄土寨，陈友定成功在战场擒获了邓克明将邓益，迫使邓克明全军溃退。经此一役之后，陈友定以功行省参政。十一月，陈友谅再度出兵攻破赣闽交界的杉关，但在陈友定的全力抵抗之下，"天完"红巾军只能再度选择无功而返。

1361年，篡夺"天完"政权，改国号为大汉的陈友谅再次派部领邓克明攻克汀州，转攻永丰、宁都、石城、宁化等县，克宁昌，破杉关，攻光泽，经顺昌以攻建宁（今建瓯），汉军于城西北立数十寨，以铁炮、火箭、云车、机弩轮番攻击，前后达半年之久，城中食将尽，元守将、行省平章完者帖木儿急檄陈友定解围。八月，陈友定率数十骑突围入战，焚橄榄山寨，夺水南寨，败邓克明于菱角塘，其将孙通等复建阳、崇安、浦城等县。邓克明退守抚州，陈友定再度收复邵武诸县。

1362年五月，长期处于防御姿态的陈友定趁陈友谅与朱元璋交兵、无暇南顾之际，自延平南引兵，水陆并进，一由顺昌出将乐，一溯延平溪而上清流，会攻汀州，汉军败退。陈友定随即收复汀州，但此时的他已经不满足于屈居人下的政治地位，萌生占有全福建之心，在威迫行省平章燕只不华让渡权力的同时，陈友定"所收郡县仓库，悉入为家资，收官僚以为臣妾，有不从者，必行诛窜，威镇闽中"。

1364年元帝国正式承认陈友定一省之长的合法权力，置分省于延平，以陈友定为平章，至此福建诸路及广东潮州俱由陈友定据而守之，唯泉州一带为"亦思巴奚"占有。所谓"亦思巴奚"在阿拉伯语中意为"持刀盾的骑兵"，作为国际性贸易大港，泉州一带聚集的阿拉伯商人众多，又有蒲氏家族雄厚的财力支持，因此陈友定一时也奈何不了对方。

决战鄱阳

　　"宋"红巾军的"三路北伐"虽然没有能够给予元帝国致命一击，但客观上却牵制了元帝国政府军的大量军力和资源。而这次大规模北伐除了造成长江流域的各路起义军的趁势崛起之外，更令元帝国内部的各路军事统帅逐渐成为了拥有地盘和私人武装的军阀。在平定"宋"红巾军的"三路北伐"之中出力最多的将领是招募义兵起家的察罕帖木儿以及曾经总制河南军马答失八都鲁之子——孛罗帖木儿。答失八都鲁虽然一度被刘福通击败，被元帝国政府认定为"玩寇失机"，忧愤而死，但是他的儿子孛罗帖木儿却先后在山东、河北、山西等地不断获得反击红巾军的胜利，堪称"大都铁壁"。

　　应该说察罕帖木儿和孛罗帖木儿都是元帝国末期少有的军事人才，如果他们可以通力合作，甚至只要各司其职，那么元帝国的崩溃可能都不会如此之快。偏偏这两位因为出身不同，互相看不起，又都有很强的地盘意识，都试图控制元帝国相对太平和富庶的河北、山西地区。于是在南方各路起义军不断发展壮大的同时，元帝国的内战又热闹开锣。为了对抗察罕帖木儿的老搭档李思齐这个外来户，陕西宣慰使张良弼主动与孛罗帖木儿结盟，元帝国内战随即又扩大到了四川和陕西。

　　金山南道肃政廉访司张桢看着打着政府军旗号的部队在日夜仇杀，元帝国派去调解的大臣们却"苟怀自安之计，无忧国致身之忠"，甚至从大都前往战区却要绕道延安以西，只能无奈地感慨："天下事不可为矣！"辞职回家去了。张桢显然并知道此刻元帝国的中央官员更将这场内战当成了捞钱的工具——"南之赂厚，则曰密旨令汝并北，北之赂厚，则曰令汝并南"。不过察罕帖木儿毕竟要比孛罗帖木儿老道一点，除了贿赂大

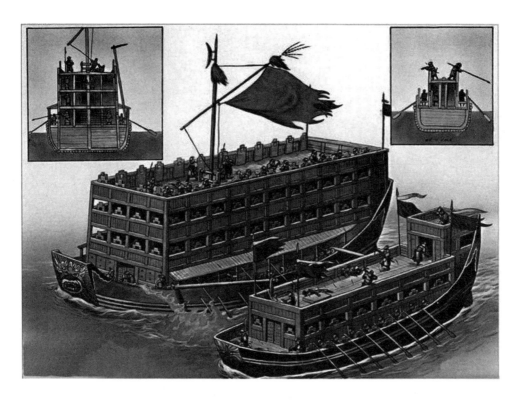

水战中大型战舰往往占有优势

臣之外，还派自己的外甥兼养子——扩廓帖木儿在向大都运粮的过程中与皇太子爱猷识理达腊结下了深厚的友谊。由于扩廓帖木儿的汉族名字"王保保"更为著名也显得更为可爱一些，以下我们便称呼他为王保保。

在这样的情况之下，真正有资格问鼎大宝的铁木真后裔们终于坐不住了。奉命镇守漠北的窝阔台后裔——阳翟王阿鲁辉帖木儿领兵南下，向元顺帝妥懽帖睦尔表示："祖宗把天下交付给你，你何故丢失大半？现在应该把国玺给我，让我来收拾残局！"应该说元顺帝妥懽帖睦尔此刻的回答很有帝王范儿，他说："天命有在，汝欲为则为之。"随后派出知枢密院事秃坚帖木儿领并平叛，不过秃坚帖木儿实在"不给力"，竟然在战场上被对手直接打到崩溃，只剩下自己一个人逃回了上都。阳翟王的叛乱虽然最终被平定，但却令元帝国此后在与中原的反政府武装交锋中始终不该倚重西北藩国的力量，甚至在元帝国崩溃之中，脱脱之子知枢密院事哈剌张在不得不发出"亡国之臣岂可与图恢复？吾当与西北诸藩共图此事耳"时有人问他为什么不早一点实施时，他无奈地回答：

"子独不见阿鲁辉王之事乎？"

　　不知道是实在打得疲惫了，还是开始意识到各路起义军的威胁，总之在1361年农历六月，察罕帖木儿终于决定放下和孛罗帖木儿的恩怨，将矛头指向了南方，而他的第一个目标则是盘踞在山东地区的"宋"红巾军诸帅，一路上招降了田丰、王世诚等人，迅速席卷山东。此时正在布置对陈友谅新一轮打击的朱元璋显然也意识到了威胁的逼近，他派人与察罕帖木儿通好，不过却也向自己的部下如此解释自己的目的："察罕帖木儿组建'义兵'，号称图谋恢复，但是却和自己的同僚打得不可开交，似乎不是忠臣应该做的！我听说他好虚名，即便是田丰这样的小人，他也待如心腹，可见没有知人之名。古代的名将都是洞察入微，智谋弘远的人，察罕帖木儿似乎还不够格！"这段话由于有太多先见之名似乎不太可信，但朱元璋并不想急于站在元帝国的对立面却是不争的事实，就如他自己所说："吾今遣人往与通好，观其所处何如，然后议之。"

　　不过察罕帖木儿的南下很快在红巾军的主要根据地益都城下陷入了停滞，因此在朱元璋东进夺取了陈友谅"大汉"政权首都——江州之前写来了一封态度暧昧的信函，表示已经向元帝国为朱元璋申请了行省平章政事的职务。不过朱元璋毕竟不是张士诚，他对自己的部下说："察罕帖木儿言辞虽然婉媚，但心里肯定是想吃了我。况且只是写了封信回来却不放回我的使者，无疑是另有所图，不过我现在没工夫和他计较！"就这一件事情，宁海的一个民间知识分子——叶兑还特意写了一封计划书递交给朱元璋，其前言就是："最近听说察罕帖木儿妄自尊大，写信给您。这件事就像当年曹操招揽孙权，我觉得元帝国国运不久，人心不属。即便察罕帖木儿效仿曹操，您就效仿孙权——鼎足江东，以观天下之衅。"

　　不过并不是所有人都有朱元璋那样的政治远见的，就在察罕帖木儿南下的同时，拥有"西蜀形胜，东有瞿唐，北有剑阁，沃野千里"的"天完"红巾军将领明玉珍在部下"大王所部皆四方之人，若谦让犹豫，一旦将士思乡土，瓦解星散，大王谁与建国乎"的怂恿之下开始自立为王，自此"天完"红巾军彻底淡出了历史的舞台，在他的遗骸之上出现了陈友谅的"大汉"和明玉珍所创建的"大夏"两个割据政权。不过明玉珍的皇帝坐得并不安稳，他首先要面对的就是察罕帖木儿的老战友李思齐的讨伐。

客观地说察罕帖木儿的大举南下，正处于江南各股势力互相制衡的微妙时期。朱元璋自己也感慨："今张士诚据浙西，陈友谅据江汉，方国珍、陈友定又梗于东南，天下纷纷，未有定日。"而察罕帖木儿本人似乎也做好了平定江南的准备，他甚至对张士诚的下属——淮南行省左丞相汪同表示："张士诚非忠于国者，中原事定，平江南当自姑苏始。"连已经被元帝国招安的张士诚都列入了黑名单，那么像朱元璋这样的骑墙派自然也是察罕帖木儿的假想敌之一。

就在这个时候，察罕帖木儿顿兵益都，随即又在军前被降将田丰以视察军营的名义诱杀，元帝国最后一次扑灭叛乱的机会就此失去。察罕帖木儿表面上看是由于其自己的疏忽大意，以及"吾推心待人，安得人人而防之"的豪杰意气，但从他遇刺之前元顺帝妥懽帖睦尔对所谓"白虹扫太微"的自然现象第一时间得出"山东必失一良将"的推断来看，事情的背后似乎并不简单，而此后察罕帖木儿的竞争对手——孛罗帖木儿的遭遇似乎也是一个有力的旁证。

而察罕帖木儿作为一个军阀，他的部下随即以"总兵奉朝廷命讨逆寇，总兵虽死，朝命不可中止，况令总制官王保保曾为总兵养子，朝廷又赐其名扩廓，若立以为主，总兵虽犹不死也"的名义拥立王保保为指挥官。尽管朱元璋对于察罕帖木儿之死发出了"天下无人矣"的感叹，但是继承自己养父麾下大军的王保保却表现出了过人的军事天分，他首先率诸路军急攻益都，最终将其攻克。但是王保保的政治才能却显然比察罕帖木儿低了不止一个数量级，他在攻克益都之后首先展开了报复性屠城，随后又卷入了与孛罗帖木儿的地盘之争。

而朱元璋此时也故伎重施，主动写信给王保保，言辞极其肉麻。朱元璋首先以"元失其政，中原鼎沸，庙廊方岳之臣，互相疑沮，丧师者无刑，得志者方命，悠悠岁月，卒致土崩"名义挑唆王保保，其后又将他曾经贬低的察罕帖木儿吹捧了一番，说什么："阁下先王，奋起中原，英勇智谋，过于群雄，闻而未识，是以前岁遣人直抵大梁，实欲纵观，未敢纳交也。"最后表示："不意先王捐馆，阁下意气相期，遣送使者涉海而来，深有推结之意，加以厚贶，何慰如之！"希望可以和王保保保持"自今以往，信使继踵，商贾不绝，无有彼此，是所愿也"的良好关系，宛如一个"求交往"的痴情男子。王保保是否回信，我们不得而知，但是他连退守安丰，既无兵力，又失去号召力的韩林儿和刘福通都无心追杀，带着部队北上和孛罗帖木儿争夺河北和山西却是不争的事实。

真正给予安丰地区的"宋"红巾军最后一击的是张士诚。面对张士诚的大军压境，刘福通曾派人向朱元璋求救。朱元璋名义上还是"宋"红巾军将领，一度也站在自己的利益角度表示："安丰破，则张士诚益张，不可不救。"但是刘基却提出："陈友谅方伺隙，未可动也"。一个月之后陈友谅的确出兵包围了朱元璋的侄子——朱文正守备的洪都。但是朱元璋在安丰失守，刘逼通战死之后却还是"毅然"出兵了。不过令朱元璋比较"失望"的是小明王韩林儿却幸免于难，朱元璋只能将他安置在滁州。

应该说朱元璋出兵安丰是一个错误的决定，除了迎回了韩林儿这个傀儡之外，还一度令陈友谅掌握了战略主动权。朱元璋自己也对刘基说："我不当有安丰之行，使友谅乘我之出，建康空虚，顺流而下，我进无所成，退无所归，大势去矣。"不过令朱元璋庆幸的是："今友谅不攻建康而围南昌，计之不者，不亡何待！"陈友谅在洪都城下顿兵长达85天，这给了朱元璋足够的时间调集兵力西进。

为了一举荡平朱元璋在长江下游的势力，陈友谅特制大舰数百艘，"舰高数丈，外饰以丹漆，上下三级，级置走马棚，下设板房为蔽，置橹数十其中，上下人语不相闻，橹箱皆裹以铁，自为必胜之计，载其家属百官，空国而来"。全军号称60万，堪称气势汹汹，不可一世。但南昌城原来紧靠赣江，朱元璋考虑到靠江容易受水师进攻，将城墙改建去江岸30步。

这次陈友谅来攻，大舰无法靠城墙，只好登岸围城。南昌守将是朱元璋的侄子都督朱文正，朱文正与诸将分城拒守：参政邓愈守抚州门，元帅赵德胜等守宫步、土步、桥步三门，指挥薛显等守章江、新城二门，元帅牛海龙等守琉璃、淡台二门，朱文正居中，节制诸军，自将精锐两千，往来应援以御敌。而就在陈友谅攻城甚急，朱文正麾下牛金海、赵德胜等一些战将阵亡之时，七月，朱元璋亲率舟师20万，大将徐达、常遇春、廖永忠、俞通海等皆随师出发。陈友谅闻朱军来援，即解南昌之围，东出鄱阳湖迎战，于是爆发了规模空前的鄱阳湖水战。

双方在鄱阳湖展开了元末最大规模的水上交锋，这次战役的过程早已被各种史料、小说描绘成了元末版的赤壁之战。当然和赤壁之战一样

民国年画：九江口破陈友谅

许多历史的真相便湮没在"火攻""伪降"等传奇桥段之中。事实上朱元璋一方的兵力并不弱于下风，否则也不能将内河舰队编组成十一队轮番猛攻。而陈友谅部队的战斗力和士气也并非不强，甚至一度将朱元璋的军队逼到右翼溃退，朱元璋下令斩杀中下级军官十余人都控制不住的境地，这绝不简单的只是一句："非人不用命，舟大小不敌也"可以解释的。

七月二十日，双方舟师相会于鄱阳湖中康郎山。陈友谅舰高船坚，占有优势。朱元璋见势，下令分舟师为11队，用火器、弓弩攻击。二十一日，朱元璋命俞通海乘风发火炮，焚友谅舰20余艘，杀溺者甚众，但朱元璋方面也有战将韩成、宋贵等人阵亡，随后陈友谅骁将张定边攻击朱元璋所乘之舟，而朱元璋舟又搁浅，形势危急，常遇春、俞通海来援，方脱险，战斗十分激烈。

二十二日，朱元璋命敢死勇士驾满载火药等易燃物的小舟，冲向敌舰，使陈友谅水寨中数百艘船被焚，"烟焰涨天，湖水尽赤，死者大半"。陈友谅弟陈友仁、陈友贵、平章陈普略等皆被焚死，奉命指挥小舟火攻的朱元璋部将张志雄、丁普郎等亦丧身。

即便是在朱元璋发动火攻成功，事实上双方依旧相持和对峙了很长时间，朱元璋的部下纷纷建议先行撤军，只是朱元璋意志坚定，表示："两军相持，先退非计也。"陈友谅没有采纳自己部下"今战不胜，出湖实难，莫若焚舟登陆，直趋湖南，谋为再举"的建议，最终陷入了进退失据、食尽穷蹙的局面。不过大军团作战对于朱元璋一方所造成的损失也很巨大，因此他以嘲讽的语气写了一封信给陈友谅。

在回顾之前双方的交恶记录之后，朱元璋最后说道："以公平日之狂暴，正当亲决一战，何徐徐随后，若听吾指挥者，无乃非丈夫乎？公早决之。"而面对陈友谅的沉默，朱元璋很快又写了第二封信："江、淮英雄，唯吾与公耳，何乃自相吞并！公之土地，吾已得之，纵欲力驱残兵，来死城下，不可再得也。即公侥幸逃还，亦宜修德，勿作欺人之容，却帝名而待真主。不然，丧家灭姓，悔之晚矣。"

被朱元璋连番羞辱的陈友谅只能拿战俘来出气，命令将被俘的朱元璋部下全部处决。而这恰好给了朱元璋施展政治攻势的空间，他不仅反其道而行之，释放了所有被俘的陈友谅部下，还给予其伤兵医疗援助，甚至连死在自己手上的陈友谅之弟——陈友仁、陈友贵等人朱元璋也大肆祭奠了一番。与此同时，朱元璋派出伏兵，封锁鄱阳湖到长江的出口，抢先驻泊左蠡，令陈友谅只能移舟渚矶。

双方相持3日，陈友谅左、右二金吾将军率所部降朱元璋，失此二将之后，陈友谅兵力益衰。在军事、政治的双重打击之下，陈友谅本人中流矢而死，麾下的大军随即崩溃，只剩下陈友谅的发小——张定边带着陈友谅之子——陈理杀出重围，打算在武昌重振旗鼓。

元末的火攻战船

东西吴王

朱元璋和陈友谅在鄱阳湖的相持和决战，本来是张士诚坐收渔翁之利的绝佳机会，但张士诚虽然出兵，注意力却集中在向元帝国讨要王爵的事情之上。元帝国江浙行省左丞相达识帖睦迩虽然以"今若逆其意，则目前必受害，当忍耻含垢以从之耳"的态度写了几份申请递交上去，但是这个老官僚显然也早已预见到了"朝廷虽微，必不为其所胁"的结果，最终张士诚在迟迟得不到答复的情况下，自称"吴王"。因为和朱元璋的称谓出现了"撞名"的情况，因此老百姓只能将朱元璋在建康的政权称为"西吴"，而以苏州为中心的张士诚政权则被称为"东吴"。

就在张士诚称王的同时，朱元璋的部下也发动了对他的劝进声浪。朱元璋虽然表示"戎马未息，疮痍未苏，天命难必，人心未定，若遽称尊号，诚所未遑。俟天下大定，行之未晚"，但随即还是从吴国公晋级为吴王，而对于在滁州的小明王韩林儿，朱元璋的部下大多采取了和刘基一样的态度："彼牧竖耳，奉之何为！"不过表面上还是继续采用"宋"红巾军的龙凤纪元。

1364年农历二月，在采取"若来冲突，慎勿与战，且坚守营栅以困之，不患其城不下也"的围困政策近4个月，又消灭了陈友谅集团有名的悍将"泼张"张必先的增援部队之后，陈友谅之子——陈理在得到了朱元璋"使陈氏之孤得保首领"的保证之后，开城出降。名将张定边不愿在朱元璋麾下任职，从此解甲归田、削发为僧，自号沐讲禅师。后世对他推崇有加，说他文武双全，还懂阴阳，通医术，善谋略。不过从陈友谅败亡的过程来看，张定边的能力未必特别出众，但他从一而终的忠诚以及失败后悬壶义医的精神还是值得后人景仰的。

武昌城内朱元璋还意外发现了陈友谅生前用过的镂金床，一向简朴的朱元璋当即表示："这和后蜀皇帝孟昶的七宝溺盂有什么不同！以一床工巧若此，其余可知。陈氏父子穷奢极靡，焉得不亡！"随即将其摧毁。而对于不断跑来请求封赏的部下，朱元璋显得也很吝啬，他说："你们跟了我这么多年，如果有功劳就算我不知道，难道你们的直系领导也不知道？你们看徐达，他已经做了丞相了，但是过去的同僚也还有做中下级军官的！这个封赏不是乞讨来的！回去好好努力吧！我这边官爵多得是，只怕你们自己不给力！"一个黑心老板的形象呼之欲出。

徐达画像

应该说在消灭了陈友谅之后，朱元璋已经有"天下之大，舍我其谁"的自信了，他对郎中孔克仁说："现在天下的大军阀无非这么几家，河北的孛罗帖木儿有兵而无纪律，河南的王保保稍有纪律而兵不振，陕西关中的李思齐、张良弼道途不通，馈饷不继，江南则只有我与张士诚。张士诚多奸谋而尚间谍，不过其御众尤无纪律。我以数十万之众，固守疆土，修明军政，委任将帅，俟时而动，其势有不足平者。"显然有一点是朱元璋没有对孔克仁说明的，那就是元帝国的四路大军本身还不团结。就在朱元璋灭亡陈友谅，将矛头转向张士诚之际，元帝国新的一轮内斗又拉开了序幕。

1363年，出于对御史大夫老的沙不满，奇皇后母子怂恿元顺帝妥懽帖睦尔将他封为雍王，逐回高丽。老的沙是元顺帝妥懽帖睦尔的娘舅，在朝野之中也是有势力的大人物，自然不甘心任人摆布，于是在途经大同的过程中跑进了孛罗帖木儿的军营要求"政治避难"。

奇皇后母子在要求孛罗帖木儿交出老的沙无果的情况下，就诬告孛罗帖木儿与老的沙图谋不轨，让元顺帝妥懽帖睦尔下诏削除孛罗帖木儿的官职和兵权，把他流放四川。这样的做法在元帝国的全盛时期当然没有问题，但此时的孛罗帖木儿早已将军队转化为了自己的私人武装，当然不甘心轻易就范，以"此诏非皇帝本意"为由不仅拒绝执行，还打着"清君侧"的名义突破了居庸关，向大都进军。元帝国的首都卫戍部队无力抵抗，皇太子爱猷识理达腊只能带着自己的卫队逃往辽东。

不过孛罗帖木儿似乎不想把事情做绝，他的部队只是驻扎在清河一线。真正负责和元顺帝妥懽帖睦尔交涉的是曾经在漠北被阳翟王阿鲁辉帖木儿叛军打得单身逃亡的前知枢密事秃坚帖木儿，事实证明秃坚帖木儿军事才能可能有限，口才倒是不错，他首先逮捕了政敌——右丞相搠思监和奇皇后的"初恋情人"——宦官朴不花，随后对元顺帝妥懽帖睦尔说："左右蒙蔽陛下，非一日矣，倘循习不改，奈天下何！臣今执二人去矣，陛下亦宜省过，卓然自新，一听正人所为，不复为邪佞所惑，然后天下事可为，祖宗基业可保也。"元顺帝妥懽帖睦尔此刻只能点头称是。

孛罗帖木儿对贪婪成性的右丞相搠思监似乎很熟悉，在将他带到自己的军营之后。孛罗帖木儿笑着说："我当年送给相国的七宝数珠一串，您可不可以还给我！"在生命和珠宝面前，右丞相搠思监当然知道该怎么选择，他随即拿出了六串七宝数珠。孛罗帖木儿仔细地看了一遍之后，发现都不是自己送的终于愤怒了，以"在君侧者贪婪如此，我可以姑容乎"的名义将搠思监和朴不花处决。

客观地说孛罗帖木儿并没有取代元帝国皇室的政治野心，在获得了太保的名誉职位之后，他便很欣喜地退守大同了。但是年轻气盛的皇太子爱猷识理达腊显然咽不下这口气，他在返回大都之后随即命令和自己私交不错的王保保出兵讨伐孛罗帖木儿。王保保的部队还没有抵达战场，孛罗帖木儿便又从自己的防区杀到了大都城下。虽然旗号打的还是"清君侧"的名义，但是由于这次针对他的人是已经再度出逃的皇太子，孛罗帖木儿在进入了大都之后除了自己出任中书左丞相之后，倒也没有进行新的政治清洗。

尽管元顺帝妥懽帖睦尔在孛罗帖木儿的控制之下，发出了"孛罗帖木儿、王保保俱朕股肱，视同心膂，自今各弃宿忿，弼成大勋"的号召。

但在会合了皇太子爱猷识理达腊之后，王保保还是在准备北上争夺大都的控制权。在这个情况之下，已经辞职的前任监察御史张桢不得不仗义执言，表示："守京师者能聚不能散，御外侮者能进不能退，纷纷藉藉，神分志夺，国家之事，能不为阁忧乎？"请求王保保以大局为重，不要急于挑起内战。王保保似乎也意识到自己的实力不足，暂时也就选择了忍让。

在元帝国的内战之中，长期和张士诚保持"良好关系"的元帝国江浙行省左丞相达识帖睦迩，终于因为拒绝让自己的位子让给张士诚的弟弟——张士信而被囚禁。这位老官僚在失去自由之后据说还很淡定，"日对妻妾，放歌自若"，直到行台御史大夫普化帖木儿自杀，行省印章被强行夺走，才无奈地表示："大夫且死，吾不死何为！"也跟着服毒自杀。

达识帖睦迩的死似乎也敲响了张士诚的丧钟，在政治报复上张士诚本来就只满足于小富即安。他提出的政治理念是"化家为国，以底小康"，也就是说把国家当作自己的家庭来治理。这种模式在初期似乎没有什么问题，但是随着势力范围的日益扩大，张士诚集团迅速成为了"大起第宅，饰园池，畜声伎，购图画，唯酒色耽乐是从，民间奇石名木，必见豪夺"的新兴豪门。不过对于知识分子，张士诚还是敬重的，因此他虽然经常不处理政务，但时间也都放在和文人、官僚谈古论今、舞文弄墨上。

而替他管理日常事务的张士信私生活则更加放浪，他竟然向元顺帝妥懂帖睦尔学习"后房百余人，习天魔舞队，洙金玉翠，极其珊饰，园中采莲舟楫，以沉檀为之"。在正式接替达识帖睦迩之后，张士信更将所有政府工作都交给自己的亲信黄敬天、蔡彦文、叶德新三人掌管，对此苏州老百姓编了一首民谣："丞相做事业，专用黄菜叶，一朝西风起，乾鳖！""黄菜叶"指的就是黄敬天、蔡彦文、叶德新三人，而所谓的"西风"则是盘踞建康的朱元璋。

对于张士诚的昏庸，朱元璋显得很得意，他表示："我诸事经心，法不轻恕，尚且有人欺我。张九四终岁不出门，不理政事，岂不受欺乎！"不过陈友谅的余部还要一一平定，元帝国内战之后的政治局势也仍不清晰，在给予张士诚决定性一击之前，朱元璋再度写信给王保保，这一次他除了继续肉麻地表示"英雄相与之际，正宜开心见诚，共济时艰，毋自猜阻，失此旧好，惟阁下图之"外，朱元璋还大肆挑拨王保保和孛罗帖木儿本来就很微妙的关系，朱元璋说："孛罗犯阙，古今大恶，此正阁下正义明道、不计功利之时也。"俨然一副要王保保舍身取义的道学先生面孔。当然朱元璋也知道大道理说服不了一个军阀，于是又加上一句："然阁下居河南四战之地，承颍川新造之业，而孛罗寇犯不已，虑变之术，不可以不审。"最后竟然提出正式结盟的请求，说什么："予地虽不广，兵虽不强，然《春秋》恤交之义，常切慕焉。且乱臣贼子，人人得而诛之，又何彼此之分哉！"邀请对方："何靳一介之使，渡江相约！"

其实不用朱元璋挑唆，王保保也早有与孛罗帖木儿一决高下的计划，不过他联盟的对象不是朱元璋，而是以自己养父的老战友——李思齐为首的陕西诸将。以皇太子爱猷识理达腊的名义，王保保于1365年农历三月起兵北上，打的旗号自然依旧是"清君侧"。在确认了元帝国再度陷入分裂之后，朱元璋放心继续扩大自己的势力范围，除了命令常遇春进军襄阳之外，还分兵向浙江、福建地区的地方政权方国珍和陈友定发动进攻。

孛罗帖木儿控制元帝国朝政的一年多时间里，事实上也采取了一些有利于百姓和恢复统治秩序的政策——比如杀处死了一批奸佞的大臣，幽禁了干涉朝政的皇后奇氏，罢三宫不急造作，沙汰宦官，减省钱粮，禁西番僧人佛事，等等。但是在元帝国朝野眼中他依旧是一个狂暴的军阀。面对打着皇太子爱猷识理达腊旗号的王保保和李思齐，孛罗帖木儿派出迎战的将领先后倒戈，孛罗帖木儿自己出马又在通州遇到了大雨，蹒跚了三天不得不撤回大都。战场上的诸多不顺令孛罗帖木儿只能用酗酒来麻痹自己，甚至还企图霸占元顺帝妥懽帖睦尔喜欢的女人。在忍无可忍的情况下，元顺帝妥懽帖睦尔找来了著名的"长腿亲王"——威顺王宽彻普化的儿子——和尚，让他秘密招徕了6名杀手，由儒生徐士本指挥，在延春门外假冒宫廷侍卫伏击守候。

这次刺杀行动开始并不顺利，大权独揽的孛罗帖木儿本来就把早朝看成走过场。在预定对他进行暗杀的七月二十九日当天，更早早地就准备回家了。而就在杀手们都认为计划失败之时，孛罗帖木儿派往上都阻击皇太子军队的秃坚帖木儿恰好有捷报传来。在部下们的怂恿之下，孛罗帖木儿勉强折回，准备将这一"好消息"向元顺帝妥懽帖睦尔报告。而就在延春门的李树下，几个字罗帖木儿表示"此人面生"的侍卫跑了过来。如果只是一个杀手的话，字罗帖木儿即便是徒手也还能抵抗，但在前后夹击的情况之下，这位战将最终倒在了血泊之中。听着事先约好的得手信号——鸽铃，元顺帝妥懽帖睦尔从容地走出了自己的密室，下令尽杀字罗帖木儿的党羽。

元顺帝妥懽帖睦尔虽然保住了自己心爱的女人，却未必保得住自己的皇位，因为皇太子爱猷识理达腊早在太原就有效仿唐肃宗在灵武称帝的故事自立，此刻最主要的对手字罗帖木儿被剪除了，他更有理由以平乱功臣的身份从自己的父亲手里接过帝位，不过这一计划王保保并不支持。他在部队抵达大都城外30里处时突然宣布就地解散，让皇太子爱猷识理达腊顿时失去了武力支持，只好接受自己父亲的摆布。我们不知道王保保这么做的真实动机是什么，不过从客观上来讲一个昏庸的君王总比一个强悍的太子要容易掌控得多。

就在字罗帖木儿倒台前后，朱元璋再次写信给王保保。这一次已经坐拥大半个江南的朱元璋要比之前不客气得多了，他先严厉地谴责了王保保长期以来拘押自己使者以及出兵犯境的恶劣行径，不过还是不愿意把脸撕破，表示自己所占领的区域"虽元之故地，久在他人之手，予从他人得之，非取于元者也"。同时指出"阁下外假元名，内怀自逞，一旦轻我，遂留前使。予虽不校，但以阁下内难未除，犹出兵以欺我，使其势专力全，又当何如！果若挟天子令诸侯，创业于中原，则当开诚心，示磊落，睦我江淮，殆非所宜"。

朱元璋对王保保的态度向来是将挑唆进行到底。在字罗帖木儿倒下之后，他又将矛头转向了陕西，他在信中写道："况有自中原来者，备言张良弼、李思齐等，连和合从，专并阁下，此正可虑之秋，安可坐使西北数雄，结连关内，反舍近图，欲趋远利，独力支吾，非善计也。"甚至还吓唬王保保说："予尝博询广采，闻军中将欲为变，恐不利于阁下，故特遣人叙我前意，述我所闻，阁下其图之！"

而在挑唆完了王保保之后，朱元璋还向盘踞四川的明玉珍伸出了橄榄枝。在写给对方的信中，朱元璋再度以三国时代为比喻，他说："足下处西蜀，予处江左，盖与汉季孙、刘相类，王保保虎踞中原，其志不在曹操下。予与足下实唇齿邦，愿以孙、刘相吞噬为戒。"同时还故意对明玉珍南下攻略云南的军事行动中出现的军纪涣散表示遗憾。

王保保和曹操相比，各方面才能孰高孰低或许永远没有答案，但是他在接收了元帝国总领天下兵马的任命之后确有大举南下的计划。此刻他的幕僚却认为江南强盛，应该"缓其行"，首先处理元帝国内部的军事指挥权问题："丞相受天子命，总天下兵，肃清江、淮。兵法，欲治人者先自治。今李思齐、脱列伯、孔兴、张良弼四军，坐食关中，累年不调，丞相宜调四军南出武关，与大军并力渡淮。彼若不受调，则移军征之，据有关中，四军惟丞相意所使，不亦善乎？"

但以李思齐为首的陕西四将显然也对元帝国的人事任命很有意见，特别是资格颇老的李思齐，在接到征调檄文之后甚至破口大骂说："乳臭小儿，黄发犹未退，而反调我！我与汝父同乡里，汝父进酒，犹三拜而后饮，汝于我前无立地，而今日公然称总兵调我耶？"随即和其他三位统帅约定："一戈一甲，不可出武关，王保保来，则整兵杀之。"双方在鹿台一线展开兵马正式开练，于是元帝国好不容易稳定的政治局面再度陷入了内战之中。

第七章　洪武北伐（1366—1369）

————朱元璋声势浩大的北伐和元帝国的毁灭

翦平江南

南征北伐

最后一击

荡平江南

利用王保保与李思齐内战、无暇南顾的有利时机，朱元璋顺利地夺取了张士诚在苏北的势力范围，而此时盘踞四川的明玉珍也因病去世。朱元璋在筹划着对张士诚核心控制区域——苏州、杭州发动总攻的同时，再度写信给王保保，不过这一次他的态度开始转向强硬。虽然比较肉麻地替王保保解释了几次都扣押自己使者的原因："阁下恐在其号令中，故力与之竞，若归使者，必泄其谋，故留而不遣。"朱元璋依旧把王保保比作曹操，但却明确表示王保保的政治局面不如魏武帝——"意者阁下不过欲挟天子令诸侯，以效魏武终移汉祚；然魏武能使公孙康擒袁尚以服辽东，使马超疑韩遂以定关右，皇后、太子如在掌握中，方能抚定中原。阁下自度能垂绅搢笏，决此数事乎？恐皆出魏武下矣。"

最后便是赤裸裸的战争威胁了，所谓"倘能幡然改辙，续我旧好，还我使臣，救灾恤患，各保疆宇，则地利犹可守，后患犹可弭。如或不然，我则整舟楫，乘春水之便，命襄阳之师，经唐、邓之郊，北趋嵩、汝，以安陆、沔阳之兵，掠德安，向信、息，使濠、泗之将自陈、汝捣汴梁，徐、邳之军取济宁，淮安之师约王信海道舟师，会俞宝同入山东，加以张、李及天宝奴腹心之疾，此时阁下之境，必至土崩瓦解。是拘使者之计，不足为利而反足以为害矣。惟阁下与众君子谋之，毋徒独断以贻后悔"！

不知道是否意识到了自己所面临的问题，王保保随后也试图调整自己的外交策略，向李思齐提出联手对抗张良弼的方案。应该说李思齐和张良弼本来就是冤家对头，而和王保保倒还有些香火之谊，但从来就没有永恒的友谊，只有永恒的利益。在张良弼不惜将自己的儿子作为人质送到李思齐军前的情况之下，关中四将的联盟似乎牢不可破，王保保的多路进攻都被对方击败。

在元帝国忙于内斗的同时，朱元璋顺利的拔除了张士诚势力范围外围的湖州、杭州、嘉兴等地的军事据点，不断歼灭其野战部队。随后采用叶兑所提出的"锁城"法，对"土沃民富，又多储积，恐难猝拔"的苏州采取长期围困的战略。在这个过程之中，四川的明玉珍之子——明升向朱元璋派来使节。这位来使在朱元璋的面前大吹四川地形险固且富饶，朱元璋毫不留情地戳穿了对方的牛皮，笑着说："蜀人不以修德保民为本，而恃其险且富，非为国长久之道。且自用兵以来，商贾路绝，而乃称富饶，此岂自天而降耶？"为此还将四川的来使作为反面教材，告诉自己的部下要"戒其谨于言语，勿为夸大，恐取笑于人"。而随后朱元璋派去四川的使者便成功地带回了明升暗弱、群下擅权的消息，顺手还带来了四川各地的军事地图。

朱元璋对苏州的围困长达10个月，在这个过程中除了分兵驻守各门、各方，在城外四周筑长围困之之外，还建造了高大的3层木塔敌楼，监视城中动静，不停地施以弓弩火铳。而政治劝降的工作也始终没有停止过，朱元璋亲自写信给张士诚，劝其"全身保族，如汉窦融、宋钱俶故事"，还不断地派出说客进入城内。随着徐达在城外展开四十八卫，每

元末惨烈的攻城战

张士诚遗像

卫5门襄阳炮，其他炮架各50余座的炮兵阵地，苏州的攻防战随即进入了最后阶段。据说张士信上城督战，部下献上桃子，还没来得及品尝就被攻城的炮火轰死。

在朱元璋即将解决张士诚之时，王保保对李思齐的军事打击也逐渐占据了上风，但元帝国政府高层并不希望这场内战以王保保的全面获胜而告终，因此不断派出使节要求双方停火，然后协力向江南进攻，为此一度还划定了战区：王保保"自潼关以东，肃清江淮"，李思齐"自凤翔以西，进取川蜀"，张良弼、孔兴、脱列伯"各支军马，进取襄樊"。对此王保保多少还敷衍了一下，派出了一支部队从徐州南下，虽然没有挺进多远就被击溃了，而李思齐、张良弼则直接表示当地"信号不好，没听见"。

元帝国的试图南下，依旧搞得朱元璋很紧张，认为战场上的小规模胜利不过是王保保的骄兵之计，随即要求淮北一线进入全面戒备。事实证明朱元璋是在自己吓唬自己，王保保根本没有心情南下。为了可以一举拿下李思齐，王保保甚至不惜向元帝国的战场观察团行贿，随后派出一支精锐部队直扑李思齐的重要军事基地——凤翔。

偏偏这支精锐部队之中夹杂了许多孛罗帖木儿的旧部，他们向来对王保保心怀不满，独立行动之后，随即就打出"政府军不打政府军"的旗号拒绝向凤翔进军，指挥官貊高也表示："人臣以尊君为本，以尽忠为心，以亲民为务。今总兵官扩廓帖木儿，岁与官军仇杀，臣等乃朝廷培养之人，素知忠义，焉能俯首听命。乞降明诏，别选重臣，以总大兵。"元帝国显然很乐意看到王保保的部队陷入了内部分裂，于是立即任命皇太子爱猷识理达腊为全国武装部队总司令，王保保只能无奈地交回兵权。

施耐庵故居及其塑像

不过他没有按照元政府的安排返回自己的封地，而是率领着自己的骨干力量退守泽州（今山西晋城）。

在王保保失势的同时，朱元璋终于拿下了久攻不下的苏州。张士诚在令其妻妾自尽之后，自己闭门上吊，结果被朱元璋的部下救活。在抵达建康的一路上，张士诚绝食求死，但最终还是被作为战俘经受了李善长的一番审讯才再度上吊自杀。据说张士诚死前曾在朱元璋前"踞坐甚不恭"并表示说："天日照尔不照我，视尔何为哉？"将自己的失败完全归咎于"天命"，但事实上张士诚集团最终崩溃更多应归咎于他的蜕化变质。

张士诚本无推翻元朝的决心，向往的只是做割据一方的土皇帝。为了达到这个目的，其政权移到平江后，就专门设学士员，开弘文馆，搜罗地主知识分子和元朝旧官吏为其服务。于是一批旧官吏、地主分子、儒生蝇营狗苟，纷纷前来投靠，"张氏继陷姑苏，浙以西震恐，有官资者多趋附之"。张士诚对这些人一律重用"士有至者，不问贤不肖，辄重赠遗，舆马居室，无不充足，士之嗜利者，多往趋之"。这一伙新生地主分子为了满足自己的私欲和运粮支持残元政权，加紧对其控制区人民的剥削和压迫。以昆山一地为例，"张氏以来，比于前元多增粮额，民以穷困，输官不敷。今催粮里长人等，破家荡产，累遭杖责，监系图圄，受罪数月，逃亡缢死，不知其数"，松江地方也是"数年间军旅之需殷而赋敛之役亟"。

巨大的经济负担，令张士诚治下的百姓怨声载道。1363年张士诚为增加农业收入，疏通常熟白茆塘，当地民谣却唱到："好条白茆塘，只是开不全，若与开得全，好与西帅歇战船。"其中"西帅"指的就是朱元璋，可见张士诚统治区的人民对这伙新贵恨之入骨。有趣的是，生活在元末明初的中国两位古典小说巨子——施耐庵和罗贯中都曾先后在张士诚的政府中任职，这段特殊的经历自然深刻地投射到了两人的小说中。

朱元璋剪除了自己在江南的一大对手，随即又写信给王保保，揶揄他说："阁下如存大义，宜整师旅，听命于朝。不然，名为臣子，而朝廷之权专属军门，纵此心自以为忠，安能免于人议！若有他图，速宜坚兵以固境土。"朱元璋的这封信表面上看是替王保保着想，但仔细一分析还是挑唆，因为他并不只满足于江南半壁。就在苏州攻防战结束之后，朱元璋就对自己的部下们说："江南既平，当北定中原，毋狃于暂安而忘永逸，毋足于近功而昧远图。"第二天又问徐达等人："公等还第，置酒为乐否？"大家比较诚实地回答："荷恩，皆置酒相庆。"朱元璋显然不想自己的部下们就这样开心下去，于是随即提出："吾岂不欲置酒与诸将为一日之欢？但中原未平，非宴乐之时。公等不见张氏所为乎？终日酣歌逸乐，今竟何如？"1367年农历十月二十一日，正式任命徐达为征讨大将军，中书平章政事，掌军国重事常遇春为副将军，由淮入河率军北上。

朱元璋之所以敢于在如此短的时间之内连续作战，很大程度上是建立在他对元帝国内部情况的理性分析之上的。朱元璋对徐达和常遇春说："中原扰攘，人民离散，山东则王宣反侧，河南则王保保跋扈，关陇则李思齐、张思道彼此猜忌。元祚将亡，其几已见。"而常遇春也表示："今南方已定，兵力有余，以我百战之师，敌彼久逸之卒，挺竿而可胜也。"

在具体的战略部署上，朱元璋不同意常遇春"直捣元都"的计划，认为："元建都百年，城守必固。若悬师深入，不能即破，顿于坚城之下，馈饷不继，援兵四集，进不得战，退无所据，非我利也。"朱元璋的计划是："吾欲先取山东，撤其屏蔽；旋师河南，断其羽翼；拔潼关而守之，据其户枢。天下形势如我掌握，然后进兵元都，则彼势孤援绝，不战可克。既克其都，鼓行云中、九原以及并陇，可席卷而下矣。"

对于徐达和常遇春的这对搭档，朱元璋还是有信心的。不过考虑到这两个人的从属问题，朱元璋在出兵之前还特意对全军指战员表示："御军持重有纪律，战胜攻取，得为将之体者，莫如大将军达；当百万众，摧锋陷坚，莫如副将军遇春，然身为大将，好与小校角，甚非所望也。"对于部队的纪律，朱元璋也再次强调："所经之处及城下之日，勿妄杀人，勿夺民财，勿毁民居，勿废农具，勿杀耕牛，勿掠人子女。"

在起兵北伐的同时，朱元璋还任命自己的老战友汤和为征南将军，前往讨伐浙江的方国珍。在各路起义军之中朱元璋和方国珍的关系是最为复杂的，在朱元璋崛起之初曾按照远交近攻的战略派典签刘辰前去"招谕"方国珍，方国珍认为："方今元运将终，豪杰并起，惟江左号令严明，所向无敌。今又东下婺州，恐不能与抗。况与我为敌者，西有张士诚，南有陈友谅，莫若姑示顺从，借为声援，以观其变。"方国珍表面上虽然纳款，但始终与朱元璋保持着若即若离的关系。

随着朱元璋第一次在江东桥击败了陈友谅，方国珍的态度立即有了鲜明的转变。他不仅派自己的幕僚张本仁献上自己控制的温、台、庆元三路，还将自己的儿子方关作为人质送到建康。朱元璋为了表示自己的豁达，对张本仁说："古者虑人不从，则为盟誓，明誓不信，变而为质子。此衰世之事，岂可蹈之！凡人之盟誓、交质者，皆由未能相信故也。今既诚心来归，便当推诚相与，如青天白日，何自怀疑而以质子为哉！"派人把方关又送了回去，方关随即改名为方明完。

而在鄱阳湖决战前后，从庆元返回建康的朱元璋部下夏煜向朱元璋告之了方国珍依旧首鼠两端的情况。朱元璋此时正处于"吾方致力姑苏，未暇与校"，只能派人前去警告对方"及今能涤心改过，不负初心，则三郡之地，庶几可保。不然，吾恐汝兄弟败亡，妻子为修，徒为人所指笑也"。面对于朱元璋的警告，方国珍显然还是害怕的，他随即派人送来了金玉饰马鞍舆，不过朱元璋并不领情，表示："吾今有事四方，所需者文武材能，所用者粟米布帛，其他玩宝，非所好也。"

当朱元璋一方面担心王保保的南下，一方面和张士诚反复鏖战之时，方国珍的观望心态再度萌发。朱元璋对此发出了最严厉的警告——"尔能深烛成败，高览远虑，自求多福，尚可图也。"在夺取了杭州之后，朱元璋的领地已经与方国珍的领地直接壤了。朱元璋一方面要求对方支援军粮23万石，另一方面继续施加政治压力，写信给对方说："尔早改过效顺，犹可保其富贵。不然，为偷生之计，窜入海岛，吾恐子女玉帛反为尔累，舟中自生敌国，徒为豪杰所笑也。"

对于朱元璋的威胁，方国珍的部下很多都不以为然，他们认为"苏州未下，彼安能越千里而取我"或者"江左兵多步骑，其如吾海舟何"！只有邱楠表示："二人所言，非公福也，唯智可以决事，唯信可以守国，唯直可以用兵，公经营浙东，十余年矣，迁延犹豫，计不早定，不可谓智。既许之降，抑又倍焉，不可谓信。彼之征师，则有词矣，我实负彼，不可谓直。幸而扶服听命，庶几可视钱俶乎！"不过要方国珍这样的老牌起义军领袖俯首称臣显然并不容易，他所做的工作是日夜运送珍宝，集结船舰，准备继续做一个海盗。

　　过惯了钟鸣鼎食的日子，方国珍显然已经无法再适应海上的流亡生活，他很快便选择了屈服，派出自己曾经被推为人质的儿子方明完向朱元璋奉表乞降。朱元璋对方国珍的反复无常虽然气愤，但对方明完这个小孩子倒似乎没什么恶感，发了一通脾气之后又发现由詹鼎所写的降表写得不错，感慨了一句："孰谓方氏无人耶！"随即豁达地表示"吾当以汝此诚为诚，不以前过为过，汝勿自疑"，正式结束了他和方国珍之间彼此猜忌和试探的历史。方国珍的实力有限，投降之时只有陆军9200人，海军14300人，官吏650人，马190匹，海舟420艘，粮151900石，在元末诸多割据势力之中只能甘陪末座。

纵横塞北

南征北伐

如果说方国珍在元末群雄逐鹿的过程中率先抢跑但最终却鲜有成就，完全是由于个人性格原因，始终首鼠两端的话，那么与之比邻的陈友定则完全是受制于福建当地的特殊的地理和人文因素的制约，以至于在朱元璋迅速崛起的时候未能积聚起足以争雄的力量。

1365年农历二月，陈友定曾尝试进攻攻朱元璋控制之处州（今浙江丽水），但随即在朱元璋所部参军胡琛的大举支援之下，选择了撤退。此后朱元璋随即命胡琛、朱亮祖等人由铅山、杉关等地攻入福建，陈友定虽然成功地在建宁地区击败了胡琛，但却无法改变朱亮祖所部控制赣闽要冲杉关等地的现实，战略态势日益恶化。

为了集中兵力迎战朱元璋随即可能发动的进攻，1366年农历四月，陈友定利用泉州"亦思巴奚"头目那兀纳遣其将白牌、马合谋、金阿里等攻兴化地区豪族柳伯顺的机会，秘密出兵夹击"亦思巴奚"军。陈友定派遣其子陈宗海率军连夜从宁真门潜入莆田城，并在次日从西门、南门出城对围城的"亦思巴奚"军发动进攻，这批训练有素的正规军迅速击溃了"亦思巴奚"军，在这场战斗中，"亦思巴奚"方面有数千名士兵阵亡，白牌、马合谋、金阿里也被俘杀，剩余的士兵疲于奔命，却在沿途不断受到对其恨之入骨的兴化农民的袭击，最终仅有4名骑兵回到泉州。

莆田之战获胜后，陈宗海立即着手组织对泉州的总攻。五月，陈宗海调发元朝水陆两路军队，水路部队由林珙带领，陆军在柳伯顺部队配合下由北面向那兀纳的大本营泉州发动进攻，那兀纳则强征民众入伍，以抵抗元朝军队。陈宗海军的监军陈铉原是泉州洵美场司丞，他暗中联络晋江县尉龚名安、千户金吉等人做接应。金吉也是色目人，属于什叶派穆斯林，因而对逊尼派的那兀纳有不满。在泉州之战开始后由龚名安率水军进入东山渡，并引导陈宗海的水军进攻泉州城，而金吉则在城内打开城门迎接。在里应外合之下，那兀纳最终兵败被擒，并被押往大都。"亦思巴奚"兵乱以元朝政府军成功镇压"亦思巴奚"军，平息兴化、泉州一带的战乱并重新控制泉州而结束。

作为一名汉人，陈友定虽然效忠元帝国政府，但据说民族意识特别强烈，为了报复当年蒲寿庚背叛宋室，他对蒲氏家族的后人也展开了疯狂的屠杀，当然同时获得了当地蒲氏家族所积累的大量财富。据说为了敛财，陈友定连蒲氏家族的祖坟都没放过，据说"得诸宝货无计"，而其中又以蒲寿庚长子蒲师文墓中所获得的财宝最多，甚至连墓碑都是用玛瑙石做成的。得到了如此丰厚的财富，陈友定手中阔绰到甚至可以担负向元帝国海运任务以换取政治资本。

战争致使大批穆斯林逃离泉州，迁徙乡间或他方，多隐姓埋名，以求生存，导致本就在"亦思巴奚"兵乱中遭遇重创的泉州海商经济从此一蹶不振。当年八月，元中书左丞李国凤上奏其功，陈友定正式为福建行省平章政事。但陈友定却随即发兵讨省内未服者，远近闻风献城，惟漳州总管罗良不服，以书指责陈友定："今郡邑之长，君命也，固不可以加害；百司之职，君役也，固不可以加箠。足下破郡邑为家资，驱官僚为臣妾，口言为国，心实私耳。"陈友定得书大怒，竟然发兵攻打漳州，一时间在陈友定控制的福建全省出现"八郡之政，皆用其私人以总制之。朝廷命官不得有所与"。但陈友定此时每年遣海舶运粮由海道经登、莱等州运抵大都，却是元帝国仅存的生命线，因此对其不仅没有苛责，反而大加嘉奖。

1367年十月，朱元璋在削平方国珍割据势力后，命中书平章胡廷瑞为征南将军、江西行省左丞何文辉为副将军，率安吉、宁国、南昌、袁州、赣州等卫军由江西取福建。十二月，朱元璋所部从杉关进入福建境内，陈友定所委任的邵武守将李宗茂、建阳守将曹复畴纷纷投降。在形势一片大好之下，朱元璋又命征南将军汤和、副将军廖永忠、都督佥事吴祯等率舟师自明州（今浙江宁波）由海道攻福州，驻师南台河口，遣人入城招谕守将曲出、赖正孙、谢英辅等，曲出杀使者，吴师围西、南、水部三门，曲出等遁去，正孙、英辅逃奔延平陈友定处，其余元臣多自杀死。汤和遣使招谕兴化、漳州、泉州诸路，分兵攻略福宁等州县未附者。

手中有钱有兵的陈友定自然不会甘心投降，他残忍地杀死了朱元璋的使者，将他的血倒在酒瓮中，和部下分着喝，随后表示："吾曹并受朝廷厚恩，有不以死拒者，身磔，妻子戮！"不过他的实力终究无法与朱元璋相抗衡。1368年正月，汤和的部队抵达了延平，在形势不利的情况下陈友定的部下纷纷变节，陈友定本人饮药自尽未死，被拘押到了建康，朱元璋问他："元纲不振，海内土崩，天命更革，岂人力所能为。尔窃据偏隅，负固逆命，害吾参军，杀吾使者，陆梁弗服，欲何为哉！"陈友定回答说："事败身亡，惟有死耳，尚何言！"随后和自己的儿子陈宗海一起被杀。

随着陈友定的败亡，元帝国在福建名义上的统治也归于结束。朱元璋除了从湖南出兵南下攻略广西，从福州进军广东之外，最关心的自然还是中原战场。事实上早在苏州战役结束之前，朱元璋已经写信给了王保保的部下——镇守沂州的"义军都帅"王宣父子。朱元璋显然和王宣父子早有联系，因此在信中说："你们父子几年前就写信给我说：'虽在苍颜皓首之际，犹望阁下鼓舞群雄，殡子婴于咸阳，戮商辛于牧野，以清区宇。'今整兵取河南，已至淮安，尔若能奋然来归，相与勠力戡乱，岂不伟哉！"

不得不说王宣父子的马屁拍的还是很响的，直接将朱元璋比喻成了刘邦和周武王，但在实际行动中这对父子却始终放不下元帝国所给予的高官厚禄，不仅没有率先起兵响应朱元璋的北伐，即便是徐达兵临城下了还试图阵前倒戈、逮捕朱元璋的特派员——徐唐臣。不过这一手显然没有逃出徐达的法眼，最终王宣被处死，他的儿子王信逃亡山西，元帝国在山东的第一道防线随即瓦解。

得到前线的战报之后，朱元璋立即派人向徐达转告了自己的建议："闻将军已下沂州，未知兵欲何向？如向益都，当遣精锐将士，于黄河扼其冲要，以断援兵，使彼外不得进，内无所望，我军势重力专，可以必克。如未下益都，即宜进取济宁、济南，二郡既下，则益都以东势穷力竭，如囊中之物，可不攻而自下矣。"虽然朱元璋特别强调："然兵难遥度，随机应变，尤在将军。"但徐达自然还是遵循了朱元璋的部署，首先避开了向来易守难攻的益都，不过在具体实施过程中却还是打了个对折，只是派兵攻陷了榆行、梁城、滕州一线阻断了元帝国对益都的增援，并没有真的直接将攻击矛头转向济南。不过即便如此，对益都所形成的压力已经很大了。在一次试探性的进攻之中，这座山东重镇便开城投降了。

徐达的大举北上显然给了元帝国政治中枢莫大的震动，以太常礼仪院使陈祖仁为首的一干官僚随即上书，表示："近者南军侵陷全齐，不逾月而逼畿甸，朝廷虽命丞相也速出师，军马数少，势力孤危，而中原诸军，左牵右掣，调度失宜，京城四面，茫无屏蔽，宗社安危，正在今日。"

他们针对元帝国中央脑子里所想的还是争权夺利，仍在集中优势兵力准备在山西雌伏的王保保，提出"臣等以为驭天下之势，当论其轻重、强弱。远近、先后，不宜胶于一偏，狃于故辙。前日南军僻在一方，而王保保近在肘腋，势将窃持国柄，故宜先于致讨，以南军远而轻，王保保近而重也。今王保保势已穷蹙，而南军突至，势将不利于宗社，故宜先于救难，则王保保弱而轻，南军强而重也"。但是这些人的真知灼见并没有被元帝国所采纳，就在徐达的大军连续夺取济南、登州、莱州的情况之下，以皇太子爱猷识理达腊为首元帝国主力兵团正在忙于围攻王保保所驻守的泽州，不过王保保也不是省油的灯，随后跑到晋宁（今山西临汾）继续抵抗。

1368年正月，朱元璋的北伐大军主力已经顺利地席卷了山东，由邓愈率领的偏师也由襄阳北上成功地夺取了南阳，如此顺利的进展，令朱元璋本人都有些不好意思了，他派人提醒徐达、常遇春说："屡胜之兵易骄，久劳之师易溃。能虑乎败，乃可无败；能慎乎成，乃可有成。若一懈怠，必为人所乘。将军其勉之。"而随后朱元璋本人也终于放弃了所谓"中原未平，军旅未息"的矜持，在建康宣布即皇帝位，正式建立了大明帝国。

朱元璋自立为帝的行为，显然引起了元帝国的警觉。元顺帝妥懽帖睦尔命令据守关中的张良弼、李思齐"守御关中，抚安军民"。同时以脱列伯、孔兴从潼关出击，"及取顺便山路，渡黄河，合势东行，共勤

王事。"不过李思齐等人继续装作不知道，在关中拥兵自重。在这样的情况下，太常礼仪院使陈祖仁只能直接上书皇太子爱猷识理达腊，表示："王保保的部队，终为南军之所忌，如果能好好利用，总不至于一点帮助都没有吧？这一点大家都知道，只是担心被扣上收了王保保的黑钱为游说的帽子而已。何况王保保自己也频繁上书疏明其心曲，是犹未自绝于朝廷。显然如果硬要给他加上悖逆的罪名，他又怎么可能甘心受罚呢？其害或有不可言者。"

陈祖仁同时还指出："当今为国家计，不过战、守、迁三事。"元帝国如果想要打下去。则必须借助王保保的出兵山西以成"犄角之势"。如果想要防御，也需要王保保出兵勤王。即便要迁都，王保保也可以提供"藩卫之力"。不过尽管陈祖仁已经发出了"当此危急之秋，宗社存亡，仅在旦夕，不幸一日有唐玄宗仓卒之出，则是以百年之宗社，委而弃之，此时虽碎首杀身，何济于事"的警告，但皇太子爱猷识理达腊还是不予理睬，让王保保倒戈的部下貊高和关保继续向晋宁发动猛攻，甚至明确表示："如果王保保拒命，就便擒击。"在王保保坚决抵抗的情况之下，元政府不得不下诏削夺了他的爵邑，同时命令关中的李思齐等人出兵增援。对于王保保手下的骨干力量，元帝国也发动了政治攻势。除了其高级幕僚——孙翥、赵恒"罪在不赦"之外，其将士官吏效顺者免罪。

不过此时明帝国的北伐军已经进入了河南，李思齐等人虽然有心北上参与扑灭王保保的战役，但仍不得不优先退守潼关以保护自己的根据地。而在徐达、常遇春等人由虎牢关进入洛阳之后，李思齐等人似乎也意识到河南地区的李克彝等人靠不住，于是第一时间联名写信给王保保，说什么"以前出师非其本心"，自然希望"重修旧好"云云。不过王保保此刻仍被貊高和关保围困在晋宁，就算有心参战，也无力南下。王保保来不了，明帝国的北伐军倒是来得迅猛。应该说此刻明帝国新一代的名将也已经逐渐崛起，未来令王保保、李思齐和整个北元政权不胜头疼的冯胜率先登场，轻松地突破了李思齐重兵把守的关中门户——潼关，李思齐和张良弼面对这位北宋末年间连中三元的名臣冯京的后人，完全没有了当年联手阻击王保保的气势，丢弃了大量辎重之后竟然各自逃往凤翔和鄜城了。

在山东、河南相继入手之后，朱元璋和他的部下已经在考虑夺取元帝国首都的相关事宜了。1368年农历六月，朱元璋将徐达召到了自己的行营，亲自犒赏这位名将。徐达表示："大军平齐鲁，扫河洛，库库特穆尔逡巡观望，潼关既克，李思齐狼狈西奔，元声援已绝。今乘胜直捣元都，可不战有也。"朱元璋对于这一设想颇为鼓励，甚至在徐达提出关于如果元帝国政府放弃大都北逃，是否追击的问题时，朱元璋很慷慨地表示："气运有胜衰，彼今衰矣，不烦穷兵。出塞之后，固守以防其侵轶可也。"

最后一击

　　就在朱元璋和徐达全面部署大军渡河北上，围攻大都的军事行动之时，王保保却在山西上演了大逆转，这位长期被自己的部下貊高和关保所压制的名将，始终采取保持实力的态度来应对对方的进攻。在得知了貊高分兵劫掠附近郡县的情况下，才果断出击以夜袭的模式，一举攻占了对手的指挥部，将貊高和关保先后俘虏。这个时候元顺帝妥懽帖睦尔对王保保的态度顿时出现了一百八十度大转弯，宣布貊高和关保是"间谍构兵，可治以军法"，对于这两个政府认定的"元奸"，王保保自然不客气地处决了。

　　不过对于元帝国政府不自量力地大反击部署："命王保保任前河南王、太傅、中书左丞相，统领见部军马，由中道直抵彰德、卫辉；太保、中书右丞相也速统率大军，经由东道，水陆并进；少保、陕西行省左丞相秃鲁统率关陕诸军，东出潼关，攻取河洛；太尉、平章政事李思齐统率军马，南出七盘、金、商，克服汴洛。四道进兵，犄角剿捕，毋分彼此。"各方势力显然都没什么太大的兴趣，李思齐虽然在凤翔调集了关、陕、秦、陇各地的部队，据说"拥精甲十馀万"，但是"坐视不救。"

　　而对于自己一向欣赏的老对手——王保保，朱元璋此时也给出了另一番评价，他说："王保保本一孺子，承李察罕余烈，骤得重权，恢复山东、河南北诸郡，遽袭王爵，遂萌骄纵之心，岂有豪杰之见？使其能知礼义，欲为一代中兴名将，则必尽忠于元。几阃外生杀之权，专之可也。至于选法、钱粮，必归之朝廷；重兵在手，攻战守御，必尽其心。若夫成败利钝，一听于天。以此存心，足为忠臣。使其不能出此，分兵以守要地，多任贤智，去其险邪，释其私忿，一心公忠，凡事禀于天子，不失君臣之礼，功成名立，此又其次也。今王保保不此之务，自除官职，其麾下称左右丞、参政、院官者，不可胜数，而各处钱粮皆收入军中，不供国用，此与叛乱何异？名虽为元，实则跋扈。若一旦为敌国所败，天下后世将谓何？如是遗臭也，古之贤哲宁如是乎？"这番话虽然失之刻薄，却说出了王保保最大的弱点，作为一名军事主管，王保保始终将自己放在一个军阀的位置之上，在许多的问题上自然不可能站在全局的角度上去思考。面对步步进逼的明帝国北伐大军，王保保虽然名义上出兵勤王，但走的路线却是由晋宁向大同。

王保保反常的进军路线立即遭到了部下的非议，有人提出："丞相率师勤王宜出井陉口，向真定（今河北正定），与河间也速军合，势可以遮截南军。若入云中（今山西大同），至燕京（即大都）沿途千里，无乃不可乎！"王保保虽然嘴上辩解说："我潜师由紫荆口，出其不意，岂不可以图胜？"但本质上他还是听取了自己那位"罪在不赦"的幕僚——赵恒的建议："朝廷开抚军院，步步要杀丞相。乃要勤王，我驻云中，观其成败，徐为计耳。"不过王保保的复起，多少还是令明帝国的北伐军有所忌惮的，在元中书右丞相也速望风逃遁的情况之下，徐达在进军通州之后，仍命令部下"各卫立栅桃桃堑以待战"，显然是做足了与王保保一决雌雄的准备的。

不过王保保虽然主观上没有驰援大都的行动，客观上却还是给予了元顺帝懽帖贴睦尔成功脱逃的机会。根据元帝国国防部官员（枢密属官）刘佶所撰写的《北巡私记》中的说法，元顺帝懽帖贴睦尔曾在清宁殿召开内阁紧急会议，以"巡幸上都"的名义准备逃亡。脱脱之子知枢密院事哈剌张提出反对，理由就是敌军已经抵达了通州"一出都城，立不可保"。不过徐达还在准备与王保保的主力决战，因此元顺帝妥懽帖睦尔成功的抵制了大臣们"天下者，世祖之天下，陛下当死守，奈何弃之？臣等愿率军民及诸集赛出城拒战，愿陛下固守京城"的非议，于半夜带着自己的老婆、孩子以及一部分政府官员"胜利大逃亡"去了。

当然还是有一部分元帝国的宗室留在了大都，他们是曾经驻守庐州的宣让王、当时的淮王帖木儿不花，以及曾经帮助元顺帝妥懽帖睦尔剪除孛罗帖木儿的威顺王宽彻普化之子——义王和尚。这些宗室大多在战乱之中失去了封地，此刻都和留下来守城的中书左丞相庆童一样已经有了"吾知死所，尚何言哉"的觉悟了。但是作为元帝国的首都，此时城内的防御兵力实在少得可怜。中书平章政事朴赛因不花据说"有膂力，善骑射"，但是等他跑到自己的防区——顺承门之时，才发现这一区域只有几百名老弱病残，也只能表示："国事至此，吾但知与此门同存亡也。"

面对近在咫尺的元帝国首都，徐达表现得异常谨慎。在元顺帝妥懽帖睦尔逃亡之后的5天时间，他始终在修筑工事准备迎击骁勇的蒙古铁骑。根据《明兴野记》中的说法，即便是小股侦察部队"至燕都城下，不逢敌兵，城上亦无旗帜"，徐达也认为"疑有伏兵"。直到确定元帝国政府军没有主动出击之后，徐达才命令部队分三路向大都挺进，而在半路之上，徐达还是遭遇到了一小队蒙古骑兵的反击。徐达让自己的部将尹坚出马，尹坚显然也是一员猛将，顺利地俘获了两名佩金虎符的元军战将。刨去史书的粉饰之外，我们不得不怀疑这一小队的蒙古骑兵应该是从大都城内出发前来进行自杀式冲锋的"亲贵敢死队"，因为按照蒙元帝国的军事制度只有万户才有资格"佩金虎符"，如果是元帝国的正规军，那么至少由两个万户指挥的大军规模应该还是比较庞大的。这次出马尹坚显然是赚到了，不过这种军功实在没什么可骄傲的。在大都战役之后，我们就没有在史料中再看到这位勇将的身影了。

在击溃了元帝国的"亲贵敢死队"之后，徐达的大军顺利地抵达了大都城下，接下来所发生的一切更像是一场移交仪式而不是血腥的攻城战役。在汉族的史料中只用了简短的六个字来概括整个过程——"填壕登城而入"。不过或许是因为大都的沦陷过于迅速，在蒙文史籍《黄金史纲》和《蒙古源流》中都记载了另一个版本的故事——说明帝国的部队是藏在一万辆装满了财物的大车里，贿赂了守城军士才进城的。这个元末版的"木马计"实在太过侮辱读者的智商了，我们只能一笑而过。

进入大都之后的明军也没遭遇所谓的巷战，徐达亲自坐镇齐化门，看着城内的元帝国亲贵一一处决。有趣的是，为了保护以监国身份留在大都的帖木儿不花，许多元帝国贵族和大臣都自称"淮王"，上演了一出"代死"的帝国灭亡保留节目。而除了蒙古亲王之外，元帝国的汉族官僚在这个问题上也不遑多让。理财专家丁好礼以75岁的高龄，向徐达表示"我以小吏致极品，爵上公，今老矣，恨无以报国，所欠唯一死耳"，随即慷慨赴死。

徐达虽然在大都城内只是处决了一些元朝的亲贵大臣，但是对于大都周围依旧忠于元帝国的"团结""山寨"等民兵组织所进行的肃清却异常的血腥。农历八月十五日明军进攻鸡鸣山寨及宣德府怀来县，当地的民兵"力战不克"，明军随即"梯登屠之"。不过这并不影响明朝的历史书写下以下的文字："（徐达）封其府库、图籍、宝物及宫殿门，以兵守之。宫人妃，主令其宦官护侍，禁戢士卒，毋得侵暴。人民接堵，市不易肆。人谓曹彬下江南不是过也。"似乎有元一代谁都想成为曹彬，但是北宋曹彬攻克江南时"不妄杀一人"，本身又何尝不是一个政治神话呢？

大都的易手基本表示着统治中原97年的元帝国土崩瓦解，但是战争并没有就此结束。尽管徐达在占领大都之后随即派出右丞薛显、参政傅友德、平章曹良臣、都督副使顾时等人率领骑兵部队展开追击，但由于徐达一开始便将追击的主要方向盯在了古北口一线，因此尽管意外地捕获了一批从大都逃亡的回回大户，缴获了大批物资，却与从居庸关逃亡塞外的元顺帝妥懽帖睦尔失之交臂。

事实上徐达虽然是一员名将，但是对于中国北方的地形并不熟悉，在当时的情况下产生了错误的判断本身无可厚非，而事实上综合一些蒙古语典籍来说，居庸关方向也并非全无战事。蒙文史籍《黄金史纲》记载了铁木真之弟哈撒儿的后嫡——图穆勒呼巴图尔在掩护元帝国宗室北逃的过程中曾"命令自己的儿子哈齐库鲁克临阵，领着六十名擎旗手赶来，说道：'语云：与其毁声灭名，何如粉身碎骨！'因之，与汉家追兵激战而死"。由此来判断，徐达当时可能是分兵多路追击，只是没有选对重点而已。

有趣的是，这一本来可以原谅的错误，在明帝国统治时期却演绎出了一则新的政治神话——徐达和朱元璋是有意放走元顺帝妥懽帖睦尔的。明代号称"吴中诗冠"的徐祯卿在自己《剪胜野闻》这样写到："徐太傅追元顺帝，将及之，忽传令颁师。常遇春不知所出，大怒，驰归告帝曰：'达反矣，追兵及顺帝而已之，其谋不可逆也。'"身为副手的常遇春打自己上司徐达的小报告，似乎还在情理之中，但是接下来的情节就有些离奇和荒诞了。

徐达知道常遇春告自己的"黑状"之后，竟然"留兵镇北平而自引军归，驻舟江浦，仗剑入谒"。除了这等同于公然谋反的行为之外，徐达竟然因为朱元璋正在生气，命令自己的卫兵不许徐达进见，徐达竟然"拔剑斩阍吏，夺关而出"。朱元璋此刻的脾气似乎又好了起来，派人"释其罪，令内谒"。徐达却偏不给面子，最后两人是在徐达的军舰上见面的。徐达陈述了自己的理由："我如果有什么其他的想法，不会等到今天！虽然好像晚了点，但是带领着部队兵临长江，割据江淮还是可以的吧！我之所以不活捉元帝国的皇帝，主要是这样考虑的。他虽然已经不行了，但毕竟曾经统治中国，我把他抓回来，您似乎反而不好处置他吧？不如把他赶到沙漠去！"好吧！我们只能承认这个徐达是未来嚣张跋扈的蓝玉附身了，而朱元璋随即竟然还称赞徐达说："深知大体，岂诸将所能及？"君臣似乎都有些脑子不清楚起来了。

偏偏这一明显与情理不合的说法此后不断被明、清两代的文人不断引用，当然也进行了各种修正。他们所提出的依据主要有两点。其一是朱元璋曾经因为应回了"小明王"韩林儿而陷入了政治地位的尴尬，最后只能用自己的部下廖永忠将其秘密投入江中淹死。其二则是朱元璋和徐达挺进大都之前曾说过"气运有胜衰，彼今衰矣，不烦穷兵。出塞之后，固守以防其侵轶可也"。不过韩林儿的情况毕竟和元顺帝妥懽帖睦尔不同，前者曾是朱元璋名义上的领导，而朱元璋所谓"不烦穷兵"也是从军事上来考量。毕竟元帝国政府虽然北逃，但是在山西、陕西还有王保保和李思齐两大重兵集团。

无论如何，徐达的追击不力令元顺帝妥懽帖睦尔逃出了生天，由于上都之前曾被红巾军的北伐部队攻陷过，因此相对残破。根据《北巡私记》中的记载，居庸关一线"道路萧条，关无一兵。车驾至，亦无供张"。元顺帝妥懽帖睦尔只能长叹说："朕不出京师，安知外事如此？"此时的元帝国流亡政府始终处于风声鹤唳的状态，在鸡鸣山遇到山崩也以为是明军追杀，吓得一个晚上都"人马皆惊"。加上一路上连日大雨，天气又冷，很快就出现了有人冻饿而死。不过《北巡私记》的作者刘佶由于是政府工作人员，虽然饿了几顿，但在向自己的领导反映之后，随即就被安排住进了毡帐，吃了一顿烤羊肉。

应该说在抵达上都的初期。元顺帝妥懽帖睦尔还是试图反攻。随着辽东参政赛因帖木儿率五千骑兵抵达之后，元顺帝妥懽帖睦尔首先让皇太子爱猷识理达腊在红罗山建立防线，随后从辽东征召部队，甚至要求卫星国高丽也出兵支援。当然最为关键的还是策动山西一线的王保保发动反击，为此元顺帝妥懽帖睦尔特意册封其为齐王。

在山西拥兵自重的王保保始终被明帝国认为是心腹大患，这从某种程度上也牵制了明军北上的脚步，1368年八月，明军兵分两路进攻山西。王保保虽然在韩店击溃了明军杨璟的部队，但却无法改变太原地区遭遇明军南北夹击的不利局面。此时恰巧传来了元顺帝妥懽帖睦尔命令王保保收复大都的指令，我们当然不能相信王保保这样的一个军阀会听从已经失去了全国政权的那位君皇的号令，王保保之所以出兵保安，准备经居庸关奔袭已经改名为北平大都，更多的应该是围魏救赵的考量。

不过王保保的计划被徐达看穿了，当然更重要的是明军此刻在兵力上占据着绝对的优势。徐达对自己的部下提出"王保保率师远出，太原必虚，北平孙都督总六卫之师，足以镇御。我与汝等乘其不备，直抵太原，倾其巢穴。则彼进不得战，退无所依，此兵法所谓批抗捣虚也。若彼还军求太原，则已为我牵制，进退失利，必成擒矣"。无奈之下的王保保只能从保安撤军，在太原城下与明军决战，最终由于部将豁鼻马的叛变，被常遇春在夜袭中击溃，凄惨地带着18名骑兵逃亡大同。在明军继续追杀的情况之下，王保保不敢北上大都与元帝国流亡政府会合，继续向西进入了甘肃。

在占领了山西全境之后，明军又将矛头对准了长期处于观望中的李思齐集团。在年轻将领冯胜的指挥之下，明军将李思齐集团的关中诸将一一击破。李思齐出降，张良弼被杀，脱列伯被擒，孔兴逃亡，至此，元帝国在关中名义上的统治也宣告终结。而在明军进攻西北的同时，元帝国流亡政府在大都地区发动了第一次也是唯一·大规模反击，由常败将军也速指挥的四万骑兵从辽东攻到了通州城下，一度令元政府极为振奋，皇太子爱献识理达腊要求"亲率精骑直搏大都"。不过元顺帝妥懽帖睦尔似乎还比较清醒，拒绝让自己这个勉强合格的继承人前去冒险，果然随即传来了也速在滦州战败的消息。

元军在滦州的战败，主要是由于明帝国及时从西北战场上抽调回了常遇春和李文忠的精锐部队。在常遇春的面前，也速显然不是对手，随即一败再败，元帝国在辽东一线的残余兵力也被一扫而空，元帝国流亡政府只能从上都撤往应昌（今蒙古克什克腾旗西达来诺尔附近）。对于这一选择，仍在甘肃坚持抵抗的王保保提出了异议，他奉劝元顺帝妥懽帖睦尔速"移至和林，勿以应昌为可恃之地"。但是元顺帝妥懽帖睦尔此时并不希望就此放弃"反攻中原"的机会，坚持留在"未经红贼，城市尚完"的应昌等待着奇迹的出现。

第八章 拉锯漠北（1370—1378）

——明帝国的两次北伐和北元的反击

争夺辽东

岭北折戟

西域得失

争夺辽东

逗留于应昌的元顺帝妥懽帖睦尔最终等来的不是奇迹，而是死神。1370年农历四月二十八日，在位37年，享年51岁的元顺帝妥懽帖睦尔因痢疾而去世。20天前明军统帅徐达在本道峪（今甘肃定西西北）彻底击溃了围困兰州的王保保，而与此同时李文忠的大军正在向应昌进军的途中。朱元璋对自己的这两路大军都寄予了厚望，他说："王保保方以兵临边，今舍彼而取元主，失缓急之宜。吾欲分兵二道：大将军自潼关出西安，攻定西，以取王保保；左副将军出居庸，入沙漠，以追元主。使其彼此自救，不暇应援。元主远居沙漠，不意我师之至，如孤豚之遇猛虎，取之必矣。"

撤离兰州的王保保，纵兵四掠。三月，徐达兵至定西，王保保退屯本道峪（在定西西北），徐达进兵沈儿峪，与王保保所部隔深沟而垒，立栅以逼之。双方兵力相当，但明军粮储充足，王保保则兵疲粮乏。四月，徐达命各卫士兵昼夜轮番掠扰残元军，使之无法休息。初七夜，令军士停止骚扰，俟其军熟睡之际，袭其中军，擒获元郯王、文济王及国公阁思孝、平章韩札儿、虎林赤、严奉先、李景昌、察罕不花等官1865人，将校士卒84500余人，获马15280余匹，驼骡驴杂畜无算。王保保只能带着其妻、子数人从古城北遁走，至黄河得流木而渡，入宁夏奔和林，至此，元帝国势力基本上退至漠北。

面对明帝国庞大的远征军，即位的皇太子爱猷识理达腊不想成为猛虎口中那只孤独的小猪，终于向自己祖先的龙兴之地——和林转移，不过他跑得很仓促，连自己的儿子——买的里八剌和后妃宫人也成为了明军的俘虏，在他身边只有当年背着他学乌鸦叫的脱脱之子——哈剌张和几十名骑兵。在和林爱猷识理达腊与自己曾经信任过，也曾经讨伐过的老朋友王保保再度会合，在孕育过一代天骄的草原之上，这三个难兄难弟久别重逢的景象将是何等令人唏嘘。

客观地说，此时元帝国虽然丢失了富饶的中原大部，但名义上依旧能够对漠北、辽东等地实施有效的统治，加上盘踞云南的梁王把匝剌瓦尔密，以及控制巴蜀的明玉珍政权对朱元璋治下大明帝国的牵制，此时即位为帝的爱猷识理达腊，至少从地盘和兵力上来看，要较之昔日草创蒙元帝国的远祖成吉思汗有利的多，而爱猷识理达腊首先寄予厚望的便是掌控辽东的太尉纳哈出。

纳哈出是昔日成吉思汗麾下四杰之一木华黎的后裔，他和朱元璋也算是老相识了，早在1355年身为元帝国太平路（治所在今安徽当涂）万户的纳哈出便在战场上被朱元璋俘虏过。按照《明史》中的说法，朱元璋曾以纳哈出为名臣后人，待之甚厚，劝其归顺，但纳哈出却坚决不肯。最终朱元璋竟然好言相抚，厚赠银两，准其北归。从这个角度来看，纳哈出无疑是幸运的，因为在随着朱元璋的日益强大，不再需要彰显自己"优待俘虏"后，这位起义军领袖处死过诸多元帝国的所谓"名臣之后"。而侥幸保全首级的纳哈出此后也是一路官运亨通，在元顺帝妥欢贴睦尔放弃大都北逃之际，已经被册封为丞相，爱猷识理达腊即位后，更进一步加封其为太尉。

但必须指出的是纳哈出虽然"雄踞辽东"，但其所控制的地域并非囊括"统有七路、一府。属州十二，属县十"的辽阳行省全部，因为就在辽东地区此时还活跃着屯兵老鸦山（今辽宁凤凰城）的辽阳行省平章高家奴、"集兵屯盖州之得利瀛城"的辽阳行省平章刘益以及"屯聚开原"的辽阳行省左丞相也先不花，而纳哈出所部则主要集结于在开原西北350里的辽河北岸金山一线。

之所以出现这样的局面，不得不从元帝国建立以来对东北诸民族的管理讲起。元帝国治下的辽阳行省呈现汉、蒙古、契丹、女真多民族混居的状态，辽帝国曾经把大批汉人强行迁徙到中京（今老哈河上游）、东京（今辽宁辽阳）等地区，广置"投下军州"，因此直到元代辽阳行省的汉族人口仍比较集中地分布在辽河流域和渤海湾东西地区。因此刘益这样的汉族官吏能够在元末的乱世中，称为元帝国辽东地区的军政长官也就不难理解了。

　　驻牧于辽阳行省的蒙古人，主要有两个来源：一是跟随份地在这里的诸王勋臣一起迁徙来的蒙古部众，除了与成吉思汗家族沾亲带故的"东道诸王"之外，便以在灭金过程中立下赫赫战功的木华黎家族的部众为多，另一来源则是先后被遣往该地区担任镇戍的蒙古军。这部分蒙古人分布的面更广一些，但仍主要集中于以辽河流域为中心的行省南部，而纳哈出和也先不花则分别被视为这两股蒙古势力的代言人。纳哈出身为木华黎的后裔，动员本族及"东道诸王"的牧民，以号称20万的大军据守金山一线，既是对爱猷识理达腊的支持，同时也可以被视为"东道诸王"对自己领地的保护，与当地蒙古驻军领袖的也先不花形成犄角之势。

　　与此同时辽河流域也曾是契丹族龙兴的故地，在金代，除留居故地者外，还有部分契丹人陆续被金政府从西北路或西南路强制迁徙到这里。虽然在元帝国治下辽东契丹族逐渐被离散部落，杂处于它周围的汉、女真或其他诸族之中，最终消失于史籍之中，但仍有部分尚能保持或重新恢复了聚族而居的状态，而契丹人出身辽阳行省平章高家奴显然就是这股势力的代表。

　　综上所述不难看出，元帝国统治之下的辽阳行省看似仍幅员辽阔，但其统治基础仍主要集中于汉、蒙古、契丹三部聚居的辽河流域。除此之外从辽阳（今辽宁沈阳）地区以南直达辽东半岛南端，主要被受汉文化影响较深，文明程度比较高的"熟女真"所控制。散布在长白山西麓北至松花江上游和中游，以及牡丹、绥芬二水流域的女真诸部，则被称为"生女真"。其经济文化的发展，虽比"熟女真"诸部稍落后一步，不过由于早与和汉、渤海等民族的互相融合或影响而逐渐扩大农耕生产，因此在元代他们与其南面的所谓"熟女真"，差别已经不是很大了。

　　在东北松花江、混同江的两岸及其周围的深山茂林中生活的通古斯语族诸部，则构成了元代称为女直水达达和兀者诸部的主体。水达达居住在混同江南北之临江滨水区域，大多数人仍然过着"逐水草为居，以射猎为业"的牧猎生活，有时也捕鱼为食。从经济发展的水平来看，要比它南面的"生女真"诸部更落后一步。但总体来说在元帝国统治时期，"生女真"和所谓的"女直水达达"和"兀者"诸部基本被排除于政治活动之外，除了令其进贡毛皮、"海东青"猎鹰等土特产之外，元帝国始终将辽东行省的偏远地区视为重犯流放之地。元顺帝妥欢贴睦尔执政初年，更由于向极东北诸部勒索无度，而激起水达达和兀者的反抗。这次起义时断时续，前后共经过近10年才最终平息。

辽阳行省令出多门，不相统属的局面显然不利于爱猷识理达腊的"反攻大业"，因此这位"北元"皇帝随即决定派遣自己的童年玩伴哈剌张前往辽东，就近协调各方面的势力。但就在爱猷识理达腊试图统一辽阳行省军政大权的同时，朱元璋的注意力也从西北战场转向了辽东。对于生长于江淮地区的朱元璋而言，苦寒的辽东无疑是一个遥远的异域，与其劳师远征，不如采取政治攻势。

1370年朱元璋派出降将万户黄俦前往辽东，招降当地的汉族军阀——行省平章刘益。有趣的是，黄俦和纳哈出也是老相识。当年朱元璋俘虏纳哈出之时，便是黄俦出面劝降的。朱元璋此次派黄俦出使辽东，显然不是简单地招降刘益那么简单。刘益身为汉族官吏在元末的乱世之中早已抱定了待价而沽的态度，面对朱元璋的招揽，随即"以辽东州郡地图，并籍其兵马钱粮之数，遣右丞董遵、佥院杨贤奉表来降"。朱元璋对此颇为满意，随即以刘益的地盘为辽东卫，任命其为指挥同知。

"指挥同知"不过是从三品的官爵，刘益本人或许满意，但却很难摆平麾下诸将。朱元璋的委任状刚刚签发没多久，新近设立的辽东卫便发生了蒙古族将领洪保保刺杀刘益的恶性事件，洪保保发动的叛乱虽然在张良佐、商暠等刘益旧部的弹压下被平息，但洪保保劫持黄俦逃往纳哈出所盘踞的金山一线，还是引起了辽东卫的全线警觉。在受到张良佐所发出的"辽东僻，处海隅，肘腋皆敌境。平章高家奴守辽阳山寨，知院哈剌章屯沈阳古城，开元则右丞也先不花，金山则太尉纳哈出。彼此相依，时谋入犯。今保保逃往，衅必起"的求援之后，朱元璋并没有第一时间出兵支援辽东卫，而是命马云、叶旺两员战将领兵从山东莱州出发，横渡渤海湾后，于旅顺口一线登陆。

朱元璋此举从战略来讲可谓避实击虚，马云、叶旺两人虽然均为千户，所部兵力并不多。但登陆之后很快便整合当地摇摆于元、明之间"熟女真"诸部的势力，形成了对屯兵老鸦山高家奴契丹武装的威压之势。1372年高家奴在马云、叶旺两部的打击之下，不得不主动请降，至此明帝国在辽南地区建立起了与纳哈出长期对抗稳固的后方基地，同时也极大地影响了北元政府与属国高丽之间的外交关系。

1368年八月，明军攻克大都之后，明帝国与高丽之间即分别主动遣使聘问。1369年五月，高丽对明称臣，从此"遣使朝贺，岁以为常"。但高丽长期以来都是元帝国，双方皇室之间保持着密切的姻亲关系，而与朱元璋势力则直至洪武元年末才开始接触。因此在与明帝国建立外交关系的同时，仍与北元藕断丝连，对于此事朱元璋也多次对高丽使节表达过不满。但此时的高丽南有为元牧马之野的耽罗（今济州岛），海上倭寇猖獗，北与纳哈出等隔江相望，其四临强部，保持与北元帝国的外交关系，也在情理之中。明帝国在辽东站稳脚跟之后，高丽渐与北元朝廷断交，但随即遭到了也先不花、纳哈出等蒙古将领的合兵入侵。高丽王国无力抵抗，只能继续维持在元、明之间摇摆不定的状态。

朱元璋自认为这样的局面维持不了太久，因为1372年正月，朱元璋已命徐达为征虏大将军，李文忠为左副将军，冯胜为右副将军，发兵15万，兵分三路远征岭北，号为"清沙漠"。徐达率领中路军出雁门直捣和林，李文忠领东路军经应昌赴岭北，冯胜西路军进兵甘肃，目的自然是一举扫荡北元的势力。

岭北折戟

由于最终的结果不甚理想，所以在明帝国的官方史料《太祖实录》中，将发动"北伐"的归咎于徐达和诸将的倡议："上御武楼，与诸将臣筹边事。中书右丞相魏国公徐达曰：'今天下大定，庶民已安，北虏归附者相继，惟王保保出没边境，今复遁居和林。臣愿鼓率将士，以剿绝之'上（朱元璋）曰：'彼朔漠一穷寇耳，终当绝灭。但今败亡之众，远处绝漠，以死自卫，困兽犹阃，况穷寇乎？姑置之'。诸将曰：'王保保狡猾狙诈，使其在，终必为寇，不如取之，永清沙漠'。上曰：'卿等必欲征之，须兵几何？'达曰：'得兵十万足矣。'上曰：'兵须十五万，分三道以进。'似乎整件事都是军方'鹰派人物'的主张，而朱元璋始终是颇为稳健。"

事后朱元璋在给自己儿子晋王朱棡的圣旨中也是如此自述。1397年六月二十六日，千户支翰赍朱元璋敕晋王圣旨："噫！吾用兵一世，指挥诸将，未尝十分败北，致伤军士。正欲养锐，以观胡之变。其在朝诸人，日奏深入沙塞，初不准。日奏叠叠，试许之。不免兵疲于和林，轻信无谋者，以致伤生数万，此乃擅听群无谋者。"但从朱氏政权历次重大战役皆由朱元璋亲自决策及制订计划的历史来看，北伐这一事关明朝北疆安危的重大举措很难在朱元璋持疑虑态度的前提下展开。另外值得寻味的是，实录所载朱元璋关于王保保"困兽犹斗"的预测竟然与后来岭北之役明军惨败的原因完全符合，虽然实录馆臣采取如此记述的目的在于为朱元璋开脱责任，但"此地无银三百两"，恰恰暴露了实录为君王讳的动机与刻意弥缝的痕迹，可以相印证的是，非官方史籍记载了与实录完全不同的历史面相。

明人陈建所著的《皇明资治通纪》直接指出岭北之役计划由朱元璋提出。该书并未记载朱元璋君臣在武楼上的议论，而直接记载："议征沙漠。上（朱元璋）谓诸将曰：'今天下一家，尚有三事未了。其一，历代传国玺在胡未获。其二，统兵王保保未擒。其三，前元太子不闻音问，今遣汝等分道征之。'"而王世贞在《弇州史料》的记载，则大体将朱元璋与徐达的台词互换了一下："高帝御武楼，与计边事。曰：'扩廓（王保保）游魂尚在，出没奈何？'达乃请曰：'亟发兵厄竖子耳。'"在这里，朱元璋仍然是发起5年北伐的倡导者。

《太祖实录》作为明朝历代都要修纂的官方文献，其史料价值是毋庸置疑的，但其对个别史事存在篡改之事，也是毋庸讳辨的。各朝实录中，尤以《太祖实录》经历三修，篡改最多。像这种完全改头换面、张冠李戴之事并不新鲜，黄彰健通过比照《毓庆勋懿集》与《明太祖实录》，便发现了实录将朱元璋赐郭英敕换成了赐燕王敕。《龙飞纪略》所载朱元璋所作战略规划，更可能构成了明军轻率冒进的根本原因。"壬子春正月，以大将军徐达帅师伐迤西，李文忠总东道兵趋上都。帝以残虏未除，终为边患。乃以达帅师伐之。冯胜、傅友德、文忠各总东、西道兵。顾时、陈德为副将军，率兵以从。赐敕谕戒以务察胡人情状，审其来否，则慎督三军，一鼓可俘，否则坚守斥堠，以静朔方。"

此次北伐的战略计划，基本延续了两年前的成功思路，只是改两路并进为三路进取。明军北征前，朱元璋一如既往地对整个北伐行动进行了全方位的规划，对三支军队的职责任务进行了明确分工：甲戌，命祭告太岁、风云、雷雨、山川、旗纛等神，遣征虏大将军魏国公徐达、左副将军曹国公李文忠、征西将军宋国公冯胜等率师征王保保，上戒之曰："卿等力请北伐，志气甚锐。然古人有言：'临事而惧，好谋而成。'今兵出三道，大将军由中路出雁门，扬言趋和林，而实迟重，致其来，击之必可破也。左副将军由东路自居庸出应昌，以掩其不备，必有所获。征西将军由西路出金兰取甘肃，以疑其兵，令虏不知所为，乃善计也。卿等宜益思戒慎，不可轻敌。"达等遂受命而行。

根据以上文字，不难对三路明军职责给出具体的解释：大将军徐达率明军主力引诱北元主力至近边作战，左副将军李文忠率东路军奔袭北元朝廷，征西将军冯胜率西路军迷惑和牵制西北蒙古诸王，配合中路军作战。也即是说，三支军队中，徐达中路军是主力，东路李文忠军是奇兵，西路冯胜军负责牵制任务，中路军面临的是遭遇战，以歼灭蒙古军队主力为战略目的，是决定本次战役能否成功的重点与关键。

东路军与中路军不同，并不以军事作战为目的，而旨在中路军的掩护下，以实现消灭北元汗廷为政治目的。西路军是三支军队中战略地位最轻的，只是一支起牵制作用的侧面部队，其承担这双重任务，一重任务是占领甘肃，这只是一个公开的表面任务；另一重任务是牵制甘肃蒙古势力，防止其东援王保保军。为便于西路军更好地实施掩护任务，朱元璋甚至在冯胜的将印名号上做起了文章。徐达佩"征虏大将军印"，李文忠佩"左副将军印"，而冯胜却不像之前那样佩"右副将军印"，改佩"征西将军印"，有意将其与其他两路明军相区分。

可以讲，中路军的作战任务是最重的，东路军是最容易出彩的，而西路军却恐怕是最容易默默无闻的。在三支军队首将的选择上，朱元璋的做法也很耐人寻味。徐达是明朝开国第一武臣，以其主持三路军务，与王保保展开决战，是最正常、最合适的选择。李文忠以奇袭开平而一举奠定其在明帝国武将集团第二把交椅的地位，此次继续负责奇袭任务，既发挥其所长，也是朱元璋扶持外甥的一项举措。

冯胜与其兄冯国用则是最早追随朱元璋的将领之一，最初甚受朱元璋倚重，元末农民军内部经常发生叛乱，朱元璋政权内部亦是如此。1356年，朱元璋建立"帐前总制亲军都指挥使司"，其麾下亲信猛将多属此系统，是朱氏政权的主力军，而充其首领者便是冯氏兄弟。1358年冯氏兄弟任"帐前亲军都指挥使"，充其副职的是李文忠、康茂才。随后冯国用以疾卒，冯胜袭其职，"代领其众，居中宿卫"。1361年，朱元璋改"帐前亲军"为"金吾侍卫亲军都护府"，冯胜担任最高职务"都护"，可以说在相当长的一段时间里冯胜都是仅次于徐达的二号将领，常遇春尚居其后。但冯胜爱排挤他人，军事行动也多有失误，因此屡受朱元璋责罚，渐居常遇春之后。此时北伐之中还有一员正冉冉升起的将星：担任徐达中路军先锋的蓝玉。

关于蓝玉早期的历史，史籍记载不详，只说他是常遇春妻弟，隶常遇春帐下，作战勇敢，所向皆捷。常遇春经常在朱元璋面前夸奖他，从而受到朱元璋的器重，初授管军镇抚。后升武德卫千户，旋改任亲军千户，积功至武德卫指挥使，地位不断上升。而对于徐达所给予的先锋之职，蓝玉也颇为用心，先于山西境败王保保所部游骑于野马川，随后又于土剌河（今蒙古人民共和国境内土拉河）击败王保保主力，可谓是旗开得胜。但此时明军主力已经远离本土，脆弱的后勤补给很快便成为制约其战斗力的"阿克琉斯之踵"。

徐达北上所走的是元帝国时代所开辟的联通和林与大都之间的所谓"孛老站道"，这条主干道从成吉思汗南下征金以来便逐渐成型，此后经元历代统治者修缮，一度拥有相对成熟的驿站和补给系统，但是由于明朝与北元的战争破坏，驿站消失，驿站管理制度日趋瓦解。徐达所部北上沿途补给完全依赖于后方转运，压力可想而知。此前蒙古军队出征，一人要备马三至五六匹不等，以备替换的便利，明帝国军队显然也并不具备，而本土作战的北元军队则可以获得兵力和物资上源源不断地补充。最终在岭北徐达遭遇了他军事生涯最大的一次惨败，损失数万精锐。

同样的问题在东路李文忠所部进击过程中也显得尤为突出，进至胪胸河时，李文忠命部将韩政等保护辎重，而自己率领轻装部队，每人携带20天的粮食，迅速赶至土剌河。北元太师蛮子哈剌章率领部众全部渡河，列阵以待，李文忠率军进逼，敌军才稍微退却。到达阿鲁浑河时，敌军逐渐增多。李文忠马中飞箭，他下马之后，手持短器，继续战斗。指挥使李荣将自己的战马交给李文忠，而自己则夺乘敌军战马。李文忠重获战马，更加殊死作战，终于将敌军打败，俘获敌兵数以万计。追奔至称海时，北元军队重新聚集，李文忠只能收兵据险，杀牛犒劳士兵，将所获马匹释放野外。敌军怀疑有埋伏，慢慢引军而去。李文忠也率军返回，错过了旧路。到达桑哥儿麻时，缺乏饮水，军中将士十分口渴，于是向天祈祷。所乘战马跑过之地，泉水涌出，三军都得以解渴，于是杀牲口以祭上天，然后班师回朝。这一战役，两军胜负相当，而宣宁侯曹良臣，指挥使周显、常荣、张耀都已战死，因此朱元璋未予赏赐。

与中路、东路两军的情况相比，冯胜所指挥的西路军似乎进展颇为顺利。据《明太祖实录》记载：戊寅，征西将军冯胜、左副将军陈德、右副将军傅友德率师至甘肃，故元将上都驴降。初，胜等师至兰州，友德先率骁骑5000人直趋西凉，遇元失剌罕之兵，战败之。至永昌，又败元太尉朵儿只巴于忽剌罕口，大获其辎重、牛马。进至扫林山，胜等师亦至，共击走胡兵。友德手射死其平章不花，追斩其党400余人，降太尉锁纳儿，加平章管着等。至是，上都驴知大军至，率所部吏民830余户迎降，胜等抚辑其民，留官军守之，遂进至亦集乃路。元守将卜颜帖木儿全城降。师次别笃山口，元岐王朵儿只班遁去，追获其平章长加奴等27人，及马驼牛羊10余万。友德复引兵至瓜、沙州，又败其兵，获金银印，马驼牛羊2万而还。

从上条史料可以看出，冯胜军首先率师至兰州，经此进入甘肃，占领西凉（今甘肃武威），再至永昌（今甘肃永昌县），在这里歼灭了甘肃元军的一支主力军队。而后经肃州"扫林山"（今甘肃酒泉北）一战，再次歼灭元军另一支主力军队，并招降上都驴部。从永昌至肃州，中间要经过甘州（今甘肃张掖），这里虽未交代占领甘州之事，想来应是先占甘州，后占肃州。至此，明军沿河西走廊，一直向西进攻，若再往西，便是甘肃行省的最西境，也即察合台后王的一支出伯后代所占的瓜州（今甘肃安西）、沙州与哈密三地。明军并未继续西进，而是为完成掩护中路军的任务，自肃州沿弱水北进至亦集乃（今内蒙古额济纳旗东南），并获得重大胜利，很好地起到了牵制甘肃兵力、掩护中路军作战的任务。占领亦集乃后，明军开始回撤，途中占领瓜、沙二州，"至亦集乃，乃败俞宝兵，分兵守扼关塞。冯胜乃遣友德又率兵追击俞宝于瓜、沙州。"这样明军便占领了除哈密外的甘肃行省的所有地区。此后，西路军应是听到了岭北之役失利的消息，了解到策应中路军的任务已经失去了意义，从而全线撤退出甘肃。

耐人寻味的是，冯胜返京之后，却与战败将领徐达、李文忠一样，皆未受到封赏。《明太祖实录》是这样解释的："壬申，命赏征甘肃京卫军士一万四百三十五人白金四万四千两，时公侯、都督、指挥、千百户以匿所获马骡牛羊不赏。上因谕之曰：'为将者不私其身，况于物乎？昔祭遵为将，忧国奉公；曹彬平南唐，所载惟图书。汝等能法古人，则令名无穷。今之不赏，汝等当省躬，以思补过。'诸将皆叩头谢罪而退。"这条史料显示贪黩马匹等物是西路军将领集体所为，并非冯胜一人，但王世贞《弇州史料》却将西路军将领不受封赏的责任完全归于冯胜一人："时大将军达兵不利，左副将军文忠所失得相当，独胜以捷闻，而有言其匿私虏橐驰马者，赏不行。"无论如何，冯胜因贪污不受封赏，是明代史籍的共同记载。

日本学者和田清并不满足于这个"浅显"的理由，而将其引向另外一个思路，"这或许是性好猜忌的太祖，因宠将徐达、李文忠都失败，有意抑制冯、傅两将自身的跋扈，也未可知。"虽然这一推测很有吸引力，但毕竟没有史料佐证。由于明人讳言岭北之役惨败的缘故，相关史实的记载甚少，在《纪事录》发现之前，我们没有看到明人关于此事的其他说法。明初成书的《纪事录》记载了一个其他史籍皆未记载的惊人史实，洪武五年冯胜自甘肃撤退时，采取的是彻底放弃的方式，导致朱元璋对其严厉责罚。

西域得失

　　俞本《纪事录》是研究明朝开国史罕见的一手文献，这是由撰者身份与著述立场决定的。 1357年，俞本进入军伍，成为朱元璋帐前亲兵都指挥使冯国用手下之"帐前黄旗先锋"。冯国用卒后，当改隶冯胜，经历战陈友谅、张士诚，与朱元璋称吴国公等大事。晚年凭借记忆撰成《纪事录》，虽有年月错讹，但以当时人记当时事，为独一无二之著述。明末钱谦益（1582—1664）著《国初群雄事略》，尚参考了大量《纪事录》的内容，但该书后来亡佚，多种丛书皆仅著录其名。

　　根据俞本的说法："洪武五年（1372年）十二月，冯胜惧回鹘之兵，将甘州所葺城池、营房、仓库、转运米麦料豆二十余万石及军需尽焚之，弃城归，并宁夏、西凉、庄浪三城之地亦弃，仅以牛羊马驼令军人赶归。途中倒死者，军虽饥不敢食，仍负荷归，军人饿死载道，一无所问。上知之，追夺冯胜券诰爵禄，宥其罪，贬为庶人，录其家财，以牛羊骆驼马匹，令民牧养，愚民无知，驼死者并弃骨。胜后复职，憾之曰'驼虽死，骨安在'，令有司官拷掠征骨，致贫民卖子买驼骨偿之。"

　　冯胜弃地甘肃的原因是什么呢？《纪事录》给出了十分明确的答案——"惧回鹘之兵"。"回鹘"，原称"回纥"，是隋唐时期活跃于西域的一支游牧民族。唐开成五年（840年），回鹘可汗被杀，回鹘也分成四支外迁。1283年，随着高昌城毁于战火，高昌回鹘政权的灭亡，"回鹘"作为一个民族、政权，已经在历史上消失了。但"回鹘"一词并未随之从历史中消失，不仅"回鹘文"仍在西域地区流行，而且惯常用典的元代汉族文人也仍然经常用"回鹘"指代畏兀儿与西域，以及用此称元朝境内的西域人。俞本这里的"回鹘"所指代的是哪个政权或民族呢？

元朝末年，当蒙古统治者面临长城以内汉族的叛乱时，察合台汗国黄金家族的统治也大为削弱，非黄金家族的"异密"们掌握了实权，察合台汗国从而被分裂为西部的帖木儿帝国与东部的东察合台汗国。东部朵豁剌惕异密播鲁拥立秃黑鲁帖木儿（1330—1363年，1347—1363年在位）继承汗位，从而建立东察合台汗国（又称叶尔羌汗国，蒙兀儿斯坦，明人以其国都所在地称别失八里、亦力把里）。

秃黑鲁帖木儿很有作为，宣布信仰伊斯兰教，从而稳固了社会基础，同时，逐渐削弱异密们的权力。在建立了强大的汗权之后，秃黑鲁帖木儿向西进攻河中地区，发动了统一察合台汗国的战争。虽然占领了大片地区，但并未在当地建立长期而稳固的统治。秃黑鲁帖木儿也向东扩张势力，其势力威慑到了哈密，与元朝声气相接。洪武初年，明朝尚未与帖木儿帝国及更西势力形成直接接触，明朝对西域的了解，恐怕更多的是对邻国东察合台汗国的认知。故而，冯胜所惧"回鹘"势力，便应是东察合台汗国。

明朝建立的1368年，当东方汉地正处于元、明易代的大规模战争中时，察合台汗国境内也正展开着一场长达22年的内部战争。 1365年，权力遭到削夺的朵豁剌惕部异密哈马鲁丁趁也里亚思火者汗去世的机会，大肆诛杀秃黑鲁帖木儿诸子，自立为汗，引起东察合台汗国部分势力的反对，一代枭雄"瘸子"帖木儿趁机在1368年，对东察合台汗国发动进攻。

而当明朝发动岭北之役的1375年，哈马鲁丁却向帖木儿帝国发动了猛烈的进攻，并占领了帖木儿帝国的大片领土，势头甚猛。冯胜所面对的东察合台汗国，正处于此时势力大炽的时期。冯胜在岭北之役惨败的惊惧之下，对东察合台汗国东进甘肃心存畏惧，于是选择焚弃城池的弃地措施，以免贻粮于地的政策，也符合情理。傅友德占领瓜、沙二州后，之所以未进一步西进，也应在于避免与东察合台汗国发生战争。故而《纪事录》所载的"惧回鹘之兵"，便应是惧怕东察合台汗国的东进。

但冯胜撤兵之后，东察合台汗国并未东进，原因何在呢？这在于其与帖木儿帝国的长期内战使其无暇东进。东察合台汗国首要的战略目标是向西进攻帖木儿帝国，这主要有两个原因。主要是东察合台汗国与西部帖木儿帝国，本来同属一个国家——察合台汗国，哈马鲁丁以非黄金家族的身份篡夺汗位，不仅遭到了国内诸多政治势力的反对，而且帖木儿帝国标榜黄金家族的正统地位，也对哈马鲁丁的正统性构成了威胁，无论从统一察合台汗国的角度，还是从维护汗位的合法性角度，哈马鲁丁皆将西进河中，统一察合台汗国，剪除异己势力作为东察台汗国首要的战略目标。

同时东察合台汗国以牧立国，自然条件较差，河中地区农耕条件十分优越，有以牧立国的东察合台汗国所不具备的丰富资源，占领河中地区对于东察合台汗国壮大经济实力，也很有帮助。故而无论从政治上，还是经济上，东察合台汗国首要的经略目标是河中地区，甘肃只是其战略版图中的"边缘地带"。秃黑鲁帖木儿汗在位时，东察合台汗国势力才延展到嘉峪关以西的沙州、哈密地区。但也仅仅是渗透进来，主宰这一地区的仍是出伯系察合台后王集团，至于甘肃，更从未与察合台汗国产生过瓜葛。对于东察合台汗国来讲，这是一片陌生的东方地域。相应地，哈马鲁丁只有在统一察合台汗国，消除后顾之忧后，才有可能考虑东进甘肃的问题。

岭北之役后，北元军队趁势南下，但对甘肃的进攻只局限在兰州、河州、会宁等甘肃东部靠近陕西的地方，对甘肃广大地域并未见有收复举措。这同样在于北元以岭北行省东部与辽阳行省作为其统治的"心脏地带"，甘肃只是其战略版图中的边缘地带，这源于蒙元汗位之争引发的中央与西道诸王的重重矛盾。察合台后王虽一直未争夺汗位，但却多次卷入蒙古帝国汗位之争，且因疆域屡次扩张的关系，侵夺了元朝的利益，二者之间存在矛盾。因此北元政权甚至在臣僚屡屡提出西进建议的情况下，迟迟徘徊于上都、应昌两地，而不愿西进至和林，这也是和林距辽东远，而距西北诸王近的缘故。

相应地，北元汗廷以岭北行省东部与辽阳行省作为统治的心脏地带，对于异己力量控制的西北地区，包括甘肃地区，被视为边缘地带，无法顾及了。明军之所以能够迅速占领甘肃地区，恐怕与北元汗廷将军队集中于中、东二路，放弃西路有一定的关系。同样，明朝能在撤退甘肃之后，仍然可以从容不迫地再次收复甘肃，也得益于蒙古势力内部的纷争。正是洪武初年明朝、北元、东察合台汗国的势力均衡，以及北元、东察合台汗国皆以甘肃作为边缘地带的战略观念，也即洪武初年三方在甘肃形成的地缘政治格局，为明朝占领甘肃、确立西北疆界提供了条件。

洪武初年，西北地区的边缘地位尤其明显。中唐以来，北方民族不断南下，占领了原属汉族王朝统治的边疆地带，历经吐蕃、辽、金、西夏、蒙元政权的长期统治，长城沿线边疆地区的社会进程已被纳入北族政权的脉络，在语言、宗教、文化、服饰等方面都呈现了"北方民族化"的特点。作为起源于东南中国的明政权，对新占领的西北地区存在疏远与隔膜，是十分正常的。冯胜在弃地甘肃之前，已经弃地河州（今甘肃临夏）了。据《纪事录》记载，我们能发现洪武初年政权内部对西北地区存在一定的疏远与隔膜态度。

　　岭北之役中，冯胜西路军虽获得了胜利，但由于冯胜彻底放弃包括宁夏在内的甘肃行省的广大地域，使西路军的战略成果化为乌有，因此与其他二路将领一起，并未受到封赏。冯胜弃地甘肃的原因是"惧回鹘之兵"，即在岭北之役失利消息的震恐下，惧怕当时势力正盛的东察合台汗国的东进。但无论北元，还是东察合台汗国皆未趁机进取甘肃，在于这两个政权皆以甘肃为战略版图中的边缘地带，由于受困于其他地区的军事行动，皆无力进取甘肃，这就给明朝重新收复甘肃提供了时间与机会。但明朝在甘肃的经略最终也止于沙州与哈密，在于明朝作为建立在东南部的政权，同样将处于西北边疆的甘肃地区作为边缘地带，满足于收复元朝旧疆，对进一步边疆开拓缺乏兴趣。冯胜放弃甘肃还有其主观原因，即其面对甘肃中唐以来北方民族化的社会文化面貌，显得有些隔膜，以其为化外之地，遂加放弃。总之，明朝西北疆域的形成与洪武初年明朝、北元、东察合台汗国三方政权在甘肃地区形成的地缘政治格局密切相关。

第九章　次要战线（1379—1382）

————明帝国平定云贵及与高丽王国的关系

一统金瓯

属国之争

远征云南

一统金瓯

  1372年，明元战争结束之后，明帝国暂时停止对北元的攻伐，改以和平攻势。1374年夏天，朱元璋派遣江西行省左丞李思齐北上劝降王保保，王保保对自己的这位长辈和对手似乎很客气，但在将李思齐送到边境上之时，护送的骑兵却突然对李思齐说："请您留下一物以作遗念。"李思齐不知道是吝啬，还是真的没有带什么东西，回答说："我为公差远来，无以留赠。"结果对方直接不客气地说："请留一臂。"无奈自断一臂的李思齐在回到明帝国的疆域之后最终不治身亡。站在王保保的立场上，他的做法似乎无可厚非，而在元帝国最后仍有可能平定局势的时代里，李思齐的行为又何况不是断了元帝国的一臂呢？

  不过朱元璋对李思齐的死似乎并不介怀，此后又释放了在应昌俘获的元顺帝妥欢懤睦尔的孙子——买的里八剌，赠给北元顺帝爱猷识理达腊织金、文绮锦衣各一袭。在彼此承认对方实力的基础上，北元和明对峙的短暂时代逐渐拉开序幕。不过这种对峙对于北元帝国而言并不有利，因为随着富庶的中原经济迅速从战乱之中恢复过来，而对于西南地区的征服，更令朱元璋消弭了后顾之忧，可以集中全国之力筹备对北元的征讨。 1368年正月，割据福建的陈友定覆灭之后，长城以南仅有四川的明玉珍所建立的大夏政权和盘踞广东的何真两股势力仍独立于朱元璋的统治之外。

  1360年闰五月，陈友谅杀徐寿辉于采石，自立为帝，建国大汉，遣使赴明玉珍处讣告，明玉珍随即"乃斩使焚书，三军缟素"为徐寿辉发丧，甚至一度"拊膺哀悼，殆不堪忍"。但与此同时也命部将莫仁寿领兵镇守三峡，从此切断了与陈友谅之间的联系。

1361年春，明玉珍自领兵围嘉定九鼎山，命明三率精锐直趋成都。时在成都的元平章买奴、参政韩叔享均在青城被农民起义军所执，城市空虚，由都事薛元理理署行省事。守城士兵皆新募者，闻明玉珍军至，大惊溃散。明三领兵进入省府，明玉珍挥师勇进，元军大溃，遂生擒完者都、郎革歹、赵资至重庆，玉珍劝降不成，杀三人于大十字街，以礼葬之。

此后，明玉珍议进讨陈友谅，移檄四方，会兵三峡。1361年十月，明玉珍正式称陇蜀王，不改国号，不改元，谥徐寿辉为应天启运献武皇帝，明玉珍称蜀王后，以刘桢为王国参谋，朝夕侍讲书史，参与裁决政事。刘桢竭力鼓吹明玉珍割据称帝，认为"西蜀形胜，虽小，沃野千里。北有剑门可以窥陇西，东有夔塘可以达江左。今民遭青巾之苦，幸获扶养，颇得苏息，人心之归，天命可知，他日大事可举也。此时若不称大号，以系人心，军士俱四方之人，思其乡土而去，明君虽自保全蜀尚难，况欲天下乎"！

在刘桢频繁规劝之下，其左右戴寿、张文炳亦力赞之，明玉珍终于决定加紧筹划称帝事宜。与此同时，明玉珍派兵四出，以图拓展疆土。1361年九月，遣兵下四川东部诸郡县。 1362年五月，又分兵攻龙州（今四川江油北）、青川，北犯兴元（今陕西汉中）、巩昌（今甘肃陇西）诸路。

1363年正月，明玉珍即帝位，建都重庆，国号大夏，改元天统，随即建立朝廷和地方行政机构，巩固政权。明玉珍建国诏中称："元以北人，污我中夏，伦理以之晦冥，人物为之销灭"，"昭显茂功，成我文明之大治"，可见其对元帝国所奉行的政治体制并不认可。在立国后各项政治体制也颇有复古倾向，其朝廷官制，行周制，设六卿：以戴寿为冢宰，总理百官；明三复姓名万胜，为司马，掌军事；张文斌为司空，掌工程；尚大亨、莫仁寿为司寇，掌司法刑狱；吴友仁、邹兴为司徒，掌土地户籍；刘桢为宗伯，掌礼仪制度。置翰林院，以牟图南为承旨，史天章为学士，太子明升朝夕受学；内设国子监，教公卿子弟；外设提举司、教授所，教养郡县生徒。立进士科，科举取士。

不过大夏政权行周制，官制名称皆不合时宜，最终不得不在1365年将六卿制度重新更改为中书省、枢密院，以戴寿为左丞相，万胜为右丞相，向大亨、张文炳为知院，邹兴、吴友仁、莫仁寿、邓元帅为平章，江宝英为考政，荆玉、商希孟为宣慰使。

在地方政权建设方面，明玉珍分蜀地为八道，更置府、州、县官名，府置官刺史、州置官太守，县置官县令，其统治范围最盛时东至夷陵（今湖北宜昌），西到中庆（今云南昆明），南达播州（今贵州遵义），北抵兴元（今陕西汉中）。州县多所改置，在少数民族聚居区，设宣慰司、安抚司、军民府、镇边都元帅府等。

夏政权建立后，制定"赋税十取其一，农家无力役之征"的措施，应该说在当时各农民起义军建立的政权中，赋税是最轻的。北方红巾军宋政权将领毛贵在山东"官民田十止收二分"，也较夏政权为重；陈友谅汉政权加紧搜刮民脂民膏，其所收田赋数额，有的地方竟比元制高出一倍。明玉珍实行低赋政策，有助于战乱中恢复农业生产。明玉珍还很重视军队屯田，如1364年冬，守夷陵的姜珏，在当地屯种置仓"以赡军用"。夏政权还发行新的钱币，一种为"天统通宝"，一种为"天统元宝"，均为小平钱，做流通之用。

夏政权建立后，明玉珍在军事上做了重要部署：置奉天征虏大将军府于汉中，以进取陕右；置奉天征蛮大将军府于夷陵，以进取陈友谅。这一军事部署，充分表明了夏政权的军事斗争目标，即巩固蜀地，北取陕右，与元军阀李思齐、张良弼争夺陕西；东塞夔门，以对抗背叛天完的陈友谅。这一战略思想，在1365年明玉珍致朱元璋书中也有所表白："区区人马二十万，北出汉中，东下荆、楚，期靖残虏，以安黎庶。"

为了实现这一战略目标，必须首先巩固后方。1363年冬，万胜领兵出汉中，攻剌踏坎，元普颜达失平章逃遁，获其人马，即报捷而还，这是一次试探性进攻，当时主要军事行动还是用在安定后方上。次年春天，明玉珍命万胜领兵11万人攻云南，由界首入，司寇邹兴由建昌入，指挥芝麻李由宁番入。二月，万胜屯兵金马山，等待邹、李兵来会合，两军却迟迟不至。而驻守云南的元梁王孛罗、云南省廉访司官员闻风逃遁，万胜"遣使四方，告谕招安，继日赏宣牌面而纳降，降者不可枚举"。

万胜继续深入大理，"初临乌蛮，蛮酋纳款以供输；继次乌隆，敌众望风而奔溃。遂由驿路，直入滇池。士民冒雨以争降，官吏叩头而请罪。一毫不犯，万里皆安。"这支军队深入少数民族地区，受到当地民众的欢迎。四月，元梁王傅官大都领兵来攻城，万胜因孤军深入，约兵又不至，战士多病伤，于是留逐水元帅府千户聂䓁等领兵8000人与大都拒守同马，自引兵而还。不久，明玉珍命万胜领兵攻兴元城（今汉中），围城3日，不克而还。此次战争不胜后，夏政权便采取保境自守政策，不再轻易出兵进取。

应该说在明玉珍时代，其所建立的大夏政权颇有几分蓬勃向上的活力，以至于朱元璋也不得不主动遣其都司孙养浩到重庆与明氏结好，表示："足下应时而起，居国上流，区区有长江之险，相为唇齿，协心同力，并复中原。事定之日，各守疆宇。特遣使通好，惟足下图之"。1366年二月六日，明玉珍病卒，享年仅38岁。在明玉珍病危之时，虽然召臣下遗言说："中原未平，元虏未逐，予志不能遂也，此殆天意。今西蜀险塞，予没后，汝等同心协力，但可自守，慎勿妄窥中原，亦不可与各邻国构隙。"

但明玉珍所册立皇太子明升即位时年仅10岁，各大臣不肯居于他人之下。而万胜与张文炳之间存有隔阂，万胜暗中派人杀死张文炳。张文炳曾善待明玉珍的养子明昭，所以明昭又假托彭氏旨意，吊死万胜。万胜为明氏立功最多，他被吊死，蜀人大多同情他。吴友仁以清君侧为名，从保宁传来檄文声讨明昭。明升命戴寿前去讨伐。吴友仁给戴寿写信说道："不杀明昭，国家不安，众心不服。如果明昭早晨被处死，我傍晚将会赶到。"戴寿于是奏请处死明昭，吴友仁则入朝谢罪。于是诸大臣各司其职，而吴友仁更加专横放纵，致使国权旁落，国势日益不振。万胜死后，刘桢为右丞相，3年之后也去世。

1369年，朱元璋派使臣前来征求木材，明升便将蜀地特产一并献上，朱元璋以玺书作答。同年冬天，朱元璋派平章杨璟谕示明升回京复命，明升拒不听从。杨璟写信给明升说："古之从政治国者，同力度德，同德度义，故而能身家两全，流芳百世，反之则败。足下如此年幼，便继承先人功业，占据巴、蜀，却不考虑长远之计，而听从群属之言，认为有了瞿塘、剑阁之险，便可一夫当关，万夫莫开。这些都是他们不懂时势变化，将使足下蒙受伤害的言论啊。昔日占据蜀地最强大者，莫过于蜀汉昭烈帝刘备，而且有诸葛武侯辅佐，考核守官，训练士卒，物资不足，均取于南诏，但是仍然朝不谋夕，仅能自保而已。而今足下的疆域，南不过播州，北不过汉中，以此求彼，相隔万里，而想凭借一隅之地，延长顷刻寿命，可以说这是明智吗？"但明升最终还是没有听从杨璟的劝告。

1370年，兴元守将献城投降，吴友仁几次前往进攻，都未能攻克。同年，朱元璋为征伐云南，派遣使者前往借路，明升拒不遵从诏令。1371年正月，朱元璋命征西将军汤和统率副将军廖永忠等率领水师由瞿塘直趋重庆，前将军傅友德统率副将军顾时等率领步兵，骑兵由秦、陇直趋成都，攻打蜀地。

朱元璋对众将说："蜀人听说我军要西伐，必定将其全部精锐部分东守瞿塘，北阻金牛，抵抗我军。如果出其不意，直捣阶、文，门户已毁，腹心自溃。兵贵神速，只怕军队不勇猛啊。"傅友德疾驰至陕，召集诸军声言兵出金牛，而暗地里却率军直趋陈仓，攀援岩石，昼夜行进。抵达阶州，击败蜀将丁世珍，攻克此城。蜀人弄断白龙江桥，傅友德军修桥渡江，攻破五里关，于是攻克文州，然后渡过白水江，直趋绵州。当时汉江水涨，不能渡江，傅友德军为此伐木营造战舰。为将军威通达瞿塘，于是便削成数千木牌，将攻克阶、文、绵的日期刻上，投入汉水，让它们顺流而下。蜀守军见后，全部解体。

战争爆发前戴寿曾对明升说："以王保保、李思齐的强大，仍不能与明军对抗，何况我们蜀地呢？一旦出现紧急情况，我们怎么去应付呢？"吴友仁则说："你说得不对，我们蜀地依山傍水，非中原能比，不如对外结交友邦，对内则修整军备。"于是便派莫仁寿用铁索横断瞿塘峡口，而今又命戴寿、吴友仁、邹兴等增兵援助。北倚羊角山，南倚南城砦，凿穿两岸石壁，牵引铁索成为铁桥，使用木板安置炮弹来抵御敌军。汤和率军到达，不能前进。

面对这样的防线，明将廖永忠密派数百人携带干粮水筒，抬着小船翻山渡关，到达上游。蜀山草木繁多，廖永忠下令将士都穿上青蓑衣，在崖石间鱼贯而行。估计已到，便率领精锐出墨叶渡，五更时分，兵分两路攻其水、陆寨。水师都以铁裹住船头，设置火器而前进。黎明时分，蜀人才发觉，派出全部精锐前来抵抗。但此时廖永忠已破其陆寨，会合抬船出江的将士，一并齐发，上下夹攻，大破蜀人，邹兴战死。廖永忠然后焚毁三桥，弄断横江铁索，擒获同佥蒋达等80余人。飞天张、铁头张等都逃走了，廖永忠于是进入夔府。第二天，汤和才到达，于是与汤和分道前进，相约于重庆会合。廖永忠率水师直捣重庆，驻扎铜锣峡。夏主明升请降，廖永忠以汤和还未到为由推辞不受，等汤和到达后才接受投降，承旨抚慰。下令严禁侵扰百姓，一士兵拿了百姓7只茄子，立即斩首。又慰抚戴寿、向大亨等的家人，命其子弟携信前往成都招降。

两线失利令明升大为恐惧，右丞刘仁劝他逃奔成都。明升的母亲彭氏哭着说："我们可以去成都，但这也只能延长旦夕寿命。因为大军所过，势如破竹，我们不如早一点投降，以挽救百姓的性命。"于是派遣使者携带奏章前去乞降。明升反绑双手、车载棺材，与母亲彭氏及官属前往军门投降。

汤和接受璧玉，廖永忠则为他解开绳子，秉承朱元璋旨意，对其加以抚慰，并下令诸将对他们不得有所侵扰，戴寿、向大亨也以成都降于傅友德。明升等全被押送京城，礼臣奏道："皇帝御临奉天殿，明升等俯伏待罪于午门外，有关官员宣读赦免诏令，就像从前孟昶降宋一样。"朱元璋说道："明升年幼弱小，凡事听由臣下，与孟昶不同，所以应当免去他伏地上奏待罪之仪。"当日，朱元璋封明升为归义侯，并赐居京城。

讽刺的是，明玉珍和陈友谅生前势不两立，两人死后他们的儿子明升和陈理反倒因为相同的境遇成为了好友。经常会面发牢骚。这二人虽都还是十几岁的孩子，对此朱元璋说："这只是小孩所犯的过错，恐怕他会受到小人的欺骗诱惑，不能牢记朕对他的恩典，还是应当让他远离京城为好。"1372年正月，归德侯陈理及归义侯明升一起迁居高丽，朱元璋命元朝降臣枢密使延安答理护送他们，并赏赐高丽王罗绮，要求善待他们。此举不仅是朱元璋消除政治隐患的举措，同时也是其将高丽进一步属国化的外交姿态，但令朱元璋没有想到的是护送陈理、明升前往高丽的明帝国使团之中竟然出现了副使孙内侍离奇自缢的事件。

朱元璋事后揭露说："说病死了，自吊死了，说的差呵。我问的明白了也，毒药，药死，尸首吊在树下。"高丽方面虽然辩解说："两内侍既联床而共眠，何以鸩杀？老院使与同舟而相恶，卒致祸延。"在这一幕疑云重重的"明使自缢事件"背后，自然投射出此时高丽王国仍在明帝国与北元之间首鼠两端、摇摆不定的外交姿态。

属国之争

元明交替之际，主政朝鲜半岛的是第31代高丽君主王颛。王颛曾是蒙古王室的驸马，取名伯颜帖木儿，长期入侍元廷，而他早年依靠的也是世臣大族奇氏和权氏的势力，但即位后由于目睹了元朝势力日衰，就果断地出兵侵元，并坚决肃清了奇氏和权氏两族的势力，停止使用元朝年号，恢复高丽传统官制，在一定程度上博得了人心。

1356年，王颛命枢密院副使柳仁雨为东北面兵马使，率军进攻双城总管府，双城总管赵小生、千户卓都卿逃走，高丽攻占"和、登、定、长、预、高、文、宜及宣德、宁仁、辉德、静边等镇"。至此，1258年后归属于元的高丽朔方道部分土地被高丽收复。之后，高丽又继续北进。由于元统治者此时无暇东顾，这一地区女真人数也有所减少，因此高丽军相继攻占了曷懒甸之战时设立的咸州，即元之合兰府（今朝鲜咸兴）直至三散（今朝鲜北青）的大片土地，势力达至伊板岭（即朝鲜摩天岭）。

但这一地区女真人仍有相当势力，他们不愿意受高丽控制，多次进行反击。如1364年，元军万人渡鸭绿江围义州，高丽派李成桂率军救援。这时，海洋女真首领三善、三介乘机聚集女真，南下攻取咸州、和州等地，一度夺回和州。这时，中朝东段边界处在动荡和迅速变化阶段。为了应对这一地区急剧变化的战事，高丽君主王颛不得不任用如李成桂等大批出身于蒙古军队的职业军官，同时在中枢王颛任用了一个与世臣大族无任何关系、出身卑贱的僧侣——辛旽。

根据《东国僧尼录》的记载，遍照的父亲不详，母亲是桂城县玉川寺的奴婢。由于当时子女身份从母的制度，遍照被当作贱民，受人轻视。后来与王颛交谈十分投机，多次被召入宫中。李承庆、郑之云等大臣认为他惑乱君王，将要杀他。王颛秘密令其躲避，等1364年二人死后蓄发还俗，改名辛旽，入宫。王颛十分信任他，称之为师傅，国政大事皆咨询于他。次年封真平侯，委以重任。1366年设立田民辨正都监后，辛旽担任判事。当时土地兼并日益严重，辛旽将大庄园主的土地分给穷人，并将庄园主的私人奴婢恢复为良人，受到了下层百姓的拥戴。

辛旽的改革受到了上层社会的强烈反对，大臣们对他恨之入骨。辛旽蓄发娶妻，没有正式的僧人品位，而且可以随意出入国王的宫殿，甚至可以同王颛"并据胡床"。1369年，辛旽以风水说怂恿恭愍王迁都，自封"五道都事审官"。大臣们告发辛旽欲借机谋反，王颛大怒，将辛旽流放水原。1371年，在群臣的要求下，辛旽最终被处决。

辛旽之死固然是其个人权力欲望过大，威胁到王颛的君主地位，但同时也是高丽王国世族全面反击的开场。1374年，朱元璋遣礼部主事林密携中书省文谘至高丽取马："钦奉圣旨：'我想高丽国已先，元朝曾有马二三万留在耽罗牧养，孳生尽多，中书省差人将文书去与高丽国王说得知道，教他将好马拣选二千匹送来。'"王颛遣门下评理韩邦彦前往耽罗取马，侨居当地牧马的蒙古人只同意送300匹。林密等对王颛说："济州马不满二千数，则帝必戮吾辈，请今日受罪于王。"王颛无以对，于是以门下赞成事崔莹为杨广、全罗、庆尚道都统使，将兵讨之，得胜而还。但就在这次军事胜利的同年，王颛被权臣李仁任所指使的宦官和内侍崔万生等弑杀，其养子辛禑王成为高丽的新一代君主。辛禑王一改王颛时期的亲明政策，在北元势力及朝中亲元派的影响下，恢复了与北元的宗藩关系。

辛禑，小字牟尼奴，一般认为是为权臣"（辛）旽妾般若之出也"。因王颛无嗣，才纳为养子。但也有人认为辛禑是王颛幸辛旽宅婢女所生，养于辛宅，故称"辛禑"，但无论如何辛禑即位的合法性都受到了高丽朝野的普遍质疑。北元首先欲插手立王之事，1374年十二月，高丽派遣判密直司事金胥如北元告丧。次年正月，纳哈出派使者前往高丽询问王位继承事宜。

王颛被弑之后，关于高丽王位的问题，一些亲元大臣康舜龙、赵希古、成大泳等受意金义，向北元请求"奉沈王为主"，故而北元封沈王之孙脱脱不花为王，此事遭到李仁任的坚决反对。因当权者反对，北元不得不放弃原本的打算。虽然在王颛死后高丽的明德太后也"欲立宗亲",但仍因遭到另一亲元派重要人物侍中李仁任的"勠力固拒"而放弃。李仁任主张"王以大君(辛祸)为后,舍此何求",这一主张,自有李仁任的野心,当时有人对他说:"自古国君见弑,为宰相者先受其罪,帝若闻先王之故,兴师问罪,公必不免,莫若与元和亲。"李仁任便采纳了这一建议。是时,纳哈出也支持李仁任立辛祸为王,高丽恐明朝问其罪则,又因北元地方势力的影响,遂立辛祸为王。

因辛祸是受本国亲元派大臣的推举和北元势力的帮助方立为王,故而日渐恢复了同北元的外交关系。自辛祸成为高丽王之后,北元的地方势力也随之加强了彼此间的联系。1376年十月,北元派遣兵部尚书孛哥帖木儿出使高丽,都总兵河南王中书右丞相王保保赍书于高丽,曰:"往者予与令先君获承往来甚厚……每惟高丽事我朝,自世祖爱降贵主,建为东藩。今所存者,非舅甥即姻娅也。……如令先君往年以大驾北狩,必暂饵朱寇以安境内。然朝廷在近,加以故主义重,甥舅恩厚,而可悖哉……圣天子宽容待物,忘过记功,方且延揽四方忠义以为恢复之计。王子成能改图以副上命,厉兵秣马,其成犄角,庸赞我国家中兴之业,则于尔祖归国之功,不尤有光欤?爰令先君交契之厚,故备言之。书到,可善审厉害轻重,速令使来,朝廷必有处也。"

高丽接到此书,旋即遣使北元,向北元表明愿与之修好。次年二月,北元即派遣翰林承旨孛剌的赴高丽诏册辛祸王,曰:"上天眷命皇帝圣旨谕牟尼奴,惟我国家受天景命统承万方,世祖皇帝圣德神功泽被四表,惟时高丽虽介在海隅,能仰德执义率先来臣以顺以忠帝用嘉之爰降贵主……今以牟尼奴为征东省左丞相高丽国王于戏稽古象贤,期于为治而已,牟尼奴其益懋心保乂我民!毋替若祖为我国藩辅之义则忠孝之道于是在矣往敬之哉益光宠命!"自此,高丽始行北元"宣光"年号。

高丽与北元继续确立宗藩关系,便遣使如元册封皇后,"三月池斋伏诛。遣三司左使李子松如北元谢册命表曰:'天地无私广施生成之造侯藩有庆优承宠渥之恩,万姓呼四方,耸听伏念,臣年才角材乏,经邦权世职而守封……且献礼物,皇帝白金七锭纻布八十一匹,皇后白黄红纻布各九匹'。"另外北元的地方势力也加强了与高丽的往来,其中高丽外交关系受辽东势力纳哈出的影响尤为重要。

作为高丽近邻的北元势力纳哈出，虽在王颛在位时与高丽来往减少，但并未中断。自高丽与北元重新修好，纳哈出与高丽的联系也有所加强：1376年十月，纳哈出"遣右丞九往来，归我行人文天式"。1377年正月，"纳哈出遣使遗羊马"。纳哈出地处辽东，所在位置乃是高丽通北元的必经之所，所以，二者的联系对明丽关系的影响及对北元与高丽的影响起着重要的作用。一方面，纳哈出实属北元势力，高丽与北元交往，有时虽附带出使纳哈出，但有时需与纳哈出进行友好往来，方体现出与元修好之具体行动。另一方面，纳哈出与高丽的联系，向明朝表明了高丽的外交态度，虽然北元对明朝并未能造成威胁，但高丽与纳哈出的关系却影响着明朝辽东一带的主权与安全。

北元一方面参与高丽内政，一方面加强与高丽的联系，加之亲元派掌握强权，迫使高丽在外交上选择了一种倒退，即与北元政权进行亲密的外交往来。王颛时虽然力求与明修好，但因北元势力在高丽的恢复，这一政策付诸东流。另外，高丽这一时期的外交政策之所以形成，明朝方面是又一重要原因。虽高丽与北元政权和地方势力纳哈出频繁接触，但高丽并不打算放弃与明朝业已确立的关系。1376年二月，高丽"遣李之富如定辽卫通好，仍察事变"。三月，又遣判事金龙如定辽卫通好。高丽如此做法，一方面由于亲明势力的存在，一方面辛禑、李仁任等也不愿与明彻底决裂。此时明朝方面也不太平，西南有贵州的苗变，旧元的梁王把匝剌瓦尔密仍割据云南地区，张士诚、陈友定的残余势力仍流落海上，倭寇犯边，加之高丽与北元关系改善后，纳哈出在辽东的势力不断侵扰，使明朝不可能因王颛被弑、明使被杀而问罪于高丽。

王颛死后，辛禑、辛昌乃至王瑶都曾请求大明给以册封，但明太祖的态度常常是："朕思（高丽）限山隔海，难以声教，当听彼自然，不干名爵。""童子（辛昌）不必来朝，立亦在彼，废亦在彼，中国不与想干"，"（高丽）果有贤臣在位，定君臣之分于上，造妥民之计于国，虽数十岁不朝，亦何患哉。"这一趋势最终演变为明朝却贡，明朝与高丽双方断绝交往，这使得高丽外交倒向北元。

但纳哈出在辽东的势力并不稳固，那时，辽东经济凋敝，后勤物资供应疲惫。明军多方筹集军用物资，加强后勤储备。除了户部征购商人粮米之外，朱元璋还令大将廖永忠"督运定辽粮储""以苏州府粮十二万石，由海道运赴定辽；十万石运赴北平"备用。而纳哈出方面则除了正常的军备之外，还要接济逐渐东迁的北元政府，分出牛羊赠送给高丽王国以维持两国关系，经济上所承受的压力自然可想而知，而蒙元骑兵所惯常的劫掠战术却在辽东地区很难有用武之地。

1372年农历六月，纳哈出率军从大本营金山出击，侵入辽东，但却在马云、叶旺，纳哈所修筑的盖州城，慑于对手防御严密，而不敢攻打，绕过盖州到达金州。金州城的防御设施还没完工，指挥韦富、王胜等人督促士兵分守诸门。乃剌吾是敌人的骁将，他率精骑数百在城下挑战，身中伏弩倒地，被抓俘，敌人大为沮丧。韦富等人纵兵攻打，敌人败退，不敢沿着来的道路退走，从盖城南十里沿着柞河逃走。叶旺早就派兵扼守柞河，自连云岛到窟驼寨十余里，沿河垒起冰块为墙，浇上水，晚上冻结，像城墙一样坚固，在沙中布下钉板，旁边设下陷阱，埋伏军队等候敌人。

马云和指挥周鹗、吴立等人在城中树起了大旗，按兵不动，安静得像没人一般。待敌人到达城南时，伏兵四起，两山旌旗蔽空，矢石如雨点般地射下。纳哈出仓皇逃往连云岛，遇上冰城，从旁边走，全部掉入陷阱，于是溃败。马云从城中出击，联合部队追击至将军山、毕栗河，敌军被斩、被俘和冻死的不计其数，乘胜追击至猪儿峪。纳哈出仅仅是自身免于一死，但不甘心失败的纳哈出于同年冬季，率领数万军队，偷袭明军的辽东军需仓库牛家庄（昌图镇），烧毁10余万石粮食，杀死数千名明朝将士。

第二年农历十一月，当纳哈出再次寇掠辽阳时，却被"千户"吴寿率兵击败。鉴于纳哈出惯于冬季突袭的规律，明代洪武八年（1375），皇帝朱元璋给"辽东都指挥使司"下令：今冬一旦纳哈出偷袭，我们必须坚壁清野，不给纳哈出留下一粒粮食。与此同时，明军在地势险要之处设下伏兵，截断纳哈出军队后路，力举全歼。连遭兵败之后，纳哈出似有醒悟，深感在武力上难与明朝抗衡，不觉锐气大减。与此同时，皇帝朱元璋仍在期待着纳哈出最终归顺明朝。1377年之后的10年间，纳哈出与明朝一直相安无扰。10年间，明朝不断发展经济，实力逐渐增强，而纳哈出的内部却祸乱迭出。纳哈出手下大将"哈剌章""蛮子阿纳失里"等人互相猜忌，并且极为不满纳哈出的飞扬跋扈。

1386年朱元璋等得实在不耐烦了，便决定再次采用武力彻底教训一下纳哈出。当年年末，明朝征用了20万民夫，运粮123万石，送到松亭关（长城喜峰口北）、会州等地。 1387年正月，明朝命冯胜为大将军，傅友德、蓝玉为左右副将军，统兵20万征讨纳哈出，与此同时，明朝派出降将劝说纳哈出归顺明朝。同年农历三月，冯胜大将军率军出长城松亭关，建筑大宁、宽河、会州、富裕4座城池，并留兵屯守，以便保障前方将士后勤供应。农历五月，冯胜大将军率军直扑纳哈出大本营"金山"，在辽河东岸，明军俘获了纳哈出的屯军300余人、战马400余匹。纳哈出闻讯后，急忙向北逃窜。

冯胜大将军率领明军势如破竹，步步逼近纳哈出大本营"金山"。同年农历六月，纳哈出部将观童归降，冯胜大将军又遣使招抚纳哈出。当时，纳哈出的各个部族均厌恶分裂割据，向往统一。面对众叛亲离、极端孤立、明军压境的局面，纳哈出被迫派遣使者，到冯胜大将军营帐约降，于是，冯胜大将军委派副将军蓝玉，到一秃河（伊通河）受降。不料，就在举行受降仪式时，发生了一桩始料不及的变故，险些导致受降泡汤。

在受降仪式上，为表诚意，蓝玉副将军脱下衣服赠送给纳哈出。不料，纳哈出却坚辞不受。蓝玉副将军外甥、常遇春儿子常茂见状，误以为纳哈出不肯投降归顺，便当即抽出马刀，砍伤纳哈出手臂。纳哈出大怒，以为明军玩弄阴谋诡计，遂立即遣散了准备投降归顺的部众、将士。情况危急，冯胜大将军立即命降将"观童"安抚纳哈出，排除误解。纳哈出弄清真相后，重新召回部众、将士，宣布归顺明朝。受降仪式风波平息之后，经过整编，冯胜大将军率领纳哈出及其所部20余万将士南迁。经过亦迷河（饮马河）时，明军又收编了纳哈出流散当地的两万余名将士、马车5万余辆。至此，盘踞"金山"地区30余年的纳哈出终于归顺了明朝，东北地区最终得以统一。纳哈出到达明朝首都"应天府"（南京）之后，立即受到朱元璋的隆重接见。考虑到纳哈出在东北地区的威望和影响，明太祖皇帝朱元璋晋封纳哈出为"海西侯"，赐"铁券丹书"。纳哈出属下官员也各有赏赐，各授官职。

讽刺的是纳哈出兵败之时，高丽国王辛禑正与亲信崔莹开始秘密讨论攻打明朝定辽一事，"禑独与莹决策攻辽，然犹未敢昌言也"。前线军官李成桂坚决反对进攻辽东之举，但辛祸仍执意发兵。高丽攻辽之兵"左右军共三万八千八百三十人，傔一万一千六百三十四人，马二万一千六百八十二匹""左右军发平壤，众号十万。祸如大同江，张胡乐于浮碧楼，自吹胡笛"，但此次征辽并不得人心，"是时，全罗、庆尚二道为倭寇巢穴，东西北面，方忧割地，京畿、交州、杨广三道，困于修成……八道骚然，民失农业，中外之怨，甚于（李）仁任、林（坚味）、廉（兴邦）时矣""亡卒络绎于道，祸令所在斩之，不能止"。如此，面对强大的明朝军队，高丽不敌，李成桂认为"以小事大，保国之道"，且直言"若犯上国之境，获罪天子，宗社生民之祸立至矣""除君侧之恶，以安生灵"，将矛头指向崔莹等人，随即得到诸将赞同，于是回军退渡鸭绿江，辛祸闻变，急忙还京，从者仅50余骑。不久"复行洪武年号，袭大明衣冠，禁胡服"。高丽大权从此落入李成桂之手，高丽也不得不与明帝国重修旧好。

高丽与明朝的关系，由王颛时期的修好，到断交，之后再次修好，这种变化从很大程度上依赖于明朝对高丽的态度。虽然表面上高丽行使独立的外交，但无论何种对外态度都受中原王朝影响颇深，迫使高丽曾一度倾向北元而疏于明朝。高丽与北元和明朝宗藩关系的变化，与本国的亲明亲元势力的强弱也有着密切的关系。辛祸王在位时期，先是由于亲元派势力掌权，再者北元势力与之交往甚密，明朝对高丽与外交关系的怀疑，使高丽在辛祸元年至十四年与北元继续维持着原有的宗藩关系，然而，征辽一事，亲明派李成桂掌权后，明朝与高丽建立了良好的外交关系，高丽与北元彻底决裂。纵观这一变化过程，受北元势力与明朝的影响，高丽的独立自主显得有名无实，因行使独立的外交对高丽而言，虽心有余但力实不足。国力有限，使高丽的外交也只是有气无力。北元势力的极力修好，加之明朝对新政权的否认，使高丽的外交出现了倒退的现象。

远征云南

被封为"海西侯"的纳哈出并没有享受太久的荣华富贵，便于1388年，病逝于跟随大将傅友德再征云南的战船之上。所谓再征云南指明帝国继平定盘踞在云南的割据势力主要有故元梁王和土酋段氏之后，对云南的第二次用兵，而之所以出现这样的局面，则不得不从1381年明帝国第一次出兵云南说起。

梁王把匝剌瓦尔密是忽必烈的第五子云南王忽哥赤后裔，其统治区域以昆明为统治中心，仍奉元朝正朔，服从退踞蒙古沙漠地区的元朝残余势力的命令。土酋段氏则控制着大理一带，虽然直属北元政府管辖，但处于半独立状态，与梁王政权之间不时发生武装冲突。朱元璋起初欲以和平方式解决云南问题，曾多次派使者前往谈判，均被杀害，遂决定用武力统一云南。

在远征云南的明军出发前，朱元璋召见傅友德，对其面授机宜。朱元璋南征的方略是：其一，以少数兵力从四川叙永进击贵州威宁，吸引元军及东川、昭通等当地部落武装；其二，因此，元军主力则必然死守作为"入滇咽喉"的曲靖，此时，明朝大军主力则暗度陈仓，从湖南沅陵、芷江进入贵州安顺，出奇制胜，在曲靖一带与元军主力展开决战，待拿下曲靖以后，由征南将军中抽出一人统率一路大军，北上贵州威宁，与来自四川的部队会合；其三，其余大军直捣昆明，迫使元军彼此牵制，无暇他顾，疲于奔命；其四，昆明既克，大军直扑大理，一举收复滇西。这样先声夺人，大势已定，元军势将瓦解。至于云南当地部落武装，可以遣人招降，安抚说服，这样也可以让部队免于长途奔袭，疲于战事，休养生息。

随后朱元璋在皇宫外的柳树湾检阅部队，并于龙江边为将士们举杯饯行，可见朱元璋对这次南征的重视。傅友德所率大军是乘船从南京出发的，万艘大船"旌旗蔽江而上"。征南明军沿长江水路经安徽、江西，只用了26天便到湖北武昌。在武昌，明军兵分两路，傅友德亲自率明军主力继续乘船向西，直达洞庭湖北岸的湖南常德，尔后弃船登陆，沿常德途经郑家驿、茶庵铺、沅陵而达辰溪，再经芷江到达新晃，这是一条从武昌经新晃入贵州而达云南的古驿道，即普安入黔旧路，亦称东路，民间所谓的通京大道。另一路，傅友德命郭英、胡海、陈桓统率5万明军，由今湖南进入四川，从而进击威宁，以吸引元军的注意力。

傅友德、蓝玉、沐英率主力经过两个半月的行军，于12月11日攻克贵州安顺、盘县。明朝诸葛元声《滇史》卷十记载："十一日，王师进攻普定。普定土酋安瓒不恭，命友德讨擒之。于是罗鬼、苗蛮、仡佬皆望风迎降，瓒亦备马、粮、毡、刀弩、牛、羊万计助军。"当明军攻克安顺、盘县时，沐英就对傅友德说："趁元军还不掌握我南征明军战略部署，我们应趁其不备，星夜急驰，赶至曲靖，以实现皇上出奇制胜、平定云南的战略意图。"傅友德遂采纳了沐英的建议。

作为军人，傅友德深谙兵贵神速，战机稍纵即逝的兵家之道。明朝大军攻克安顺、盘县当日，即马不停蹄直奔曲靖。为了出其不备地突然出现在曲靖，南征明军从安顺、盘县到曲靖本应需要6~7天的路程，结果明军以双倍的速度长途急行军，仅用4天时间便抵达曲靖境内。此时，梁王已得到明朝大军近抵云南的情报，急命平章达里麻统率10万元军主力驰援曲靖，意欲在曲靖与明朝大军展开决战。

曲靖位于云南东北。云南多山，山与山之间的平原，云南人俗称"坝子"，一马平川的曲靖坝子在云南坝子中占据第四位，珠江就发源于曲靖的马雄山。云南古称"滇"，曲靖自古即为入滇门户的锁钥，滇东重镇。古代进入云南的东行古道，即安顺、盘县的"黔滇古道"（明军主力进军云南的路线），西行古道，即秦朝开凿的，由四川宜宾至曲靖的"五尺道"（郭英率偏师进入云南所走道路）皆交会于曲靖。

特殊的区位，使曲靖成为历代兵家必争之地。西汉元封二年（前109年），汉武帝刘彻征服滇国，在此设益州郡，置味县（今曲靖）。蜀汉建兴三年（225年）春，诸葛亮南征，平定南中，改益州郡为建宁郡，并将行政管理中心从滇池县（今昆明晋宁县）移至曲靖。从那时以来，直至765年，南诏剿灭滇东爨氏地方大姓割据集团的500年间，曲靖一直成为云南的政治、经济、文化中心。欲取云南，必先夺得曲靖。1381年农历十二月十六日，20多万人的明军和10多万人的元军在距曲靖城以北仅1公里的白石江相遇了。

洪武十四年（1381）十二月十六日，明军乘大雾进抵曲靖东北之白石江。雾散天晴，达里麻隔江望见明军势众，急遣精兵扼守江岸。傅友德采纳沐英建议，督将士正面佯攻，另遣奇兵暗从下游渡江，绕至梁王军阵后，在山谷间树旗帜、鸣金鼓，守军见势惊乱。沐英乘势率军渡江，大败守军，俘达里麻以下两万余人，大败梁王把匝刺瓦尔密部将达里麻所率10余万精兵，占领曲靖。

随后傅友德乃分遣蓝玉、沐英进兵昆明，自己亲率数万众循孤格山南麓北上直奔威宁，以接应从四川叙永一带南下作战的郭英部队。郭英的进军路线，史书无记载。根据军事常识及当时的交通情况来看有两种可能：一是从武昌继续乘船沿长江经重庆到达泸州至纳溪登陆，大军一路向南过云南的镇雄而至乌撒。二是郭英与傅友德同达武昌，经今慈利、大庸、龙山而进入四川来凤、黔江再至永宁。一般来说，只要当时长江上能通船至重庆，郭英是会选择水路的。从战役上考虑，1381年九月二十六日南征大军到达武昌，郭英即与傅友德兵分两路，郭英到达威宁的时间应早于傅友德到达曲靖的时间，只有这样才能吸引元军及滇东北一带的当地部落武装。

郭英的部队从四川叙永出发，为避开元军拦截，明军走的是山间驿道，一路山高林密，路途险阻，众将领都有些吃不消，倾向于绕道前进，便于大军行军。郭英就对他们说："破敌贵在先声夺人，要选择敌人防备薄弱之处予以击破。舍近趋远，非兵家之道。"郭英等南下叙永的军队，与威宁的彝族土官实卜相持于赤水河。郭英的军队在距赤水河不到20里的岸边安下大营，那个时候恰逢雨季，赤水河水势猛涨，郭英为将士们打气，哥们儿，别怕，元军这群乌合之众，想凭一条赤水河就拦我渡江，门儿都没有，他们根本想不到我们会选择这样的时刻渡江。郭英下令，全军将士斩木造筏。

待傅友德自曲靖北上的援军到来，就在一个漆黑的深夜，借着夜色的掩护，明军强渡赤水河，两面夹攻，威宁的彝族军队溃败。威宁距曲靖沿今326国道有400公里路程，傅友德回马一枪杀向威宁，其行军路线当沿五尺道前进，五六天即可到达。兵贵神速，傅友德白石江大败元兵又马不停蹄以迅雷不及掩耳之势出现在威宁，这是乌撒、东川、乌蒙元兵及土酋部落武装所始料不及的，傅友德与郭英两面夹击，很快就平定了滇东北一带。于是，"遂城乌撒，得七星关（在今毕节市西南部），通毕节，至可渡河。东川（今会泽、巧家、东川）、乌蒙（今昭通）、芒部（今镇雄）皆降"。平叛之后，傅友德仍然团结当地的彝族各土官，劝令他们维持好社会秩序，并分拨一部分军队驻守威宁、昭通各处交通要道，然后南下，与蓝玉、沐英的部队会师昆明。《明通鉴》第七卷说："……癸酉，玉、英等师至板桥，元右丞观音保以城降。玉等整众入城，秋毫无犯，收宫府符信图籍，抚定其民。"

傅友德与沐英会师昆明后，决定兵分两路，两路大军似两把利剑，直插滇南、滇西纵深地带。南路大军由东川侯曹震、定远侯王弼、宣德侯金朝兴率兵数万直取临安（今建水）等滇南腹地，红河两岸的彝族、哈尼族等土官迅即归附。《滇史》卷十说："初，使都督金朝兴率师攻临安，元分省右丞伍卜歹归款，遂城临安，置府卫，命天策卫指挥万中、宁州卫指挥王执留兵镇之。宁州土官知府弄甥，普提六世孙也，亦率夷民首先归附。弄甥气度豁达，专心抚学，顺舆情而迁州，崇师道而建学，土类羡称之。"南路军没有进行大的战争，整个滇南即平。

东川侯曹震南下临安的同时，颍川侯傅友德、西平侯沐英统西路重兵西下威楚（今楚雄），直指滇西重镇大理。威楚一路，凡明军所到之处，基本上处于不战自降状，故傅友德、沐英比较顺利地平定威楚而直逼大理。大理，位于云南西部，距昆明600公里，即使在交通工具高度发达的今天，高速公路也要驱车5个多小时。大理是一片弥漫着浓厚历史气息的土地，早在西汉武帝征服滇国时，就在此设置叶榆县，大理开始被纳入中央版图。唐开元二十九年（741年），建立南诏国，共经历13个诏王，253年，其中10个南诏王受唐中央政府册封。南诏国是以乌蛮（彝族）为主体建立的奴隶制政权，全盛时期疆域含云南全境，并含四川南部、贵州西部等地，是云南政治、经济、文化中心。南诏国通用汉语，信奉佛教。

宋代，段氏建立以白族为主体的封建领主政权，疆界与南诏国大致相同。段氏曾被宋朝册封为云南节度使、大理王，大理国时期，经济、文化发展水平几乎接近中原汉族地区的水平。宋朝时期的大理国，被许多历史学家、文人称为"佛国""妙香国"。即使到元朝，蒙古军虽统一了云南全境，元朝仍只能册封段氏为总管，大理仍由段氏割据。诸葛元声《滇史》卷十说："由唐以来蒙、段窃据殆六百年。元人得之，仍任段氏为总管，不能有其地。段氏既与梁王构隙，复专擅一方，恃负险远。"

因此，收复大理，明军主帅傅友德、沐英做好了晓喻劝降及军事进攻的两手准备。明军先礼后兵，派出使者劝降段氏，但段氏以世守大理，并妄图以唐时南诏国、宋时大理国为例拒绝归附，并且还在写给沐英、傅友德的信函中引"宋挥玉斧"为典，欲与明朝廷分庭抗礼，《滇史》《云南通志》等对此有详细地记载。史书记载，当段氏得知明军欲攻取昆明的消息时，就与其臣属商议是否驰援梁王。然而，因历史上段氏与梁王有世仇，段氏仍按兵不动，眼看着梁王孤立无援，为明军所灭。

大理依附苍山、洱海，段氏领着5万精兵把守上、下两个关隘。交战初期，沐英亲率大军攻城，结果久攻不下。正面硬攻不下，看来只能采取佯攻、切割、包抄的战法，出奇计方能破敌。沐英的战术是：派遣一支明军由洱海直趋上关，将段家军分割开来，使其首尾不得相顾，并与沐英率领的从下关攻取城池的明军互为犄角；再秘密派出小股部队，趁着夜色绕到苍山背后，从悬崖绝壁中悄悄摸到段家军的背部，出其不意，扰乱军心。在段氏军队的背部树起明军大旗，借以动摇段家军的军心；黎明时分，伴随着隆隆炮声，睡梦中惊醒的段家军兵士抬头一望，城外山上早已布满明军大旗，惊魂未定的段家军误以为城池已被明军攻陷，军心大乱。此时，沐英一马当先，策马渡河，汹涌的河水瞬间就没过马腹，众将士紧紧跟随，杀声震天，丝毫不怯阵。山上的明军亦奔驰而下，段家军腹背受敌，溃不成军，没几个回合，明军便攻下城池，生擒段氏。攻下大理之后，傅友德、沐英立即分兵取鹤庆，略丽江，西渡澜沧江而驻兵保山，云南靠内地区初步平定。

明朝军队初入云南之时，以段氏为代表的云南靠内地区的白族和彝族中的土官，或被打败，或慑于兵威而不得不投降。然而，地方民族统治阶级是天然的分裂割据者，他们乐意于当夜郎王而不愿受制于封建中央。所以，一旦有机会，他们总想利用自己的地方武装和在本民族中的影响而发动叛乱，重新把他们那种自我封闭的堡垒建立起来。

1382年3月，"乌蒙（今昭通）、乌撒（今威宁）、东川（今会泽、巧家、东川）、芒部（今镇雄）等处复叛"。这里的彝族土官们，最初是在战败的情况下不得不投降。及至傅友德南下，留守的军队少了，他们便立即发动叛乱。傅友德、沐英只好率兵从滇西的大理折回来对他们进行讨伐，于同年7月平定了叛乱。为了避免他们再在背后捣乱，以利于对南部和西南部边疆地区的深入，乃"以乌撒、乌蒙、芒部三府隶四川"，由邻近的四川来进行控制（又复将东川也改归四川）。

7月，滇西乃至西南边境的土官们也发动了叛乱，这部分叛乱一直延续到第二年才平息。傅友德、沐英忙于平定乌撒、乌蒙等处的叛乱，留守昆明的军队人数少了，于是土官杨苴（白族）又趁机于9月发动叛乱，纠集20万地方武装围住昆明城，都督谢熊、都指挥冯成只能勉强守住昆明城，无力出击。沐英不得不从乌撒（今威宁）领兵赶回昆明，这才打败杨苴的叛军，解了昆明之围。杨苴兵败之后，又纠集叛兵于安宁、罗次、邵甸（今嵩明县白邑村）、晋宁（今晋城）、江川等处，据险树栅，欲图再举。滇东北等地的彝族土官也仍然持两端，各自盘踞住自己的营垒，不与明朝军队合作。

于是，与各土官斗争而后争取他们，仍然是一项艰巨的工作。直到明洪武十九年（1386），距明朝军队初入云南已经5年之久，明朝军队在云南靠内地区的处境仍然是很困难的。当时，朱元璋给傅友德、沐英等的谕文中仍说："六月初八日（洪武十九年六月初八日）贵州都司文书至京师，知盘江（今北盘江）道路尚未通行（因滇东北至黔西地带的一些彝族土官仍然作梗），兼说目下并无升合口粮，如此艰辛。"因而指示傅友德、沐英等，不要仅仅守住城池，应当主动派兵出去和土官们斗争，打破他们盘踞着的营垒，并在永宁以南的乌撒、乌蒙和黔西到曲靖的要害地方建立卫所，驻扎军队，以保证通向内地的交通线。

1387年十月，朱元璋调陕西、山西将士5.6万余人、调楚府护卫兵六千赴云南，诏长兴侯耿炳文率陕西士兵往云南屯种。十一月，命普定侯陈桓、靖宁侯叶升往云南总制诸军，于定边、姚安等处立营屯种，继而又命陈桓等领兵屯于毕节等卫。十二月，"（上）遣前城门郎石壁往云南谕西平候沐英等，自永宁至大理，每六十里设一堡，置军屯田，兼令往来递送，以代驿传。"

1388年，朱元璋又命傅友德为征南将军，沐英、陈桓为左、右副将军，帅师讨东川叛蛮。正是从这一年开始，云南的卫所屯田逐渐全面铺开，进入了一个新的发展阶段；除军屯以外，明代云南各地还发展了民屯和商屯。 1389年，沐英从南京组织江南、江西人民250余万人入滇，给予种子资金，区划地亩，分布于临安、曲靖、大理、鹤庆等郡县，并上奏朝廷，迁移山东、江西富民600余户充滇。后分云南为五十二府，六十三州，五十四县，民政系统亦趋完备。

第十章 捕鱼儿海（1383—1398）

—————明帝国对北元的最后一击

明初政治

名将末路

北元崩溃

明初政治

　　明初各项制度的改革与确立。朱元璋不仅在战争硝烟中创建了明皇朝，而且为了使朱明皇朝长治久安，他在政治、经济、军事、法律制度方面进行了一系列改革，这些改革措施对于整个明皇朝的统治产生了深远的影响。

　　朱元璋对国家的机构改革首先是从地方上开始的。元朝行中书省，总管一方的军政、民政、财政和司法等大权，权力很大。1376年，朱元璋宣布废除行中书省，分设承宣布政使司、都指挥使司和提刑按察使司，分别担负行中书省的职责，这三个机构既各自独立，又互相牵制，这就防止了地方势力过重而闹独立的可能。

　　朱元璋在废除行中书省的当年，设立了浙江、江西、福建、北平、广西、四川、山东、广东、河南、陕西、湖广、山西12个布政使司。1382年，又增加了云南布政使司，一共13个，布政使司之下设府（州）县。

　　接着，又进行朝廷机构的改革。明初中书省总揽天下政务，在朝廷各个机构中位置最高，其行政长官左、右丞相，负有统率百官之责，位崇权重，极易与皇帝产生矛盾。1373年，由于李善长的极力推荐，胡惟庸由右丞相升为左丞相。胡惟庸专权用事，"生杀黜陟，或不奏径行。内外诸司上封事，必先取阅，害己者，辄匿不以闻。四方躁进之徒及功臣武夫失职者，争走其门，馈遗金帛、名马、玩好，不可胜数"，皇权与相权的矛盾达到顶峰。朱元璋见大权旁落，自然不能容忍。1380年朱元璋以"擅权植党"的罪名诛杀了胡惟庸，趁机取消了中书省，废除丞相等官。朝廷政务由六部分理，提高六部的品秩，各部尚书直接听命于皇帝。丞相制的废除，宣布了中国1000多年宰相制度的终结，也使朱元璋成了历史上权力最大的皇帝。

同年，朱元璋也废除了统管全国军事的大都督府，分中、左、右、前、后五军都督府，每府设左右都督两名，分别管理京师及各地卫所和都指挥使司。都督府的职权与兵部有明确的分工：兵部有颁发军令、铨选军官的权力，但不能直接统率军队。都督府负责军队的管理和训练，但无权调遣军队。每逢战事，由皇帝亲自任命军事统帅，兵部发布调遣令，都督府长官奉命出征。战事结束，军归卫所，主帅还印，这样二者互相制约，军权集于皇帝一身。在军队的编制和训练上，朱元璋和刘基研究了历代兵制，创立了明代所特有的卫所制度。

这种制度的特点是：军籍世代沿袭，实行耕战结合，平时既屯耕，也训练。卫所制分卫、所两级，在全国军事重地设卫，次要的地方设所。大体5600人为一卫，长官为指挥使。每卫下面分5个千户所，每千户所辖1120人，长官称千户。千户下分为10个百户所，百户所辖112人，长官称为百户。百户下有总旗二，小旗十，每总旗领5小旗，每小旗10个军士，大小相连，比比成军。 1393年，全国共设有17个都指挥使，下辖329个卫，65个守御千户所，军队120万人，其精锐留驻在京师南京一带。17个都指挥使分别隶于朝廷的5个都督府，这样使权力分散，便于皇帝控制。

1382年，朱元璋又对朝廷监察机构进行了改革，将御史台改为都察院，设左、右都御史。"都御史职专纠劾百司，辨明冤枉，提督各道，为天子耳目风纪之司"。其下有十三道监察御史，以一布政司为一道，共设御史110人。监察御史负责监视、纠劾百官。出使到地方，则巡按、清军、巡盐、巡漕、巡关、提督学校等，其中巡按御史代替皇帝巡视，"大事奏裁，小事立断"，权力很大。这些御史官秩只有七品，但却可以以小制大。与都察院职责相似的，还有监督六部的六科给事中，称谏官，与都察院互相配合。

经过一番整顿，朱元璋的权力大大加强了，但政务也随之繁多起来。过去有丞相协助，现在全国大小政务都要他亲自处理，即使他"昧爽临朝，日晏忘餐"，整天批答奏章，也难以承担。洪武十三年（1380年）九月，朱元璋设置四辅官，位列公侯、都督之次，协赞政事，但因不胜其职，不久相继致仕。洪武十五年（1382）朱元璋仿宋朝设殿阁大学士的办法，设置了华盖殿、文华殿、武英殿、文渊阁、东阁大学士，由品级比较低的编修、检讨、讲读等官来充任，帮助朱元璋阅读奏章，起草处理文书，这是明代内阁的肇端。整肃吏治朱元璋即位后，"惩元季吏治纵弛"，决心创立一个清正廉洁的朝廷。

为此，朱元璋详定了官员考课办法，凡内外官员，根据他们的品秩，分别规定考察时间和内容，由吏部"综其称职、平常、不称职而陟黜之"，约束官员很是严格。同时，朱元璋还用严刑峻法来整顿吏治，他常说："纪纲法度，为治之本。"因此他十分重视法律的制定。

1367年，在朱元璋的授意下，左丞相李善长任总裁官，开始了法律的制定工作。是年底初步编成，"凡为令一百四十五条，律二百八十五条"。但朱元璋觉得所定律令还不够完善，又下令修改，直到洪武三十年（1397年），几经修改，才正式颁布了《大明律》。《大明律》共30卷，分吏、户、礼、兵、刑、工6部。它以唐律为蓝本，但简于唐律，严于宋律。律文包括各项法律章程，其中对各级官吏的职权、任务以及应遵守的事项，都做出了详细规定，对官吏违法乱纪行为，也定出了具体的惩处办法。

对官吏的贪污，处罚特别重，朱元璋认为"吏治之弊，莫过于贪墨"，"此弊不革，欲成善政，终不可得"，他下令"凡是官吏贪污蠹害百姓的，都要治罪，不容宽贷"！官吏因枉法而贪赃的，一概发往北方边地充军，官吏贪污钱财60两以上的，处以枭首示众、剥皮实草之刑。朱元璋把府、州、县衙门左面的土地庙，作为剥人皮的场所，叫作"皮场庙"。贪官被押到这里，剥下人皮，塞上稻草，再摆到衙门公座两旁，使官吏触目惊心，知所警惕。就连官吏因公乘坐官家的牲口、车船，携带私人物品超过规定重量的，也要处刑。如乘坐官府牲口，除随身衣物外，携带私物不得超过10斤，每超过5斤笞10杖，10斤罪加一等，最高杖60；如果乘坐官家的船，携带私物超过30斤的，每10斤笞10杖，每20斤罪加一等，最重杖70。

洪武十八年（1385年），朱元璋颁布了《大诰》，以后又陆续颁布了《大诰续编》《大诰三编》《大诰武臣》，汇集所诛杀官民的罪状，以警示臣民。朱元璋在《御制大诰序》中说道："今将害民事理，昭示天下诸司，敢有不务公而务私，在外赃贪，酷虐吾民者，穷其原而搜罪之。"并令后代世世遵从。

明律的制定和实施，在洪武年间得到了认真的贯彻，即使朱元璋自己，也对制定的明律满怀信心，带头执行，执法相当严厉，这在中国古代封建皇帝中是少有的。他的女婿驸马都尉欧阳伦，是马皇后亲生女儿安庆公主的丈夫，因为贩运私茶触犯刑律，即被朱元璋赐死。开国功臣汤和的姑父"隐常州田，不输税"，也被朱元璋治罪。

朱元璋整顿吏治得到一定的效果，据《明史·循吏传》记载，"一时守令畏法""吏治焕然丕变矣！"然而在整个洪武年间，对违法乱纪、贪污受贿的官吏，除去平常的零星打击，还进行了几次大规模的清洗，典型的就是洪武十五年（1382年）的空印案和洪武十八年的郭桓案。

明廷规定，每年各布政使司和府州都要派计吏到户部，报告地方财政收支情况。为了核算钱粮、军需等款项，必须报布政司，布政司再报部，层层上报，一直到户部审核数目完全符合，才算了结。但户部审核遇有钱粮不符的地方，就要驳回重新填报。布政使司离京师远的六七千里，近的也千里上下，所以为了减少来回奔走的麻烦，上计吏就带有事先预备好的盖过官印的空白文册，遇有部驳，随时填用。

这本来是公开的秘密，不料到洪武十五年，朱元璋发现了这一情况，认为其中一定有舞弊行为，就下令严办，凡地方衙门主印长官一律处死，佐贰官杖100充军边地。洪武十八年（1385年），御史余敏、丁举廷又告发北平布政、按察二司官吏李彧、赵全德等人，伙同户部侍郎郭桓贪污舞弊，吞盗官粮，朱元璋抓住线索，下令司法部门严加追查，于是六部左右侍郎以下的官员统统被处死，各布政使司有牵连的官员也被逮捕入狱，各地卷入此案的官吏、富豪不计其数。这两案株连被杀的达七八万人。朱元璋用重刑惩治贪官，虽对吏治清廉有一定作用，但又不免陷于滥杀，这当然与其性格的猜忌多疑有关，但从根本上还是出于对明朝长治久安的考虑。

随着明皇朝的建立和巩固，昔日与朱元璋枪林弹雨、风雨同舟的将领，成了新皇朝的显贵，他们以血战立功封为公侯，拥有大量的土地、佃户、奴仆，享有政治、经济等各方面的特权。这些勋臣武将们无不把明朝的胜利当作自己的胜利，认为理所当然地应享受这个胜利所带来的一切财富、荣耀和权力，然而事实并非如此。或许在失望、失意之余，他们渐渐我行我素起来，恃功犯法的事也屡屡发生，这使朱元璋感到忧虑，他真担心这些权势烜赫的元勋重臣，将来某一天会做出背叛他的事，抢走他的皇帝宝座。随着时间的推移，更加重了他的疑虑。考虑到日后的大明江山，子孙万代的千秋功业，他只好向昔日曾经同甘共苦的兄弟们大开杀戒。

洪武初年，朱元璋以李善长、徐达为左、右丞相。李善长为人处世向来以小心谨慎著称，徐达较多时间则是带兵征战在外，他们都没有与朱元璋发生大的矛盾冲突。但胡惟庸任相之后，事情就发生了变化，君权与相权的矛盾与日俱增。胡惟庸是凤阳定远人，1355年，朱元璋克和州，始归附，授元帅府奏差，寻转宣使。尔后，任宁国县主簿，进知县。做宁国县令，可以说是他起家的开始。

据说，胡惟庸以黄金200两行贿于李善长，从此青云直上，先迁吉安通判；1364年，朱元璋设湖广行省，又擢其为湖广佥事。朱元璋称吴王，由于李善长的推荐，胡惟庸被召为太常少卿，不久，升为太常寺卿。洪武三年，入中书省，拜中书参知政事。洪武六年（1373年）正月，右丞相汪广洋因"无所建白"出迁广东参政。从这时到同年七月，"帝难其人，久不置相"，胡惟庸以中书左丞"独尊省事"数月，七月代替汪广洋升为右丞相。洪武十年九月，又迁左丞相，汪广洋仍为右丞相。从洪武六年汪广洋第一次罢相后，中书省的大权实际上由胡惟庸一人独揽，到洪武十三年（1380年）正月被杀为止，任相达7年之久。

徐达、刘基对胡惟庸的人品极为鄙视，徐达"深疾其奸"，曾多次"从容言于帝"。为此，胡惟庸一度想与徐达结好，但徐达憎恶他的为人，不予理睬。胡惟庸又变换手法，企图贿赂徐家守门人福寿来加害徐达，但被福寿揭发。徐达知道此事后，并没有向他问罪，只是向朱元璋进言，胡惟庸不够资格做丞相。洪武初年，朱元璋曾与刘基论相，当问到胡惟庸是否可为丞相时，刘基说："譬之驾，惧其偾辕也。"并说，天下何患无才，只要明主全心全意地求访，便可得到，就目前的人选来看，确实没有可以胜任的。但朱元璋并没有接受刘基的意见，不久便擢胡惟庸为相，刘基悲叹道："使吾言不验，苍生福也。"

胡惟庸独相数年，尽管汪广洋在洪武十年与他同居相位，但汪广洋为人"宽和自守，居相位默默无可否"，在中书省仅仅是"浮沉守位而已"，因此，除了皇帝以外，在政治上胡惟庸感到唯一有些威胁的人便是刘基。由于刘基曾与朱元璋论相，胡惟庸更是耿耿于怀，伺机报复。刘基也深感处境艰难，隐居青田故里期间，为了避祸，每日"惟饮酒弈棋，口不言功"。

但即使刘基韬迹如此，还是防不胜防，仍遭到胡惟庸的攻讦。刘基家乡附近有一个地方叫谈洋，位于浙、闽交界处，这里峰峦叠嶂，常有贩运私盐的"不法"之人隐匿其间，元末曾为方国珍所占踞，社会秩序一直较为混乱。刘基曾奏请朝廷在此处设立了巡检司，以实行有效的控制。后来温、处之间发生兵变，当地官吏不敢上报，刘基命长子刘琏直接上奏朱元璋，没有经过中书省。这时胡惟庸刚刚以左丞掌省事，他并没有忘记当初刘基议相一事，于是指使刑部尚书吴云沐给刘基罗织罪名，说谈洋一带有帝王之气，刘基要在此修墓，百姓反对，便请朝廷设立巡检司驱逐百姓，假手朝廷以图不轨。

朱元璋知道刘基精通象纬之学，料事如神，因此对此事半信半疑，虽然没有对他治罪，但却夺了刘基的俸禄。这是一个十分危险的信号，刘基为了避免更加严重的结局，立即入京谢罪，并暂且留住在京城不敢归乡。刘基很聪明，他很清楚，不主动赴京自责，或者擅自归乡，都有可能酿成杀身之祸。就这样，在洪武八年，大概朱元璋看实在找不出什么借口来杀刘基，加之刘基病卧在床，只好遣使护归乡里。但在南京卧病之时，胡惟庸曾派医生为刘基治病，刘基饮过药后，感到"有物积腹中如拳石"，回归青田一个月后，病情加重，离开人世。后来到了洪武十三年正月，中丞涂节告胡惟庸逆谋，同时揭发毒死刘基一事。

关于刘基被害一事，朱元璋在洪武二十三年曾对刘基的次子这样说："刘伯温他在这里时，满朝都是党，只是他一个不从，吃他每（们）蛊了。"又说："你休道父亲吃他每（们）蛊了，他是有分晓的，他每（们）便忌着他。若是那无分晓的呵，他每（们）也不忌他。到如今，我朝廷是有分晓在，终不亏他的好名。"根据洪武八年朝中政治斗争形势来分析，胡惟庸毒死刘基极有可能。因为当时刘基正为"谈洋"一事入京谢罪，且已被朱元璋革去岁禄，处于朝不保夕之时，随时有被杀的可能。朱元璋对刘基的冷落和怀疑，胡惟庸怎能不知，在这个时候，置刘基于死地，不会有太多的顾虑，胡、刘双方在政治上的强弱差异，实在太过于悬殊。胡惟庸当时颇受朱元璋的宠信，独掌中书省，位极人臣，正如后来朱元璋承认的那样"满朝都是党"。而刘基此时，却像一只关在樊笼中的鸟。刘基死后，他的长子刘琏也没有被胡惟庸放过。洪武十年，刘琏出为江西参政，朱元璋很器重他，"常欲大用之"，竟被胡惟庸的党羽逼得坠井而死。

明初这种残酷的政治倾轧，与朱元璋推行极端的君主专制政策有着直接的关系。刘基所遭受的排陷，可以使人清楚地看到，在君权越来越趋于强化的情况下，国家在政治上表现出更加保守、没落、腐朽的特点。独相数岁，恩威震主胡惟庸的起家与李善长很有关系，他出任丞相后，又"以兄女妻其从子佑"，这样两家又有了亲戚关系，来往更为密切。李善长是淮西集团的领袖，位列勋臣第一，虽然在洪武四年致仕，但李家的权势很大。洪武九年，朱元璋又将女儿临安公主嫁给李善长的儿子李琪，李家遂为帝亲。朱元璋曾有任杨宪为相的意图，说："杨宪可居相位。"杨宪也"数言李善长无大材"。胡惟庸为此对李善长说："杨宪为相，我等淮人不得为大官矣。"在以李善长为首的淮西集团的倾轧下，杨宪不久被处以极刑，罪名是"劾汪广洋不公不法。李善长排陷大臣、放肆为奸"。

自杨宪被诛以后，朱元璋"以惟庸为才，宠任之。惟庸亦自励，尝以曲谨当上意，宠遇日盛"。在明初"无一日无过之人"的年代，竟能"独相数岁"，这对胡惟庸来说也是不容易的，说明他颇为朱元璋认可，但这种认可，并非是才干上的认可，而是朱元璋推行高度集权的君主专制统治所需要的认可。本来，从人品、学识、才干上来说，丞相这一职，最合适的人选，莫过于刘基。朱元璋也曾对刘基说："吾之相，诚无逾先生。"但这只是说说而已，从明太祖欲将皇权强化到更高的程度来看，刘基显然又是不合适的。

朱元璋罢中书省、废丞相的考虑，显然是有一个发展过程的，是随着相权和君权的矛盾不断加剧而形成的。胡惟庸赢得了朱元璋的宠信，骄恣渐露，在朝中自然有恃无恐，特别在刘基死后，益无所忌。"独相数岁，生杀黜陟，或不奏径行，内外诸司上封事，必先取阅，害己者，辄匿不以闻。四方躁进之徒及功臣武夫失职者，争走其门，馈遗金帛、名马、玩好，不可胜数。"这样一来，丞相的权势炙手可热，恩威镇主，对君权构成了极大的威胁。朱元璋深感不安，他不愿意出现的局面也已显露出来了，他必须考虑政治体制的变革问题以防止大权旁落，去掉中书省、废除丞相这一思想开始在头脑中酝酿。但丞相制度延续了1000多年，废除它，需要一定的时间和适当的机会。于是继争夺相权的激烈倾轧之后，接踵而来的就是更加残酷的君权与相权的斗争。

首先进行地方行政体制的改革。洪武九年六月，"改行中书省为承宣布政使司，悉罢行省平章政事左右丞等官，设布政使一员"，另设按察使司、都指挥使司，各司对六部和皇帝负责，这样中书省便失去了基础，成了空架子，丞相的权力也因此被削弱。接着在洪武十一年三月，"命奏事毋关白中书省，上于是始疑胡惟庸"。这两项大的政治举措非同小可，丞相的实际行政权力，差不多已经被削夺殆尽，这对胡惟庸来说都是危险的信号。

对这种杀机步步迫近的威胁，胡惟庸不可能无动于衷，对朱元璋嗜杀成性的残忍本性，他是非常熟悉的，要么坐以待毙，要么铤而走险，以胡惟庸的凶狡和他在政治上经营多年的政治基础，他应该选择后者。因为相权与君权斗争的不断激化，是双方面的对抗，不可能有一方处于完全被动无所作为的状态，否则双方不可能发展到难以调和的地步，这是事物变化发展的一般规律。据说这时胡惟庸定远旧宅的井中，忽生石笋，高出水面数尺，又有人报胡家三代祖坟上，夜间有火光烛天，阿谀奉承之辈纷纷将这些说成是瑞兆。胡惟庸知道后"益喜自负，有异谋矣"。他的家人因殴打关吏，被人上奏，朱元璋大怒，杀了他的家人，"切责丞相"，胡惟庸也不谢罪，还因中书省办事违慢，多次"诘问所由"。

诚意伯刘基的死因又被重新追究，这都使胡惟庸极为恐惧，于是对其同党说："主上草菅勋旧臣，何有我！死等耳，宁先发，毋为人束手寂寂。"他暗中交结吉安侯陆仲亨、平凉侯费聚，以权势和利益相胁诱。陆仲亨因在陕西擅自动用驿站的车马而被怒责，命捕盗于代县。费聚奉命安抚苏州军民，因贪恋酒色，被责往西北招降蒙古残部，无功而返，也受到朱元璋的切责。现在他们与胡惟庸密相往来，常在胡家饮酒。胡惟庸对他们说："我等所为多不法，一旦事觉，如何？"胡惟庸把自己谋反的计划告诉了他们，并让他们在外收集军马，以为外应。又与御史陈宁在中书省"阅天下军马籍""令都督毛骧取卫士刘遇贤及亡命魏文进等为心膂,曰:'吾有用尔也。'"另外,派明州卫指挥使林贤下海勾结日本人,遣元故臣封续致书元嗣君脱忽思帖木儿,以称臣为条件请求出兵为外援。就在君相之间杀机隐隐的时候,又接连发生了几件事,将双方的矛盾推向激化。

洪武十二年九月,占城来贡,胡惟庸不向皇帝报告,有太监看到后奏明朱元璋,朱元璋大怒,虽然胡惟庸和汪广洋向皇帝顿首谢罪,但事归咎于礼部,礼部又将责任推给中书省,朱元璋更加生气了,把与此事有关的大臣一律囚禁下狱。

同年十二月,中丞涂节言刘基为胡惟庸毒死,朱元璋认为汪广洋应该知道这件事,问他有无此事,汪广洋回答说没有,朱元璋非常生气,认为他结党朋欺,贬他到海南。后又追怒他当年在中书省不揭发杨宪的罪行,当舟停太平时,传命赐死,很明显,下一步就该轮到胡惟庸了。事态发展到了白热化的程度。汪广洋被杀,他的妾陈氏自愿从死,陈氏是坐罪没籍官员陈知县的女儿,朱元璋知道后更为震怒,说坐罪没籍官员的妻女,只配给功臣家当奴隶,怎么可以做文臣的妻妾。于是命令法司进行一番勘查,结果胡惟庸及六部官员的堂属全部坐罪。

洪武十二年正月,御史中丞涂节因害怕事情败露,向朱元璋奏发了他们的谋逆之事,谪为中书省吏的御史中丞商暠"亦以惟庸阴事告"。值此,朱元璋废除丞相的时机终于到了,他亲自审问,结果以谋逆罪诛左丞相胡惟庸、御史大夫陈宁,"夷三族,尽诛其僚党",又因为涂节不早告发,"亦弃市"。另外有一种说法是,胡惟庸诡称他家中的井中涌出醴泉,邀请皇帝临幸。御驾行至途中,被宦官云奇拦住,想告发胡家正伏甲以待,妄图弑君。但因为过度紧张而说不出话来,朱元璋十分气恼,左右卫士几乎将云奇的手臂打断,但他仍奋指胡惟庸的家。朱元璋这才醒悟过来,登皇城眺望,果然见胡家"壮士裹甲,伏屏间数匝",于是"亟调禁兵捕擒之"。

这种说法很富有戏剧性,但却不合情理,漏洞很多,令人难以置信,这里仅说几点理由。首先,从洪武十二年九月到十三年正月,朱元璋和丞相之间的矛盾斗争已经愈演愈烈,废除丞相已是势在必行,仅仅在案发之前数日杀汪广洋就很清楚地表明了这一点。君臣之间不是彼此无猜，而是关系异常紧张，怎么可能"邀帝临幸"，而又竟然"帝许之"呢！其次，朱元璋身为皇帝，出行不可能如此草率随便，凭他的雄猜多疑和丰富的经验，"井出醴泉"之类的话岂能轻易相信，在没有预先了解清楚的情况下，应不会轻举妄动。再次，洪武初年，大明帝国刚刚建立不久，政务繁多，朱元璋"忧危积心，日勤不怠"，哪有如此得闲情逸致，因此这种类似于说唱文学式的记载不足为信。

关于胡惟庸谋反一案，一般认为实据不足，有些扑朔迷离。这也许是人们比较注意强调朱元璋嗜杀多疑和意欲废除丞相这一动机，而相应地忽视了事物的另一方面，即相权的抗争。从双方政治斗争的逻辑上分析，应该说胡惟庸谋反的企图是可信的，有其必然性。其实有关这一事件的记载并不算少，王世贞就曾说："史之纪兹事详矣。"完全为朱元璋所罗织，似乎不可能。另外，从胡惟庸、陈宁一伙的为人来看，都具有十分残暴的本性，上边提到胡惟庸因儿子骑马而造成草菅人命一事即可见一斑。史载陈宁"在苏州征赋苛急，尝烧铁烙人肌肤，吏民苦之，号为陈烙铁"，为此曾受到朱元璋的责怪，但没有改正。他的儿子也多次劝谏，陈宁大怒，"捶之数百"，竟将其子活活打死。"太祖深恶其不情，曰：'宁于其子如此，奚有于君父耶！'"这些人谋反弑君的胆量是有的。

胡惟庸被杀，但事情并没有完结。洪武十八年，有人告李善长的弟弟李存义实为胡惟庸的同党。几年后李存义父子又词连李善长，说胡惟庸曾数次指使李存义等人进说李善长，胡本人也亲自往说，并许诺事成后，"当以淮西封地为王"，李善长最后的态度是"吾老矣，吾死，汝等自为之"。在十九年十月，林贤通倭之事败露，二十一年蓝玉征沙漠，俘获封绩，被李善长隐匿起来，二十三年五月，封绩被捕，这时李善长家奴卢仲谦告发李善长与胡惟庸来往的情况，而陆仲亨家奴封帖本亦揭发陆仲亨与唐胜宗、费聚、赵庸三侯同胡惟庸共谋不轨的阴谋。

李善长的罪状是"知逆谋不发举，狐疑观望怀两端，大逆不道"，朱元璋借口星变，当移大臣，赐太师李善长自缢，诛其妻女弟侄全家70多口。说李善长想谋反，似乎过于牵强，但是否知情而不报，作"观望怀两端"，可能性并不是没有。事实上他既不能告发胡惟庸，又不能支持胡惟庸，两种后果都是危险的。

吉安侯陆仲亨、延安侯唐胜宗、平凉侯费聚、南雄侯赵庸、荥阳侯郑遇春、宜春侯黄彬、河南侯陆聚等，皆同时坐罪胡党而死，并且追坐已故的营阳侯杨璟、济宁侯顾时等若干人。

直到洪武二十五年，仍有靖宁侯叶升以胡党伏诛，这时去案发已有十二年之久。就连开国儒臣之首太子师父宋濂也因其长孙坐胡惟庸党而几乎被杀，在皇后、太子力救下，才得幸免。浦江郑氏为300年义门，郑家在《宋史》《元史》中皆有传。郑濂被告交通胡党，兄弟6人争入狱。朱元璋说："有人如此，肯从人为逆耶？"于是免死。这两个例子充分反映出立案的证据不足，说明朱元璋宁信其有、不信其无的滥杀方针。

朱元璋以肃清逆党为名，大规模地屠杀，坐诛者3万余人，株连蔓延，十几年未靖，并作《昭示奸党录》，布告天下。胡惟庸伏诛后，朱元璋罢中书省，升六部尚书秩正二品，改大都督府为中左右前后五军都督府，直接对皇帝负责。定制不置丞相，"后嗣君不得议置丞相，臣下敢以此请者，寘之重典"。他的目的是要建立一个高度集权的君主专制社会，而以丞相为首的中书省这一行政权力机构造成了很多妨碍。他不让刘基当丞相，就说明他根本就可以不必设丞相，他认为相权会造成对皇权的制约和威胁，而胡惟庸个人因素所起的作用，恰恰将朱元璋废相这一变革的时间提前了。通过对胡惟庸由受宠遇到谋逆伏诛过程的了解，可以使我们从一个侧面看到明初君主政治的黑暗。

名将末路

在残酷清洗文官系统的同时，朱元璋也对功勋名将痛下杀手。1370年，朱元璋开始对当年追随自己建功立业的文人、武将论功行赏。他封6人为公爵——韩国公李善长、魏国公徐达、郑国公常茂、曹国公李文忠、宋国公冯胜、卫国公邓愈。28位大将军被封为侯爵：汤和、唐胜宗、陆仲亨、周德兴、华云、顾时、耿炳文、陈德、王志、郑遇春、费聚、吴良、吴桢、赵庸、廖永忠、俞通源、华高、杨璟、康茂才、朱亮祖、傅友德、胡美、韩政、黄彬、曹良臣、梅思祖、陆聚、郭子兴（已去世）。在公侯伯子男五级爵位中，公和侯是最高的两级，地位十分尊崇。陆游的梦想——"当年万里觅封侯，匹马戍梁州"。而这些人比陆游幸运得多，封公封侯，总可以光宗耀祖、名垂青史了。

这34个人总共拥有38194户佃农，供养他们，人均达到1123户佃农。朱元璋还跟他们攀亲戚，把郭英的妹妹纳为自己的宁妃，把冯胜、蓝玉、徐达的女儿嫁给皇子，把公主下嫁给李善长、傅友德、胡海、张龙等人的儿子。这些军事贵族战功大，享有很高的社会特权。朱元璋还颁给他们一枚神物——铁券，本人或子孙犯罪，可以免死数次。

但是，铁券不是使人一次次复活的神药，而是引诱功臣加速犯错、加速自杀的速死铁牌。仗着有铁券，不少人迅速腐化变质，杀人伤人、恃强凌弱、霸占土地、逃税漏税、奸淫妇女、吃喝嫖赌、贪污纳贿，甚至造刀枪、穿龙袍的都有。只是他们忽略了一个常识：伴君如伴虎，功高则镇主。功臣太强，让朱元璋感到害怕，梦里都担心部下造反、江山不保，子孙后代会做别人的阶下囚。在朱元璋看来，这些功臣对王朝的长治久安构成严重威胁，因此要无情地清洗。尤其对其子孙构成威胁的人，必须除之而后快。只有杀，才能确保他以及嗣君控制住军队，不丢宝座。

他扣在功臣头上的罪名也非常模式化：谋反和连坐。只要想杀人，肯定有人站出来揭发他谋反。因为没有什么罪名比这两条更毒辣、更方便，而且一查一个准。谁敢让他不爽，谁敢逾越雷池一步，那无异于找死。他一杀就是一家人，有的杀人手段十分残忍。德庆侯廖永忠的免死铁券，第一个成为空头支票。他在很多战斗中有功，特别是在鄱阳湖之战中殊死战斗。他还淹死小明王，扫除朱元璋称帝的障碍。 1375年，朱元璋将其杀死，理由是他私自穿绣有龙凤图案的衣服，穿皇帝的衣服属于逾制，等同于有篡国夺权的野心。

1380年，永嘉侯朱亮祖父子被活活鞭打而死。朱亮祖曾经参加平定四川的战役，因为擅杀部下，被皇帝取消奖赏。他镇守广东，仍然恶习难改，鞭打当地官员，接受富商贿赂，做了很多违法犯罪的事情。番禺知县道同给朱元璋写秘密材料，揭发朱亮祖的罪行。朱亮祖反咬一口，污蔑道同对他傲慢无礼。对大官傲慢无礼，就等于自取灭亡，将道同判处死刑。朱元璋将朱亮祖父子召到南京，用鞭子活活打死。

1384年，临川侯胡美因为犯禁被处死，朱文正被鞭打而死。他是朱元璋的亲侄儿，坚守江西南昌城85天，阻挡住陈友谅的疯狂进攻，为朱元璋取得鄱阳湖决战的胜利奠定基础。他后来骄纵不法，公然抢夺妇女，玩腻了就投到井中淹死，还割人舌头，残暴不法，还用龙凤图案装修自己的寝室。朱元璋亲自到江西将他逮捕，幽禁于安徽，将他的50多名部下割断脚筋，致使残废。

曹国公李文忠是朱元璋的外甥，南征北战，立下不朽功勋。他能文能武，1383年任大都督（军队最高领导人）兼国子监祭酒（相当于南京大学校长）。李文忠曾经批评皇帝太依赖宦官，对待官员太苛刻。他居然被毒死（有的说是病死），理由是——礼贤下士，周围知识分子太多，难道你想搞小动作不成？临死前，他对朱元璋说，我给你一句忠告：要少杀人，防止宦官作恶。朱元璋听了，猜测是幕府教唆他这么说的，大怒，把所有的幕府全部杀了，李文忠身边的医生、奴婢60多人全部灭族。不过，朱元璋还是采纳他的部分意见：禁止宦官干政，不许他们读书识字，否则剥皮处死。

由于蒙古军事力量一时难以消灭，明朝对北方的战略从以攻为主转为以防御为主。从此，徐达长期在北平、山西一带练兵备边，镇守北平10余年。徐达在镇守北平期间，先后三次迁徙山西农民到北平屯田种地，以加强北平的防御力量。徐达将他们分散到长城沿线各卫所，按其户籍服役课税。属籍军户的，发给衣服、食粮，使应军差；属籍民户的，分给田地、牛、种子，使纳租税。前后移民3.5万多户，19万余人，建立屯田点250余个，垦田1300多顷。徐达的这些措施大大减轻了北方军队的粮饷供应问题，使明朝北部边疆日趋稳定。同时，徐达严格训练士卒，缮治城池，加强守备，谨严烽燧，时时防备蒙古军队的侵扰，徐达被视为塞上长城。明朝建立后，随着文臣地位的提高，过去立下汗马功劳的武臣逐渐受冷遇，但是徐达始终受到朱元璋的重用，捍御着明朝北方的安全。

　　长期的戎马生涯，奔波劳累，使徐达的身体逐渐支撑不住，终于积劳成疾，一病不起。洪武十七年（1384年）闰十月，徐达在北平病重，朱元璋遣使召还应天。翌年二月二十日病逝于应天府邸，时年54岁。追封中山王，谥武宁。赐葬钟山，配享太庙，名列功臣第一。关于徐达的死因，有些史书记载："（徐）达病疽，甫瘥，赐蒸鹅，流涕食之而卒。"这些材料虽不完全可靠，但也不是望风捕影，随意捏造的。朱元璋当了皇帝以后，为了确保朱明皇朝"万世一系"，便想方设法加强皇权，凡是他认为有碍于独裁统治的人，不管勋臣宿将，一律翦除。徐达虽为开国功臣第一，立下盖世大功，而且一直忠贞不二，但想到他的镇主之威，朱元璋"赐蒸鹅"一事也就可能并非子虚乌有了。

　　1392年，性格仁慈的朱标太子病死，而新立的皇太孙朱允炆更加孱弱。身后之事，成为65岁的朱元璋的一块心病，他杀起人来就更狠了。1394年，颍国公傅友德自杀，他为朱元璋效命33年，功劳不在徐达、常遇春之下，儿子做驸马，女儿做晋王嗣子的妃子。但定远侯王弼看穿朱元璋的心思，对傅友德说：皇上年纪大了，我们该早点找出路了！不幸又被朱元璋听到，心里老大不高兴。这年冬天，大家在皇宫开宴会，还没吃完，傅友德习惯性地站起身来，抹抹嘴，准备先撤。朱元璋很不高兴，责备他大不敬，气呼呼地对他说："你把你两个儿子叫来。"

　　傅友德起身刚走，叫卫士又传话：叫他把两个儿子的人头拿来。不一会儿，傅友德真提着两颗血淋淋的人头来了。宴席的气氛顿时紧张到极点，空气似乎凝固了。朱元璋嗫嚅道："你还真下得了手啊！"没想到傅友德做出一个惊人的动作，只见他从宽大的袖子里拔出匕首，对朱元璋大声说："你不就是要我们父子的人头吗？那你现在就拿去吧！"说完，把匕首往脖子上一抹，流血百步，自杀而亡。朱元璋怒不可遏，把他的家属全部发配到辽东和云南。

1395年二月二十二日，朱元璋又找借口杀宋国公冯胜。冯胜降服元代丞相哈纳出的20万军队后，押送降将，胜利班师。冯胜还没来得及高兴，就被宣布有罪，剥夺兵权，发往安徽凤阳软禁。另外一种说法是，他回到南京后，朱元璋赐给他一杯毒酒，将他处死。冯胜在人生巅峰落马，可能因为他骄傲自大，行为不轨。 1389年，他的女婿周王曾经秘密地去凤阳会见冯胜，可能他们的军事同盟关系威胁到皇权。

朱元璋大肆屠戮宿将，很大程度上也与北元帝国的日益衰弱有关。据说明帝国建立之初，民间流传"尝西边拿得王保保来耶"这样一句谚语，以讽刺那些稍有微劳而自矜者。意思是这点事算什么，有本事到西边把王保保抓来。但显然对于明帝国诸将而言，他们再也没有机会生擒王保保了，因为1375年这位被朱元璋称为"奇男子"的北元名将于金山去世。《明史扩廓帖木儿传》云："其后，扩廓从其主徙金山，卒于哈剌那海之衙庭。其妻毛氏亦自经死。盖洪武八年也。"对此记载，《蒙兀儿史记》和《新元史》大同小异，《蒙兀儿史记》"徙金山"作"西徙金山"、"衙庭"作"牙庭"，《新元史》仅作"卒于哈剌那"。

"金山"作为塞外的重要山峰，在当时有好几处。最出名的"金山"，是今天的中蒙边界的阿尔泰山，是新疆准噶尔盆地和蒙古人民共和国科布多地区的分界线。还有一处"金山"，在元末明初也很出名，就是北元的另一个军阀纳哈出所盘踞的金山。两个"金山"，扩廓的死亡地点是哪一个呢？屠寄的《蒙兀儿史记》中作"西徙金山"，《明太祖实录》应是现存关于扩廓死亡最原始并唯一的历史记录，其作"后从徙金山之北"，并没有说明"西徙"。显然屠氏通过"西徙"来经暗示这个金山是阿尔泰山，似乎王保保是去讨伐蹂躏中亚的帖木儿帝国创始人——跛子帖木儿。

元史料奇缺，尽管今人索隐钩沉，仍所获无多。仅有的史料说明昭

　　　　　　　　　　　　　　　　　　　　纵横塞北

宗在扩廓死亡前仍滞留在其辽阳行省、岭北行省的辖地内。洪武七年九月，太祖在送还买的里八剌时给爱猷识理达腊的信中说"（爱猷识理达腊）今之众，壮弱不过两万，流离边境，意图中兴"。又云"今闻奥鲁去全宁不远"，所谓"奥鲁"，拉施特书均译作后军，"奥鲁"是保管全军辎重的后勤部队，翻译做"老营"比较准确。全宁，自然是指元代的全宁路，其治所全宁城遗址在今天赤峰市翁牛特旗乌丹镇。爱猷识理达腊的老营就在全宁路一带地区，自然其斡耳朵也在附近。而在洪武九年二月初七日，朱元璋写给李文忠的信中说："母舅亲笔，叫保儿知道，如今辽东已胜了，小达达那里，时下不敢轻动。"所谓"辽东胜了"是指洪武八年十二月纳哈出寇辽东全军覆没这一战事。看来被太祖蔑称为"小达达"的北元爱猷识理达腊就在辽东外围且其动向在明廷的掌握之中。

王保保死亡时间在《明太祖实录》中记在洪武八年八月条结尾，应该是事后的补记。当时南北对峙，信息不通。扩廓作为北元的擎天之柱，对明朝来说是"庆父不死、鲁难未已"。王保保的陨落，自然是对爱猷识理达腊"中兴"的沉重打击，更是明军弹冠相庆的喜讯。但根据其他资料，明朝至少在洪武九年初，仍未得到其死亡消息。洪武九年六月，降明的北元将领高家奴给高丽的信中说："切思无知纳哈出孤兵深入，所部将士未战自败，纵然侥幸，到金山子百无一二。然又接王保保辈，况彼几战败将，何足为论。"

《明太祖实录》随后补充了一句："其妻毛氏亦自经死。"王保保这样的重臣去世，且其部属、兄弟均在，而其妻子竟然自尽，除了"节烈"，似乎暗示了王保保当时的某种窘迫的状况。王保保与爱猷识理达腊虽然合作不错，但也有矛盾发生。扩廓在沈尔峪之败后，仅以身免，其实力大打折扣。虽然以中书省右丞相统领全局，但其身份已由"军阀"转变为了"将领"。洪武五年岭北战役之后，其活跃度已经被纳哈出等人超越。

王保保似乎曾经以受到北元朝廷的怀疑和迫害为由与明廷做过交涉。在洪武六年十月二十七日太祖朱元璋给北平备边的大将军徐达的信中曾说："与大将军等，王保保此来，恐非实意，谨防虚诈。铁冠曾言，子月有战。此人今来，其前贼普贤奴、乃儿不花、魁的斤贼众又恐乌合来扰我边，不可不防。其王氏被疑逼而逃近塞上或有之，不可全信，不可全不信。广伏精兵，务讨实信。"这也许是王保保的苦肉计，但朱元璋不是也。不可全不信吗？对比《明太祖实录》，洪武六年十一月，由于听说王保保兵至大同以北，徐达、李文忠等人进兵大同北的猫儿庄，结果遇到大雾退兵雁踏堡。俘虏提供的情报说，怀柔有敌情。于是徐达又派偏师掩捕至三角村，小有斩获，但没有碰到王保保。

实录中所谓"后从徙金山之北"应该是此战之后，即北元爱猷识理达腊躲到了纳哈出的后方。金山之北是什么地方呢？洪武二十年五月，由于担心明军的扫荡，纳哈出放弃了金山营寨，向北遁去。明军冯胜出征"逾金山至女真苦屯""纳哈出分兵为三营，一曰榆林深处；一曰养鹅庄；一曰龙安一秃河。辎重富盛，畜牧蕃息。虏主数招之，不往。""妻子将士凡十余万在松花河北"。另外实录提及的据点还包括"信州""新泰州"等地方，应该都在一秃河附近，所以纳哈出的根据地大概在金山以北，以一秃河（今伊通河）、亦迷河（今饮马河）、松花河（今松花江）为中心的地区，也就是今天吉林省的中部地区。其北地区则是小兴安岭山地，自非游牧之所，所以扩廓随其主所居的金山以北，则是西北的呼伦贝尔草原，朱元璋所说"奥鲁去全宁不远"则可以视为其驻冬之地，而金山以北的呼伦贝尔草原及西到克鲁伦河一带则是其驻夏之地。其后的大罕脱古思贴木儿也游牧于此，也就是太祖所说的"捕鱼儿海"。

北元崩溃

1378年，元爱猷识理达腊卒于和林，脱古思帖木儿即位。脱古思帖木儿身世不详，他的出生年依据《蒙古源流》的说法是壬午年（1342年），而他与前代北元皇帝爱猷识理达腊的关系也是众说纷纭：蒙古史料《蒙古源流》《黄史》等均记载脱古思帖木儿为爱猷识理达腊之弟。

明朝史料均记载他是爱猷识理达腊之子，有人进而指出他就是曾被明朝俘虏的爱猷识理达腊长子买的里八剌（明人王世贞则记载他为爱猷识理达腊次子，被封益王）；洪武三年（1370年，至正三十年），李文忠等率明军攻破应昌（今内蒙古克什克腾旗），俘虏爱猷识理达腊之嫡长子买的里八剌，押到南京后被明太祖朱元璋封为"崇礼侯"，1374年，明太祖以爱猷识理达腊"父子隔绝、未有后嗣"而将崇礼侯买的里八剌遣还蒙古，到1408年，成祖皇帝朱棣在致蒙古本雅失里可汗的信函中说："我皇考太祖高皇帝，于元氏之子孙存恤保全，尤所加厚，有来归者皆令北还。如遣妥（脱）古思帖木儿还，后为可汗，统率其众，承其宗祀，此南北之人所共知也。"这也就成为脱古思帖木儿是被明朝俘获后又遣还的买的里八剌的依据。

或许正因为脱古思帖木儿有过这样一段被明帝国俘虏的历史，在他即位之后，国内兴起一大批野心勃勃的大封建主趁乱称雄一方，你打我杀，极大地削弱了蒙古大汗即北元最高统治者的实力与权威。1388年冬十一月蓝玉报告："元丞相哈剌章、乃儿不花遁入和林，乞进步剿灭。"朱元璋随即同意了蓝玉的计划。

洪武二十一年（1388年）夏四月，蓝玉率兵出发，自大宁进至庆州，闻元主脱古思帖木儿在捕鱼儿海（今贝尔湖），抄近路兼程而进。行至百眼井处，距捕鱼儿海还有40里，侦察不到元军行迹，蓝玉想引兵退还。部将王弼不同意，说我们领兵10万，深入漠北，未见到敌人就回师，如何向上交代。蓝玉同意王弼的意见，命诸军继续前进，并采用王弼计谋，穴地而炊，不使敌人见烟火，秘密前进。到达海南，仍未见到敌人。

后侦知元主营在捕鱼儿海东北80里处。蓝玉命王弼为前锋，疾驰直击其营。元军大意轻敌，以为明军缺水乏草，不会深入，未加设防，加之当时狂风大作，风沙弥漫，明军到来，元方竟无察觉。明军突然到达营前，元军仓促应战，伤亡惨重，元主脱古思帖木儿与太子天保奴等数十人北遁，蓝玉率精骑追赶，没有赶上，俘获其次子地保奴及妃、公主等数万人和大量牲畜，并得其传国玺、宝玉、金银印章等物，取得巨大胜利。蓝玉胜利班师，途中又破哈剌章营，再获胜利。朱元璋闻讯兴奋异常，比蓝玉为卫青、李靖，大加褒奖，回来后封凉国公。蓝玉的政治生涯、军事武功达到巅峰。

元主脱古思帖木儿西逃，行至土剌河畔，为其部将也速迭儿所缢杀，北元内部陷于混乱，"部帅纷挐，五传至坤帖木儿，咸被弑，不复知帝号"。建文三年（1401年），鬼力赤杀坤帖木儿，自称可汗，废北元国号，称鞑靼，蒙古分裂为三部势力，各自为政。辽河、西辽河、老哈河流域（今在吉林、辽宁一带）为兀良哈部，科布多河、额尔齐斯河流域及其以南的准噶尔盆地为瓦剌部，处于兀良哈部和瓦剌之间的是鞑靼部，它以和林为中心，活动在鄂嫩河、克鲁伦河流域以及贝加尔湖以南地区。

封为凉国公后，蓝玉又奉命到西部民族地区进行过一些军事活动，还奉命到陕西练兵，这些已是蓝玉军事活动的尾声。蓝玉自恃有功，骄横不自检束。早在征云南梁王胜利后，他就私搞盐引（食盐运销专利凭证），派人到云南贩盐，牟取暴利。打败元主脱古思帖木儿后，他不仅私占掠获的大量珍宝、驼马，还将元妃占有。

朱元璋大怒，说："玉无礼如此，岂大将军所为哉！"蓝玉班师至喜峰关，因已入夜，守关人未及时纳入，蓝玉怒不可遏，纵兵破关而入，朱元璋知道后很不高兴。蓝玉领兵在外，经常擅自升降将校，进止自专，诏令有所不从，甚至违诏出帅。在朱元璋面前，举止不恭，语言傲慢，失君臣礼。更严重的是，蓝玉蓄庄奴、假子数千人，横行霸道，胡作非为；他还强占民田，鱼肉百姓。百姓上告，御史官举劾，他竟将御史打了逐出。

洪武二十六年（1393年），锦衣卫官员告蓝玉同景川侯曹震等谋反，蓝玉被杀，夷三族，坐党论死者1.5万人，史称"蓝狱"，是继胡惟庸案后的又一次大案，连称"胡、蓝之狱"。

朱元璋即位伊始，几近20年战乱的中华大地，却是遍地荆棘、满目疮痍。特别是山东、河南地区，受战争破坏最重，"多是无人之地"，而河北州县，有的地方"道路皆榛塞，人烟断绝"，有的地方"积骸成丘，居民鲜少"。面对严峻的现实，朱元璋采取了发展生产、与民休息的政策。洪武元年正月，各地州县官来朝，朱元璋对他们说：天下才定，百姓财力都很困乏，像刚学飞的鸟不可拔它的羽毛，新栽的树不可摇它的根一样，现在必须休养生息、搞好生产。同年十二月，朱元璋任命宋免为开封府知府，上任前要求他到开封后，务在安辑人民，劝课农桑，以求实效。他还要求各级官吏把"田野辟，户口增"作为头等大事来抓，并规定官吏的考核都要上报农桑的治绩，违者降罚。

为了安定社会，恢复生产，朱元璋鼓励开垦荒地。洪武三年（1370年）下令：北方郡县荒芜田地，不限亩数，全部免3年租税。同时还规定战争中抛荒的田地，被他人耕垦成熟的，就成为耕垦者的产业，如果旧业主复业，只能依丁拨田，这就承认了自耕农开发熟地的产权，也鼓励了农民垦荒的积极性，直到洪武二十八年（1395年）还在大力推行。并规定洪武二十七年（1394年）以后新垦荒田，不论多少，俱不征税，若地方官有去征税危害百姓的，要依法治罪。

为了加速荒地的开发，朱元璋还采取了移民屯种的办法，把农民从人多田少的地方迁到人少地广的地方。凡移民垦田的，都由朝廷给予耕牛、种子和路费，还免去赋税3年。在定额之外多开垦的荒地，永不起科。洪武三年（1370年）六月，迁苏州、松江、嘉兴、湖州、杭州无业农民4千多户到濠州种田，又移江南民14万户于凤阳。以后朝廷多次组织太湖流域和山西无地的农民，迁到淮河下游和淮河流域垦荒。

这些措施大大刺激了农民垦荒的积极性，也使大量土地得到开发和利用。据户部统计，从洪武元年到十三年，垦田数目逐年增加，13年中增加的垦田数字为1833171顷，这个数目是巨大的。明初除了民屯外，还有军屯和商屯。军屯由卫所来管理，以屯为单位，以每军受田50亩作一分，官府提供耕牛和农具，开头几年免纳租税，到成为熟地后，每亩收税一斗。军士屯守比例是，边地军队三分守城，七分屯种，内地军队二分守城，八分屯种。明初六七十年间，由于军屯的发展，全国各地共有军屯田六七十万顷，相当于全国垦田总数的十分之一左右，可以说军屯规模是很大的，军粮基本上做到了自给。商屯是为了解决边地军粮，朝廷用开中法，鼓励商人运粮到边防粮仓，向官府换取盐引（贩盐凭证），然后贩卖，从中获取厚利，后来有的商人就索性雇人在边境开立屯田，就地交粮，以省去运费。商屯的推行，解决了边储，也开发了边疆。

为了恢复和发展生产，朱元璋十分重视水利建设。在他即位当年，他就下令，凡是百姓提出有关水利的建议，地方官吏必须及时奏报，对那些不重视水利的官吏，则要加以处罚。洪武元年，修和州铜城堰闸周围200余里。四年修治广西兴安灵渠，可以灌田万顷。八年开山东登州蓬莱阁河，浚陕西泾阳洪渠堰。九年修四川彭州都江堰。十四年浚扬州府官河。洪武年间，明廷在各地组织修建了许多大型水利工程，有的投工达数十万人，可灌地数十万顷以上，另外，还修建了许多中小型的水利设施。

洪武二十七年（1394年），朱元璋还特谕工部，凡是陂塘湖堰，可以蓄水泄水防备旱涝的，都须根据地势加以修治。到洪武二十八年统计，全国共开塘堰40987处，疏通河流4162道，修治陂渠堤岸五千多处，成绩卓然。朱元璋特别重视经济作物的种植。早在至正二十五年（1365年），他在江南统治区就鼓励多种植经济作物。他下令：凡农民有田5至10亩的，必须栽桑、麻、棉花各半亩，10亩以上的加倍，田多的按这个比例递加，并且要地方官亲自督促，违反命令的处罚。洪武元年以后，他又把这个命令推广到各地，并定出科征之额，麻每亩科8两，木棉每亩4两，栽桑的4年以后再征租。洪武二十七年（1394）还令户部教全国百姓多种桑、枣、柿和棉花，并教以栽种办法。每一户初年种桑、枣200株，次年400株，三年600株，多种棉花的免税。经济作物的种植和发展，为手工业提供了原料，也改善了人民的经济生活。如棉花的广泛种植，影响更为深远。明以前，棉花十分珍贵，普通百姓穿的都是用麻布制作的衣服，虽然也有用棉布做衣服卧具的，但不足用。明中叶以后，棉布成为全国流通的商品，进入寻常百姓家，人不论贵贱，地不分南北，人们都能穿上用棉布做的衣服。

经济的发展，尤其是奖励垦荒和移民屯种等措施，大量的荒地开发和利用，急需大批劳动力投入生产。在元代，蓄奴风气非常盛行，明初，这一习俗仍然存在。于是朱元璋在洪武五年（1372年）通令全国，普通地主不得蓄养奴婢，违者杖100，奴婢释放为民。而且还规定，凡因饥荒典卖为奴的，官府代为赎身。洪武十九年（1386年）八月，河南布政使司曾在开封代赎典卖为奴的男女274人。同时，朱元璋还对寺院的发展严格控制。他明令各府州县只能有一个大寺观，禁止40岁以下的妇女当尼姑，并严禁寺院收儿童为僧，20岁以上的青年愿意出家，须经其父母申请，官府批准，出家3年后还得赴京考试，不合格的遣发为民。这些政策的实施，使社会上增加了一支庞大的劳力大军，有利于生产的发展。

此外，朱元璋还对工匠的地位进行了改善，改变了元代把匠户完全强制在官营作坊里劳动的状态，放松了对工匠的人身控制。洪武十九年（1386年）实行轮班匠和住坐匠制，鼓励工匠用更多时间从事社会生产，允许其在服役时间以外生产的产品可在市场上出售，这项政策无疑促进了明代工商业的发展。朱元璋在商业税额上也加以清理，废除了宋元以来繁琐的征课，规定商业税额为三十税一，书籍、农具等免税，洪武十三年（1380年）还裁撤税课司364处。

移民屯垦政策的实施，社会劳动力的增加和调整，使明初户籍和土地占有情况发生巨大变动，为了掌握人口和土地占有情况，洪武十四年（1381），朱元璋下令在全国普查户口，编成户口黄册，以户为单位详细登载各户的乡贯、姓名、年龄、丁口、田宅、资产，并按照人们的职业分为军、民、匠三大类。其中民类户籍以110户为里，10户为一甲，通过里甲制度核实户口、征收赋税。洪武二十年（1387年），朱元璋在全国范围内普遍丈量了一次土地，以一个粮区为单位，记载每块土地的亩数、质量、方圆四至以及田主姓名等，并绘制成图，因所绘田亩形状像鱼鳞，故名"鱼鳞图册"。鱼鳞图册的绘制，不仅使国家征税有了依据，而且肯定了农民垦荒土地的所有权。它和黄册相互参照使用，便于朝廷对全国百姓和土地的控制。

明初税制基本上沿袭了唐宋以来的两税制。洪武时规定田赋率为：官田一般亩征税粮5升3合5勺，民田减2升，重租田8升5合5勺，设官田1斗2升，比元代有所减轻。为了保证国家赋税的征收，还实行了粮长制。粮长由地方上"田土多者"充当，负责田赋的催征、经收和解运。但法久弊生，原来朱元璋设立粮长时，想以此禁绝贪污，事实上并不能如愿，粮长利用职权，害民肥己的事时时发生。

朱元璋为恢复经济、发展生产而实施了各项政策，其最大的目的还是解决百姓的吃饭穿衣，他在这方面的关切，同历史上各代皇帝相比，都是较为突出的。朱元璋出身贫苦之家，深深体会到百姓生活的艰辛，他说：士农工商四民之业，算农民最是辛苦。他们终年勤劳，难得休息。遇到丰收，还可足食，碰上水旱灾害，则全家挨饿。我穿件衣裳吃顿饭，都想到种地织布的劳累。因此他即位后，力倡节俭，惜用民力，并身体力行。营建南京宫室，只求坚固耐用，不求雕饰奇巧。负责工程的人将图样送给他审定，他当即把雕琢考究的部分去掉，工程竣工后，他叫人在墙上画了许多触目惊心的历史故事做装饰，让自己时刻不忘历史教训。朱元璋用的车舆、器具、服用等物，按惯例应该用金饰的，他下令以铜代替，主管此事的官员说：这用不了多少金子。朱元璋说："朕富有四海，岂吝惜这点黄金，但是所谓俭约，非身先之，何以率下？"

朱元璋还曾命人带太子朱标到农村视察，亲眼看看农民的辛苦。太子回来后，他教育说：凡居处食用，一定要想到农民的劳苦，取之有制，用之有节，使他们不苦于饥寒。凡是闹灾荒歉收的地方，他都下令蠲免租税，灾情严重的地区，除贷米外，还赈济米、布、钞等。他在各地设置预备仓，存贮粮食，以备救灾之用。另外对旧豪族地主也采取了限制和迁徙的办法，这一方面是为了防止他们在地方上盘根错节，形成尾大不掉之势，危害新皇朝的利益；另一方面也防止他们财势过大，过分压榨农民。

朱元璋以一介贫民，角逐于群雄之间，最终推翻元朝统治，一统天下，建立明皇朝。明朝建立后，他对官僚机构、军队组织进行改造，集大权于一身。建立特务网，兴党狱，以削除来自统治集团内部对皇权的威胁。但他在不择手段建立专制统治的同时，也采取了一系列减轻人民负担、有利于社会生产的措施，使人民得以安居乐业，这是有利于社会发展的。

　　朱元璋一生励精图治，勤奋好学。他虚心向儒士求教，学习文化知识，即位后喜欢写诗作文，挥笔立就，文字简练、不饰辞藻。他还喜欢读史书，从《左传》《史记》《汉书》到两《唐书》《宋史》多达六七十种。他常常与文人们谈诗论文，说古道今，或讲经读书，以汲取古今成败的经验教训，由于他时时担心大权旁落，事必躬亲。每天天不亮就起床批阅公文，直到深夜，年复一年，日复一日，没有休息日和假期。据吴晗先生统计，以洪武十七年（1384年）九月间的收文为例，从14日到21日的8天中，共收内外诸司奏札1660件，计3391事，他平均每天要看200多份奏折，处理400多件事。

后记：
新生代

　　1398年农历五月，71岁的朱元璋终于病倒了，然而他仍坚持处理政事，勉强支持了30天以后，平静地死去。他在遗嘱中说："朕膺天命三十一年，忧危积心，日勤不怠，务有益于民。奈起自寒微，无古人之博知，好善恶恶，不及远矣。"应该说这个自我评价还是较为客观的。朱元璋去世6天后，葬在南京钟山南麓的孝陵，谥为"圣神文武钦明应运俊德成功统天大孝高皇帝"，庙号"太祖"。

　　由于太子朱标早于洪武二十五年病殁，因此朱元璋的皇位由16岁的皇太孙朱允炆继承，年号"建文"。朱允炆即位后，以兵部侍郎齐泰辅政，任之为尚书；以东宫伴读、翰林撰修黄子澄为太常卿，同参军国事。朱允炆"仁柔少断"，登上皇位后，更感到诸王以叔父之尊，"各拥重兵"，虎视眈眈，对自己形成很大威胁。在与尚书齐泰、太常卿黄子澄密议后，决定削藩以根除祸患。

　　此时，诸藩王中数燕王朱棣最年长、权势最大、军功最高，就连精明过人的朱元璋在临死前也虑及燕王权势过大，一再告诫："燕王不可不虑。"为了对付燕王，黄子澄建议先剪断燕王的手足。于是，洪武三十一年八月，惠帝朱允炆先从燕王的同母弟封藩开封的周王朱橚开刀，将其废为庶人，革去王封，迁徙到云南。翌年四月，封藩大同的代王朱桂以罪被废为庶人，幽禁大同；封藩青州的齐王朱榑因罪被废为庶人，囚于京师；封藩荆州的湘王朱柏闻变，在王府自焚而死。六月，岷王朱楩亦被废为庶人，徙置漳州。

　　诸王被削藩后，燕王开始称病家居，暗中则加紧练兵，收罗异人术士，赶制军器。六月，建文帝得到密报，燕王府旗校于谅等图谋不轨，暗结死士，便下诏切责燕王，并将于谅、周铎逮捕处死。燕王即佯装疯癫，走呼市中，抢夺酒食，甚而卧在土中竟日不起。然而，暗中，他却与谋士僧道衍加紧策划，令护卫指挥张玉、朱能率勇士800潜入府中守卫。此时，北平都指挥使谢贵、布政使张昺已接到朝廷之命，率兵包围了燕王府。

七月，燕王在端礼门埋伏了甲士，设计诱杀了谢贵、张昺，"遂夺九门"，迅速控制了北平。燕王朱棣正式起兵，上书天子，指斥齐泰、黄子澄为奸臣，打着"清君侧"的旗帜，号称"靖难"之师，开始了长达4年的夺位之战，史称"靖难之役"。朱棣起兵后，"拔居庸关，破怀来，执宋忠，取密云，克遵化，降永平。二旬众至数万"。朱允炆急忙调兵遣将，以长兴侯耿炳文为大将军，率军13万，驻兵真定，前锋9千人抵雄县。朱棣率师夜渡河，袭雄县，城破，"九千人皆死"。此时，耿炳文部将张保降燕，备告耿军虚实，燕王纵张保复归，诱使耿军移师渡河。耿军刚移动，燕兵骤至，燕王与部将张玉前后夹击，"炳文军不得成列，败入城"。燕王大胜，俘副将李坚等，斩首3万。

耿炳文退回真定，众尚10万，坚守不出，朱棣围城2日不下，引兵往援永平。建文帝闻耿炳文败，遂遣曹国公李景隆代领其军。李景隆合兵50万，进驻河间。李景隆是个膏粱子弟，未尝习兵见阵，燕王深知其底里，根本就不把他放在眼里。燕王以世子留守北平，诚其坚守勿战，以牵制李景隆大军。自己则率军打败永平守军后北趋大宁，挟制宁王权，吞并了其属下8万骁勇善战的蒙古兵，因而实力大增。李景隆久攻北平不克，后又遭燕王回军杀来，大败逃归德州。建文二年（1400年）夏，双方再战于白沟河（在今保定与涿县之间），李景隆合兵60万，双方激战两日，最后又以官军大败告终。李景隆逃回德州，燕军追至，李景隆再逃至济南，燕军又围济南。都督盛庸和参政铁铉坚守济南城，燕王攻城3月不克，退师北归。

建文帝遂命盛庸代李景隆为大将军，统率诸军北伐。铁铉进为兵部尚书，参赞军务。建文二年十二月，盛庸、铁铉屯兵东昌（路府名，治所在聊城），"背城而阵"。燕王率军攻破沧州后，在东昌与盛庸大军相遇。燕王率军直冲盛军左翼，冲不动，转而攻击其中坚，盛军故意放开防线，将燕军放入阵中，"围之数重"，燕军为火器所伤甚众，大将张玉也死于阵中。幸亏燕将朱能及时率骑救援，燕王才得以突围，返回北平。这一仗，王师大胜，史称："自燕兵犯顺，南北日寻干戈，而王师克捷，未有如东昌者。自是燕兵南下由徐、沛，不敢复道山东。"

建文三年（1401年）中，燕军与盛庸军多次激战，各有胜负。燕军所据，不过北平、保定、永平三府，双方处于僵持状态。建文四年，燕王得到南京空虚的情报，决心南下，"临江一决"。燕王麾师南下，绕过铁铉驻守的济南，攻破东阿、汶上、邹县、徐州，渡过淮河，攻克盱眙、扬州，驻军江北。盛庸率军沿江御战，几次皆失利溃败，燕军最终渡江攻进南京城。守卫金川门的李景隆和谷王朱橞开门迎降，宫中火起，皇后死于火中，建文帝朱允炆下落不明。

建文四年（1402年）六月，朱棣在南京奉天殿即位，改翌年为永乐元年。朱棣上台伊始，便大开杀戒，对不肯投顺的建文遗臣进行了残酷的屠杀。朱棣首先公布了以齐泰、黄子澄为首的50余名的"奸臣"榜，将他们逮尽杀绝并加族诛。名士方孝孺因为惠帝穿孝痛哭、拒绝为朱棣起草即位诏书，被朱棣处以割舌和寸割的磔刑，并被诛灭九族及其门生，号为十族，共873人。兵部尚书铁铉、礼部尚书陈迪、大理寺少卿胡闰、刑部尚书暴昭、右副都御史练子宁、左佥都御史景清等均因不肯屈从，而被处以残酷至极的剥皮、凌迟处死的极刑。同时被株连而死的不计其数，后人称之为"瓜蔓抄"，即连疏族远亲也不放过，都在诛除之列。这个"雄武之略，同符高祖"的皇帝朱棣，诛除异己的手段之酷烈，较之乃父朱元璋杀功臣有过之而无不及，只是朱棣奉行的是"顺我者昌，逆我者亡"的原则，他在诛除异己的同时，大大封赏"靖难之役"中的有功之臣。

朱棣"少长习兵"，"智勇有大略""至其季年，威德遐被，四方宾服，受朝命而入贡者殆三十国。幅员之广，远迈汉唐。成功骏烈，卓乎盛矣"。确实，在朱棣统治的22年中，这两方面的成就是不可抹杀的：一是明朝的疆域得到了极大的开拓和巩固，二是他多次派遣郑和出使西洋，使得中外经济文化交流出现前所未有的盛况。

朱棣继承了朱元璋的政策，对北方故元势力怀柔与武力兼施。朱棣曾说："朕为天下主，覆载之内，但有贤才，用之不弃。近世胡元，分别彼此，柄用蒙古、鞑靼人而外汉人、南人，以至灭亡，岂非明鉴！"因此，在朱棣的军队中有不少"鞑官"和"鞑军"，这些人在靖难之役中为他效了力。他即位后，更以优厚的待遇给予归服的蒙古军民，除根据原有官爵授予官衔外，还赐予衣、钞、牛羊、孳畜。有愿居京师者，还给以居第及日用什器。在蒙古族聚居地，凡归顺的，也如内地设置卫所。这些卫所以当地酋长为首领，给予都督、副都督、都指挥等官衔，管理当地政务，朝廷则不加干涉，因而这些卫所被称为羁縻卫所。羁縻卫所的首领定期入塞朝贡，他们带来马驼牛羊，而朝廷赐予锦缎丝绢，多余部分可以在市场上出售。因此，这种朝贡不仅表现出一种政治上的隶属关系，而且实际上是一种贸易形式。在交往中，朱棣主张"厚往薄来"，即赏赐给予要厚，不吝金钱财物；所取要薄，不要失远人之心，这些政策取得了相当的成功。

永乐初，故元势力相互混战，已分为瓦剌、鞑靼和兀良哈三部。名义上的可汗本雅失里和鞑靼太师阿鲁台野心甚大，想统一全蒙古并与明朝抗衡。永乐七年（1409年）二月，朱棣派使节赴鞑靼，要求"相与和好，朕主中国，可汗主朔漠，彼此永远相安无事。岂不美哉"！不料，使节被杀，朱棣大怒，声称"逆命者歼除之"。当年七月，朱棣派淇国公丘福为征虏大将军，率师10万征讨鞑靼。但由于明朝对鞑靼的力量估计不足，再加上指挥失当，10万人马竟在胪朐河全军覆没，高傲的大明皇帝为保住尊严，只好亲征了。

永乐八年（1410）二月，朱棣率50万大军深入漠北，亲征鞑靼，在斡难河畔大破本雅失里军，本雅失里仅以7骑逃遁。明军又击破阿鲁台军于兴安岭，阿鲁台部众溃散，阿携家属远遁，明军大获全胜。后来，阿鲁台降顺，朱棣封其为和宁王。在此之前，朱棣已封瓦剌首领马哈木为顺宁王、太平为贤义王、把秃勃罗为安乐王，但瓦剌势力不断强大，不仅阻遏明朝到西北的通道，而且企图控制鞑靼。朱棣不允许北方出现强大势力，于永乐十二年（1414年）再度出塞，亲征瓦剌。这一仗，明军以50万之众对付约3万人的瓦剌军，却打得异常艰苦，明军虽胜，而双方死伤相当。第二年，瓦剌马哈木等遣使向明朝谢罪，恢复了对明朝的朝贡关系。

永乐二十年（1422）到二十二年，朱棣又3次率师出征漠北，但所获甚微。其后，又两次征鞑靼，均未见效，就在最后一次北征回京途中病死。5次北征虽然使故元势力受到打击，但是除了阿鲁台、马哈木这些人接受了明朝的封号外，故元宗室始终未对明朝表示臣服。

在西北，永乐年间也建立了众多羁縻卫所，其中以哈密卫的建立意义最为重大。哈密地处西北要冲。朱棣先后封其首领为忠顺王、忠义王，颁给金印，建筑王城，置官一如朱姓亲王。哈密卫的政务由朝廷直接控制。哈密则以"诸番领袖"的地位，为朝廷"译诸番贡表，侦察向背"。明朝对哈密的控制，对钳制蒙古也起到了一定作用。

在东北地区，居住着以女真族为主的众多民族，元朝曾在这里设立辽阳行省。朱棣特别关心这一地区的情况，在北征中，他曾详细询问当地风土山川。永乐元年（1403年），朱棣派人到地处黑龙江下游的奴儿干地方招抚诸部落。奴儿干地方在元朝先后归辽阳行省的开元路和水达达路管辖，永乐二年（1404），朱棣下令在这里建立奴儿干卫，永乐七年（1409年）闰四月，又设立了奴儿干都指挥使司，任命内地官员康旺为都指挥使同知，王肇舟为都指挥佥事，并派钦差内官亦失哈同往就任。永乐年间，朱棣多次派亦失哈等到奴儿干地方视察。永乐十一年（1413年）亦失哈在特林地方的江边上修建了永宁寺，供奉观音、佛像，并立碑为记。

《永宁寺碑记》载奴儿干都司建立的经过和明朝对当地管理的情况。亦失哈宣示朝廷旨意，并"赐男妇以衣服、器用，给以谷米，宴以酒食"，所至受到当地百姓的欢迎。奴儿干都司的统辖范围极广，西起黑龙江上游的斡难河卫（今鄂嫩河流域），东到黑龙江下游的囊哈儿卫（今库页岛西岸北部郎格里地方），北起古里河卫（今精奇里江上源支流吉柳伊河），南至建州卫（先在今绥前河流域，后迁至辽宁苏子河上游）。

明初所建卫所共200个，这些卫所的官员大都由本地酋长担任，而且是世袭的，但他们的任命、袭职、升迁、罢黜都要由明廷决定，由朝廷颁给诰敕、印信作为凭证。各级官员要按规定定期到京师朝贡，朝廷根据官员等级给予不同待遇和赏赐。各卫所必须听从朝廷的调遣，执行明朝的法律政令；各卫所之间如果发生纠纷，必须听从朝廷的处理；各卫所若要迁居，也要经朝廷批准。在东北地区，为了保证使节朝贡往返和文书传递，在各交通要道上都设有交通驿站。这些驿站的建置，保证了明朝对奴儿干地区管理的有效实施。永乐三年（1405），明朝在广宁、开原等地开设了马市，各种土特产品均可在市上贸易。马市的开设促进了各民族人民间的经济交流，有利于东北地区的开发建设。

朱棣起于北平。他在登上帝位后立即宣布以北平为北京，并在北京设立行在六部。永乐四年（1406），诏建北京宫殿。永乐七年后，朱棣多次北巡，长期住在北京，而以太子监国南京，天下奏章都要送往北京行在所，这时北京已成为实际的政治中心。永乐十四年，又下令营建北京宫殿，到永乐十八年，北京宫殿落成。这年九月，朱棣下令以北京为京师，正式迁都北京。朱棣迁都北京时，曾遭到不少人的反对。永乐十九年，新建成的北京奉天殿等三大殿毁于大火，朱棣下诏求言，群臣再次提出了不该迁都的问题。朱棣震怒，将主事萧仪下狱瘐死。朱棣说："北平之迁，我与大臣密计，数月后而行，彼书生之见，乌足达英雄之略哉！"

大都曾作为元朝的首都将近百年，历史上中原政权为北方少数民族困扰的局面在元朝不复存在。元朝建立的是一个真正的华夷一体、四海浑一的国家。元朝定都于大都，不仅是因为蒙古贵族兴起于漠北，或是为了方便而简单地承辽、金之旧。以大都作为首都，是中国封建的多民族统一国家发展中的一个重大步骤。大都作为全国的政治中心，使漠北与中原地区统一在一个政治中心之下，加强了长城内外、大漠南北的联系。朱棣迁都北京，正是继续推进这一进程，肯定了北京作为全国统治中心的地位，它不仅可以统治广大中原和南方，而且还包括北方的黑龙江、贝加尔湖、阿尔泰山一线广大地区。它不仅是联系汉人与南方各族人民的纽带，而且也是联系女真人、蒙古人、西域各族人民的纽带。朱棣的迁都表现出了他的政治远见，也就是他的"英雄之略"。

朱棣的业绩不仅对明朝，对后代的影响也是巨大的。朱棣本人也常以"圣主""明君"自许，希望流芳百代。但朱棣为政过猛，步伐太急，给当时人民带来了沉重的负担，再加上他好大喜功，而财力、精力有限，不免顾此失彼。南征安南，战争持续近20年，80万大军疲于奔命；郑和六下西洋，"费钱谷数十万，军民死者以万计"，修建北京宫殿，赴四川、云、贵、湖广采木，工程历时十数年，"所费数以万计，役死军士百姓不计其数"；五次亲征漠北，每次动员兵力30万~50万不等，搜尽天下府库以充军饷，数十万军民为之转输，造成"财力大窘"。

正如明洪熙元年（1425年）湖广布政司左参政黄泽上言所说："向也，南征北讨，出师连年，辎重牛马，耗散巨万，又江北困于营造，江南疲于转输""土木屡作，劳者弗休"，结果是"丁男疲于力役，妇女困于耕耘，富者怨征敛之繁，贫者罹冻馁之苦"。为支付巨大的开支，永乐末年甚至将官吏的俸给都撙节了十之六七，官吏家属已有冻馁之虞，百姓生活可想而知了。"人民流离，饿殍盈路，税粮逋负，盗贼横生"，便是永乐末年的社会生活图景。

在其他方面，永乐时期也表现出不少问题，如官僚队伍中"贪风，永乐之末已作""请托贿赂，公行无忌"，官员任用"渐循资格"，办事"循习"成弊；经济上钞法败坏，"物价腾涌"；军队中"自永乐以后，新官免试，旧官即比试，贿赂无不中"，造成"军职日滥"，而其间"多贪暴怠懈，纪律不严，器械不利，城池不修，军士缺伍，攻战屯守之法渐废弛"，由于"调度频繁，营造日久"，致使"虚有屯种之名而田多荒芜""兵之力疲而农之业废"。总之，朱棣一意要建立大功，垂名后世，而举国上下已经漏洞百出。

然而，朱棣毕竟是个有作为的皇帝，迁都，修《永乐大典》，郑和下西洋等都出现在永乐一朝。虽然这些事就朱棣来说，是为了巩固扩大自己的统治，但它们同时无疑是中国历史上的重大事件。明人王世贞说："太祖之后而功者，孰不知成祖乎？"焦竑说："高皇帝勘除凶残，鸿业未固，必须大圣人继起乃能定之。汉、唐、宋统一天下皆有太宗，乃克永世。"他们都指出了朱棣在明史上的地位。

朱元璋建立明朝，其制度可算完备，但分封过多，皇朝虽未易姓，却引起了内乱。朱棣以藩王即位，削弱诸藩势力，强化皇权，使明祚延至200余年。朱棣继承了朱元璋开创的制度，同时使它立于更巩固的基础之上，虽无开创之功，但走了关键性的一步。当然，为了巩固统治，这一步朱允炆或其他人也必须走，但朱允炆跌倒了，而朱棣成为明朝历史上的关键人物，从而也成为中国历史上的重要人物，经过他，完善了中国封建制度，奠定了明清两朝的政治格局。

在元帝国灭亡的过程中，明帝国虽然在《平胡诏》中宣称："列群讴歌四集，百年污染一新。"但是文化水平并不高的明军诸将却都没留下什么有名的诗作，倒是顺帝宗妥懽贴睦尔据说在仓皇离开大都的路上，写下了一首"歌声既哀继之以泣"的长篇史诗，由于篇幅较长，实在不宜转录。不过再华美的辞藻也赶不上明人严从简的《殊域周咨录》所记录的朱元璋在元世祖忽必烈的画像面前的讲话来得直接和雄壮："痴达子，痴达子！汝何人，入主中国，可谓幸矣。今不革去者，以尔亦一代之王。朕今天命人归，奄有天下，于汝子孙不加杀戮，但驱还北。则朕之待胜国亦可谓有恩矣！汝何恨耶？毋再啼哭！"的确对于崛起于草原最终又回到草原的铁木真及其子孙而言，他们在历史上留下的那些伟大映像之中，不应该有悔恨和眼泪。

在辽、金时代，盘踞于蒙古高原南部的鞑靼已经成了北方游牧民族的代名词，因此在蒙古崛起之前，人们只知道辽、金边外有鞑靼，不知有蒙古，并根据与中原地区的远近和汉化程度，将蒙古诸部称为黑鞑靼，而将内附的汪古部称为白鞑靼，而从此之后，这两个称谓几乎成为这支草原部族的荣辱坐标。当其强盛、统一之时，人们恭谨地称之为"蒙古"，而在其衰弱、分裂降临之时，他的敌人总会轻蔑地指着那些被驱逐着策马远去的背影骂上一句："×鞑子"。